分権社会の政策と財政
地域の世紀へ

重森 曉 著

桜井書店

はしがき

　ふりかえってみると，20世紀は，国民国家と市場をベースに，ただひたすら近代化と経済成長を追い求めた時代であった。その結果，われわれは，一方で，物質的な豊かさや自由を享受するとともに，他方で，多くの悲惨な戦争や紛争，貧困と差別，環境破壊，教育の荒廃といった苦悩を経験した。21世紀は，このような負の遺産を克服して，人々が平和のうちに，真に人間としての豊かさを実感し，充実した人生と自然との共存を実現できる時代にしたいものである。

　そのために，いま求められていることは，国民国家と市場という20世紀的枠組みをのりこえて，地域をベースとする分権型社会を実現することである。

　かつて，L・マンフォードは，あらゆる国民国家は根底において戦争国家であるとして，次のように述べた。

　「真の共同体（コミュニティ）と真の地域（リージョン）とは国民国家の境界線とイデオロギー様式には合致しない。国家は，ある一定地域の政治的・経済的・社会的要素の均衡ある関係を確立するには大きすぎ，また，究極においてより大きな協同的行政機関となるべき西ヨーロッパや北アメリカ大陸という社会全体を包括するには小さすぎる」(L. Mumford, *The Culture of Cities,* 1938. 生田勉訳『都市と文化』鹿島出版会，1974年)。

　そのうえで，彼は，「総合的芸術の練られた仕事としての地域の活性化と再建こそ，きたるべき時代の大きな政治課題である」(同上) とした。ここで，地域とは，人間が生存し発達するために必要な一定の地理的空間であり，その政治的・経済的・社会的要素においてなんらかの共通性や共同性の見られる空間的一単位を指している。それは，地域コミュニティから国際的な地域まで，多様な重層的構造をなしている。L・マンフォードは，国民国家ではなく，人間の生存と発達の場としての地域を活性化し再生することこそ，き

たるべき時代の最大の政治課題であるとしたのである。この主張は，すでに60年も前のファッシズムと戦争の時代になされたものであるが，グローバリゼーションの進行しつつある21世紀を迎えたいま，ますます新鮮さと輝きをましているように思われる。

わが国では，20世紀の最後の年に，「地方分権推進一括法」が施行され，分権化への一歩が踏み出された。しかし，それは，日本の地方制度にまつわりついていた「しがらみ」ともいうべき機関委任事務の廃止と，国による関与のルール化といった，行政権限をめぐる問題に限られており，税源と課税自主権の地方への大幅な移譲，住民自治の制度的拡大などの重要な課題は先送りされたままである。

本書は，国民国家と市場をベースとする20世紀的枠組みをのりこえ，地域を基礎とする分権型社会の構築という21世紀の課題を実現するための，地域政策の基本視点と税財政システムへの改革課題を明らかにしようとするものである。

本書は，2部に分かたれる。第1部では，地域のとらえ方と地域政策のあり方について，やや理論的な検討がなされる。第2部では，阪神・淡路大震災を経験した兵庫県や神戸市，復帰後4分の1世紀をへて大きな転換期を迎えている沖縄県，わが国で最も深刻な財政危機に陥っている大阪府とその衛星都市などの財政分析をとおして，分権的税財政システムの必要性と課題を明らかにする。

第1章では，人間発達論の立場から地域をどうとらえるべきかを検討する。A・センの「潜在能力アプローチ」の視点を取り入れるとともに，人間発達と地域にかんするR・オーエンからG・D・H・コールを経てL・マンフォードにいたる思想的系譜をたどっている。

第2章では，地域において人間発達を保障するためのインフラストラクチャーのあり方について検討し，第3章では，そのインフラストラクチャーを形成・維持・管理する労働としての公務労働の意義と役割について解明している。

第4章では，自治体行政における効率性の概念について検討している。分

権化論には，一方で，市場至上主義の立場から経済的効率性と「小さな政府」の実現を強調する主張があり，他方では，住民自治を発展させるために分権化を求める主張がある。私は，後者の立場からの分権化が重要だと考えているが，その場合にも，効率性の視点は必要である。そこで，社会的効率という概念を手がかりに，住民自治と効率性の関係について検討した。

第5章では，1990年代のわが国における分権改革について中間総括を試みるとともに，柔構造的分権制への改革課題を提示する。

第6章から第2部の自治体財政分析に入る。阪神・淡路大震災は，高度成長後のわが国の大都市をおそった最初の大震災であり，都市経営のあり方，危機管理の仕組み，国と地方の行財政関係，地域コミュニティとボランティア活動等，多くの教訓を残した。第6章は，その復旧・復興過程の特徴と問題点を，財政の視点から総括したものである。

第7章では，わが国において重要な位置を占めながらあまり分析されてこなかった，沖縄県財政について検討する。第二次大戦後の沖縄県の財政過程を大まかに振り返るとともに，復帰後4分の1世紀の沖縄県財政を総括し，沖縄県財政のあり方を，沖縄開発庁（中央政府）主導から，沖縄県民による自主的運営に転換するための改革課題を提示した。

わが国の地方財政は，いま，戦後3回目の危機を迎えており，なかでも大阪府と府下衛星都市の財政危機は最も深刻である。第8章は，その実相と原因を解明するとともに，成長型財政運営から脱却し切れていない自治体財政運営と行政当局による再建方策の限界について分析している。第9章では，これらの財政分析をふまえて，これまで私が行ってきた分権的税財政システムへの提言をまとめている。

本書は，ここ数年間に，地域や地方財政をテーマに私が書いた論文をもとにしている。しかし，収録にあたってはかなり大幅な加筆と修正を行った。初出の際の骨子は生かしながら，現時点での私の到達点を示すように努めたつもりである。

なお，各章のもとになっている論文の初出は以下のとおりである。

第1章 「人間発達と地域」基礎経済科学研究所編『人間発達の政治経済学』青木書店，1994年，第3章
第2章 「地域づくりとインフラストラクチャー」財政学研究会『財政学研究』第17号，1992年
第3章 「インフラストラクチャーと公務労働」京都大学『経済論叢』第158巻第6号，1996年
第4章 「自治体行政の効率性と第三セクター」宮本憲一編『現代の地方自治と公私混合体・第三セクター』自治体研究社，1992年，第2章
第5章 「集権の20世紀から分権の21世紀へ」徳永光俊編『20世紀の経済と文化』思文閣出版，2000年
第6章 「大震災と自治体財政」兵庫県震災復興研究センター『研究紀要』第4号，1997年
第7章 「沖縄の自立的・持続的発展と県財政」『大阪経大論集』第49巻第6号，1999年
第8章 「衛星都市財政の危機と打開への道」重森曉・都市財政研究会編著『しのびよる財政破綻──どう打開するか』自治体研究社，2000年，第1章
第9章 「地方分権への税財源構想」坂本忠次ほか編『分権化と地域経済』ナカニシヤ出版，1999年，第16章／「外形標準課税は真の地方分権をもたらすか」『旬刊経理情報』2000年4月10日

　本書は，池上惇教授，宮本憲一教授のお二人の業績に負うところが大きい。池上教授からは，人間発達の視点，インフラストラクチャー論，固有価値論など，多くを学んでいる。また，宮本教授からは，内発的地域発展論をはじめ多くの示唆を得た。とくに，「第三セクター研究会」「大震災と地方自治研究会」「沖縄持続的発展研究会」など，自治体問題研究所にかかわる共同研究ではその都度たいへんお世話になった。本書に収められた論文の多くは，こうした共同研究の成果でもある。
　また，これらの共同研究の過程で，兵庫県，神戸市，西宮市，沖縄県，読谷村などの沖縄の市町村，大阪府および大阪府下衛星各都市などの自治体職員のみなさんからは，貴重な資料の提供を受け，インタビューに答えていただいた。とりわけ，大阪自治体問題研究所のみなさんには，いろいろなかたちでたいへんお世話になった。一人一人お名前をあげることはできないが，

感謝の意を表したい。

　私は，1992年に，青木書店から『分権社会の政治経済学』を出版した。本書はそれ以降に書かれた分権社会にかかわる論文を集めたものであり，『続・分権社会の政治経済学』とでもいうべきものである。そういう気持ちもあって，その時お世話になった桜井香氏に再び編集の仕事をお願いした。快く引き受けられ，いつも変わらぬていねいな編集作業をしていただいたことに心からお礼を申し上げる次第である。

2001年3月

重　森　　曉

目　次

はしがき　3

第1部　地域政策

第1章　地域と人間発達……………………………………15

はじめに……………………………………………………15

Ⅰ　戦後日本の地域政策と人間発達………………………16
　1　豊かさとはなにか　16
　2　地域の「発展なき成長」　19
　3　シビル・ミニマム論とその限界　22
　4　地域主義から内発的発展論へ　23

Ⅱ　人間発達型地域論の系譜………………………………25
　1　R・オーウェンの「理想の平行四辺形」　26
　2　E・ハワードの「田園都市」　28
　3　G・D・H・コールの「地域社会主義」　29
　4　L・マンフォードの地域計画論　31

Ⅲ　内発的地域発展と人間発達……………………………34

第2章　内発的発展とインフラストラクチャー…………41

はじめに……………………………………………………41

Ⅰ　インフラストラクチャー論の系譜……………………42
　1　投資戦略型インフラストラクチャー論　42
　2　シビル・ミニマム型インフラストラクチャー論　44
　3　情報ネットワーク型インフラストラクチャー論　46
　4　成長管理型インフラストラクチャー論　47

Ⅱ　内発的地域発展とインフラストラクチャー…………49
　1　内発的地域発展とは　49
　2　内発的地域発展とインフラストラクチャー　50

第3章　インフラストラクチャーと公務労働 …………… 57
  - はじめに …………………………………………………… 57
  - I　社会的共同業務と公務労働 ……………………………… 58
  - II　資本蓄積と公務労働 ……………………………………… 62
  - III　インフラストラクチャーと公務労働 …………………… 67
  - IV　「第三のイタリア」と「リアル・サービス」 …………… 73

第4章　自治体行政の公共性と効率性 …………………… 81
  - はじめに …………………………………………………… 81
  - I　第三セクター形成とその背景 …………………………… 81
  - II　第三セクターにおける営利性と公共性 ………………… 83
    - 1　「営利性と公共性」をめぐる諸論　83
    - 2　企業性（経済性）の定義　86
  - III　自治体行政と効率性 ……………………………………… 88
    - 1　シビル・ミニマム型効率論　88
    - 2　減量経営型効率論　89
    - 3　民主的効率論　90
    - 4　政策経営的効率論　91
    - 5　社会的効率論　93
  - IV　第三セクターと社会的効率 ……………………………… 97

第5章　集権の20世紀から分権の21世紀へ …………… 105
  - はじめに …………………………………………………… 105
  - I　日本における柔構造的集権制への歩み ………………… 107
  - II　分権化への国際的潮流 …………………………………… 111
  - III　「新地方自治法」の意義と限界 ………………………… 116
  - IV　分権化の世紀に向けて …………………………………… 119

第2部 財政分析

第6章 大震災と自治体財政 … 129

はじめに … 129

Ⅰ 復旧・復興のための財政支出 … 130
1 政府の震災関連支出　130
2 兵庫県の震災関連支出　134
3 神戸市および西宮市の財政支出と財源内訳　136

Ⅱ 震災と歳入の変化 … 139
1 兵庫県の歳入変化　139
2 神戸市および西宮市の歳入変化　140

Ⅲ 震災と歳出構造の変化 … 144

Ⅳ 決算状況と財政見通し … 145
1 兵庫県の決算状況と財政見通し　145
2 神戸市の決算状況と財政見通し　147
3 西宮市の決算状況と財政見通し　150

Ⅴ 震災財政改革の課題 … 151

第7章 沖縄の自立的発展と県財政 … 157

はじめに … 157

Ⅰ 琉球政府以前の財政 … 160

Ⅱ 琉球政府時代の財政 … 163
1 財政自主権の制約　163
2 歳入構造の特質　164
3 米国援助・日本政府援助の特徴　167
4 琉球政府時代におけるインフラ整備の立ち遅れ　169

Ⅲ 本土復帰後の沖縄県財政 … 170
1 「基地経済」から「財政依存経済」へ？　170
2 国庫補助金依存の歳入構造　173
3 間接税依存型からの脱却？　176
4 公共事業中心の歳出構造　179
5 人件費の高さと「特有事情」　182

Ⅳ　沖縄県財政改革の課題 …………………………………… 184

第8章　大都市圏の自治体財政危機 ……………………………… 189

　　　Ⅰ　戦後3回目の地方財政危機 …………………………………… 189
　　　Ⅱ　地方財政危機の特徴 …………………………………………… 190
　　　Ⅲ　地方財政危機の原因——大阪府の事例から ……………… 192
　　　　　1　民間活力活用型大規模プロジェクトと公共事業の拡大　193
　　　　　2　バブル経済の崩壊と税収の激減　196
　　　　　3　地域間財政調整と税源配分の矛盾　199
　　　Ⅳ　衛星都市財政危機とそのメカニズム ……………………… 201
　　　　　1　決算収支と主要財政指標　201
　　　　　2　衛星都市財政悪化のメカニズム　203

第9章　分権的税財政システムへの転換 ………………………… 221

　　　Ⅰ　「成長型」財政運営からの脱却 ……………………………… 221
　　　Ⅱ　国による財政誘導装置の解体 ……………………………… 222
　　　　　1　国庫補助負担金制度の縮小・整理　223
　　　　　2　地方交付税制度の簡素化　224
　　　　　3　地方債発行の自由化　226
　　　Ⅲ　国から地方への税源移譲 …………………………………… 227
　　　Ⅳ　法人事業税の外形標準課税について ……………………… 234
　　　　　1　東京都による銀行への外形標準課税　234
　　　　　2　事業税の性格と外形標準課税の根拠　235
　　　　　3　外形標準の選択と中小企業への負担緩和策　237
　　　　　4　地方財政危機と外形標準標準課税問題　239
　　　Ⅴ　市民参加型財政運営へ ……………………………………… 240

索　　引　247

第1部　地域政策

第1章　地域と人間発達

はじめに

　人間は地域の中で生きている。1日24時間、1週7日といったサイクルで、人間は仕事をし、家族・友人との交流や文化・スポーツ活動を楽しみ、食事をし、睡眠をとるなどの生活をしている。新幹線や高速道路、携帯電話やインターネット等の発達によっていかに交通通信が容易になったとはいえ、人間の1日・1週間の行動範囲には限りがあり、人々は一定の日常生活圏＝地域の中で生きるしかない。

　人間は労働・消費・自治などの活動をとおして発達するが、その発達は、個人の資質や能力や意欲等によって規定されるだけでなく、家族・学校（クラス）・企業といった集団の状況、さらには、これら諸集団のあつまりである社会の発展によって左右される。その社会の一形態が地域である。

　地域には、町内会・自治会・学校区といった小単位から、市町村・都道府県や近畿圏・首都圏といった大単位にいたるまで、いくつかの層がある。個人にとっての日常生活圏は、その人のおかれている生活状況によって微妙に異なるであろう。小学校の児童にとって地域とはおそらく学校区とその周辺のことであろうし、やっと郊外にマイホームを手に入れたサラリーマンにとっては、府県を越えた長時間通勤圏が地域を意味するであろう。あるいは、日本では想定しにくいが、いくつもの国境に接する地域が、人々の生活圏としては重要な意味をもつ場合もある。いずれにしても、地域は社会の基礎単位として、人間の発達に深くかかわっている。

　かつてL・マンフォードは、『都市の文化』（1938年）の中で、「総合的芸術の練られた仕事としての地域の活性化と再建こそ、きたるべき時代の大きな政治課題である」と述べ、都市と農村の調和を図るための地域計画、地域計

画と市民教育の関係,地域の政治的主体としての市民の発達等について詳細に論じた[1]。半世紀以上も前に提起されたこの課題の重要性は,今日でも基本的には変わっていない。それどころか,それは新たな世紀の最大のテーマであるとさえ言える。そこで本章では,戦後日本の地域政策,およびR・オーウェンからL・マンフォードに至る思想的系譜の検証を通じて,人間発達と地域の関係について考えてみることにしたい。

I 戦後日本の地域政策と人間発達

1 豊かさとはなにか

　地域の中に生きる人間の発達は,その地域の発展と深くかかわっている。一見特異に見える個人の場合ですら,その深部においては,地域の歴史的・空間的特性や経済的・政治的・文化的水準が大きな影響を与えている。

　では,地域の発展とはなんだろうか。地域の経済的・政治的・文化的水準とはなにを指すのであろうか。地域の経済発展とは,地域のいわゆるGNPが増大することなのだろうか。それとも,地域の1人当たり所得水準が高まることなのだろうか。あるいは,豊かな自然にはぐくまれて人々が生きることであろうか。

　アマルティア・センという注目すべき経済学者は,豊かさ(well-being)の説明として,およそ3つのアプローチがありうるとしている。第1は,富裕アプローチ,第2は,効用アプローチ,第3は,潜在能力アプローチである。

　第1の富裕アプローチは,物質的財貨への支配力を豊かさの指標であるとする単純な見方である。しかし,これは,人間の潜在的能力(capabilities)の問題を無視しているがゆえに,有効性をもつとはいえない。たとえば,広大な邸宅も孤独な老人にとっては豊かさのシンボルとはかぎらないし,一切れのすばらしく大きなビフテキも,その人の健康状態・年齢・性別その他の条件を無視しては豊かさの象徴とはなりえないからである。このアプローチは,財貨は人の暮らしに役立つから価値をもつのではなく,それ自体として価値をもつものと見なす「物神崇拝」(K・マルクスの指摘)に陥っている。

第2の効用アプローチは，幸福ないし欲求充足の極大化を豊かさであるとする功利主義の立場である。この立場は富裕アプローチのように，物神崇拝に陥ることなく，財による人間の満足や幸福の増大，財による欲求充足，財の選択範囲の拡大等を豊かさとみなす点において，富裕アプローチよりは合理性をもっている。しかし，諸個人のおかれている具体的・物理的条件の無視，倫理的価値評価の回避という点では，同様の欠陥をもっている。
　たとえば，飢餓状態におかれた人がたった一切れのパンで最大の幸福を感じるのと，満ち足りた生活に飽きた人がただ一切れのパンなどでは幸福を感じないのとを比較して，豊かさという視点から見たパンの価値はどちらの場合が大きいといえるだろうか。効用原理にしたがえば，前者のほうが欲求充足度は高く，その限りでは一切れのパンの効用（価値）は前者においてより大きいということになる。だからといって，この一切れのパンによって，飢餓に苦しむ人のほうが，満ち足りた生活を送ってきた人よりも，より豊かになると断言できるだろうか。
　あるいは，満ち足りた生活を送る人から飢餓状態におかれた人へ，たった一切れのパンを移転することによって，社会全体の効用（欲求充足度）を最大化することができたとしても，豊かさにおける実質的格差という根本問題が解決されたことになるだろうか。
　また，効用アプローチにおいては，しばしば複数財の選択における自由度を問題にするが，その場合，生き方の選択といった内省と慎重な人間的思慮にもとづく評価の問題がほとんど抜け落ちてしまう。センは言う。「ひとの味覚（および個人的福祉への関心）に従って紅茶かコーヒーを選ぶということと，多くの考慮事項のうちでもとりわけ他人への義務を考慮したうえでストライキに参加するか否かを決定すること，……との間には，途方もない差異がある」[2]。
　第3の潜在能力アプローチは，各人の潜在能力を生かすための選択の自由，選択のための機会と条件の整備，潜在能力の実現といった視点から豊かさを評価する。センは，この第3のアプローチこそ真の豊かさの見方であると言っている。いいかえれば，各人が人間的発達への意欲をもち，そうした意欲

にしたがって自らの生き方を選択し，自己の潜在的能力を開花しうるということが豊かさの意味だということであろう。

　潜在能力アプローチの特徴は，さしあたって，次の2点に集約される。

　第1は，諸個人の多様性（固有価値）を認めるということである。財産や所得の水準が同じであっても，その人が若いか年寄りか，男か女か，結婚しているかいないか，妊娠しているかいないか，どのような人種か，精神的・肉体的障害をもっているかいないか，どこに住んでいるか等によって，福祉（well-being）の水準はさまざまに異なってくる。そのような人間の多様性を認めた上で，福祉の水準を測るためには，その人がもっている潜在的可能性（capabilities），すなわちさまざまな能力の組み合わせの中で，どれだけを実現できるかを考慮する以外にはない。

　潜在能力アプローチからすれば，J・ロールズに代表されるような「公正としての正義」論も批判の対象となる。ロールズは，社会の格差原理の研究において，所得と富，基本的自由，移動と職業選択の自由等の「基本財」の所有における平等から出発し，「機会均等」とマキシミン原理（社会の中で最も恵まれない人々に大きな利益をもたらすような社会的不平等の容認）を主張した。しかし，いかにこれらの「基本財」の所有において平等ではあっても，障害をもっているかいないか，高齢で寝たきりなっているかどうかといった，諸個人の潜在能力を考慮することなしには，実質的な社会的平等を問題にすることはできない。また，潜在能力が同じであったとしても，平等な「基本財」をもつ人々がすべて同じような人生を選択するとはかぎらない。ロールズの「公正としての正義」論は，基本財の配分を前提とした人々の目的や目標の相違という意味での人間の多様性を解明する上では有効であるとしても，もうひとつの多様性，すなわち，「資源を実際の自由に変換していくための能力の多様性」には十分な理解が示されていない。このような意味での諸個人の多様性を見過ごしている「正義論」には，自ずから限界があるというのである。

　第2は，生き方の選択といった価値評価の問題を，豊かな生活の指標の中に加えることである。アマルティア・センは，①「私はxを評価する。だか

ら私はxを欲する」という命題と，②「私はxを欲する。だから私はxを評価する」とういう命題の間には大きな開きがあるという。前者は人間としての生き方の選択の問題であり，後者は欲求充足を目的とす功利主義的選択の問題である。センがしばしば引用するように，自ら修行のために断食を行っている人と現実に餓死の危機に瀕している人々とは明らかに違っている。問題は，生きがいを実現するために，人々がどれだけの「有効な自由」を確保できているかということである。ここで，「有効な自由」とは，「飢餓からの自由」や「マラリアからの自由」といった「○○からの」消極的自由と，豊かな生活や生きがいのある人生を実現するための物質的・精神的・社会的条件の拡大といった「○○への」積極的自由との双方が含まれている。

このようなセンによる潜在能力アプローチは，いうまでもなく「ベンガル飢饉」に象徴されるような発展途上国型の絶対的貧困の研究からもたらされた。しかし，センの言うように，「潜在能力の欠如は，世界における最も富裕な国々おいても驚くほど広く見られる」[3]。「豊かな国」における飢餓やさまざまな貧困の発生は，所得や資産だけを見るのではなく，それらの資源が潜在能力に転換される過程を見ることによって説明が可能となる。潜在能力アプローチは，発展途上国の貧困だけでなく，成熟した資本主義社会における貧困問題を解明する上でも有効性を発揮するものである。

2 地域の「発展なき成長」

このような豊かさにかんするアプローチの違いを，日本の地域政策に適用した興味深い研究がある。それは，「発展なき成長を超えて」という副題をもつ安東誠一の『地方の経済学』(1986年)である[4]。

地方経済を評価する視点として，発展（Development）と成長（Growth）の両概念を区別するとすれば，戦後とくに1960年代以降の日本における地方経済の姿はまさに「発展なき成長」であったと彼は言う。成長とは，自分の身体が大きくなることを意味するが，発展とは自分で自分を大きくしていく力が大きくなることを意味する。1960年代以降の地域開発の結果，たしかに地方の産業構造は高度化し，地域内GNPは増大し，人口1人当たり所得の格

差は縮小した。しかし，地域の労働力・土地・水などの地域資源はその価値を高められることなく，相対的な低価値のまま大都市の産業に利用されただけである。地域が自ら成長する力はかならずしも育成されなかった。つまり，富裕・効用アプローチから見た指標である地域ストックや所得は成長したが，潜在能力アプローチの視点から見ると，地域が自ら潜在的能力を生かす道を選択し，自らの力で実現していくという意味での地域発展は見られなかったというのである。

島恭彦が「資本の地域的集積集中と外延的膨張」と名づけたように[5]，重化学工業化と都市化を軸とする1960年代以降の日本の地域開発政策は，金融・情報・中枢機能の大都市への集中と，工場・コンビナート等生産機能の地方への分散をもたらした。地域の農林水産業と地場産業は衰退し，土地・水・労働力は地域から切り離されて都市の大企業によって独占された。公害や自然破壊が進み，地域の共同体が解体された。こうして，自立した小生産者とその共同体を基礎とする人間発達の条件が奪われていった。

私は，かつて，ダムの建設等によって過疎化が進んだ山村の実態をふまえつつ，「過疎」を単純に「人口減少による生活困難の増大」ととらえるのではなく，資本蓄積の結果として引き起こされた現代的貧困の地域的表現として，次の3つの局面でとらえる必要があると主張した[6]。

(1) まず，最奥の基礎としての農民的土地所有と農民的小経営の解体と，それによって生じた労働力の相対的過剰と絶対的不足。
(2) これに起因するところの，労働を通じての人間的発達の諸条件すなわち家族と地域共同体の解体。
(3) そして，生産・生活・行政の一般的諸手段の金融資本による地域支配の道具への転化，その結果引き起こされる新しい民主的自治体・住民組織の成長の困難。

地域内GDPの増大や地域間所得格差の縮小に現れた地域経済の成長の影で生じた過疎問題は，まさに地域の潜在能力の実現可能性を困難にする現代的貧困の現れであった。

しかし，他方で，こうした地域の変化が人間発達の新たな条件をまったく

生み出さなかったわけではない。旧い共同体から切り離されて自由になった人々は資本のもとに包摂され，資本の求めにしたがった新たな能力開発を強制される。

「大工業が，全体的に発達した個人をもってくることを生死の問題とする」[7]というK・マルクスのあの有名な命題が，1960年代以降の日本の高度成長の中で典型的なかたちで進行した。

しかし，それは決して平安な，真の人間発達につながる道ではなかった。能力開発は，その見返りとしての人格の歪みを時に感じさせるような，厳しい生存競争の中で行われた。開発された能力は一面的・部分的で，その成果は資本によって吸収された。長時間労働と長時間通勤は，家庭と地域における人間らしい生活を奪った。過密な都市における住宅難・交通混雑・廃棄物処理・環境破壊などの都市問題が深刻化した。家族と地域の解体によって新たに生じた保育や福祉にかんする需要の増大にもかかわらず，経済成長優先・公共サービス抑制・その営利手段化が進められ，人々の生存と発達はおびやかされた。

過疎問題が現代的貧困のひとつの表現形態であったとすれば，都市問題は，現代的貧困のもうひとつの現れであった。過疎問題とちょうど対称的に，都市における現代的貧困は次の3局面においてとらえることができる。

(1) 巨大資本の都市への集積・集中と市民的土地所有および市民的小営業の衰退，住民の多数の賃金労働者化と就業の不安定化。
(2) 資本のもとにおかれた労働の一面化と部分化，および家族や地域コミュニティの解体による人間発達の諸条件の喪失。
(3) 都市における生産・生活・行政の一般的諸条件（インフラストラクチャー）の営利手段への転化と不足，その結果引き起される公害や環境破壊などの社会的損失の発生や民主的自治体・住民組織の発展の困難。

このように，地域経済の「発展なき成長」は，農村においても都市においても，人間の潜在的能力の実現の困難という意味での現代的貧困をもたらした。

こうして，地域経済の「発展なき成長」にともなう状況を打開するための，

経済成長論に替わる新たな理念と方策が必要となってきた。そのひとつの解答がシビル・ミニマム論である。

3　シビル・ミニマム論とその限界

シビル・ミニマム論の提唱者松下圭一は，利潤の再分配としての賃金上昇では，経済成長と都市化が引き起こした諸問題を解決することはできない，と主張した[8]。なぜなら，大企業内部で賃金が上昇し企業内福祉が拡充されても，すべての国民に保障されるべきナショナル・ミニマムは実現せず，また，賃金上昇の結果進むマイホーム住宅の建設はかえって都市のスプロール化につながり，交通問題・公害問題・清掃問題等に拍車をかけることになるからである。都市問題解決のために必要なことは，社会保障・社会資本・社会保健等の分野における自治体行政の最低必要水準すなわちシビル・ミニマムを整備することである，というのが松下の主張であった。

この主張は，1960年代の後半から70年代にかけて，東京都をはじめとする革新自治体の政策形成に大きな影響を与えた。それは，都市政策の基礎に市民の生活権をおき，国家主導の開発政策よりも都市行政における地方自治を強調し，市民参加による自治体の科学的政策公準づくりに展望をひらこうとした点で，高く評価される。

しかし，地域政策として見た場合，そこにいくつかの弱点があったこともたしかである。シビル・ミニマム論は，高度経済成長そのものを批判したわけではなく，その果実の配分方法を問題にしただけである。企業内の利潤対賃金という関係だけでなく，国民的富の配分を，資本より賃金に，生産基盤より生活基盤に，成長のための誘導資金よりも社会保障・社会資本・社会保健等に，重点的に配分することを主張したにすぎなかった。大量生産・大量消費を特徴とする産業構造・生活様式そのものへの批判的切り込みに欠けていた。

シビル・ミニマム論は汎都市化を前提としていた。松下は現代を「汎都市化の時代」と位置づけ，すべての地域が都市化することによって都市と農村の対立は消失し，農村生活様式の都市化と農村集落の農業都市への再編が進

むので、シビル・ミニマムは農業地域の自治体においてもまた提起されるべきであると主張した。シビル・ミニマムを実現するための市民運動と新しい市民文化は、日本の基層文化としての「ムラ文化」を本格的に解体した上に成立するとも主張した[9]。ここで「ムラ文化」とは、天皇制や「オカミ」崇拝に示される保守的で受動的な政治スタイルを指している。松下の立論の特徴は、農村を保守的で遅れたものと規定し、その解体と徹底した都市化の上に、シビル・ミニマムと新しい市民文化が成立するとしたところにあった。

　農村に「草の根保守主義」ともいうべき政治風土が残っていることは否定できないし、また、その農村に「開発」の波が押し寄せ急速な都市化が進行したことも事実である。しかし、それらは、農村文化のすぐれた形質の消滅を意味するものではないし、都市と農村の対立という基本問題が解消することにつながるものでもない。農村文化のもつ積極的な現代的意味、都市文化と農村文化の融合・調和という文明的課題を十分視野に入れていないという点で、シビル・ミニマム論には決定的な限界があったと言わざるをえない。

4　地域主義から内発的発展論へ

　このようなシビル・ミニマム論の限界を超えて、地域政策に新たな視点を持ち込んだのが、玉野井芳郎を中心とする地域主義の主張である。

　「シビル・ミニマムといっても、大切なのはむしろ空間的、地域的差異を国民の選好にどう反映するかにあるのであって、公害処理にあたっての公共的財・サービスの供給は、地方分権化、とりわけコミュニティ・レベルでの特定の地域単位を必要とする……」[10]。このように主張して、玉野井はシビル・ミニマムそのものよりは、むしろ地域の個性、地域の分権・自治を強調した。

　玉野井によれば、地域主義とは、「一定地域の住民が、その地域の風土的個性を背景に、その共同体に対して一体感をもち、地域の行政的・経済的自立性と文化的独立性とを追求すること」[11]であった。

　しかし、地域主義は、このような地域の個性、地域の自治・自立の主張にとどまるものではなかった。それは、「エコロジーを基礎にしている考え方」

あるいは「人間と自然の共生の原理にもとづく主張」でもあった[12]。玉野井は,地域主義を視座とする広義の経済学の必要性を説き,その自然的基礎は,大気系と水系と土壌生態系から構成される地域,空間的地域性と時間的季節性とをもった生産と生活の場としての地域,人間の新たなコミュニティ＝開かれた共同体としての地域にあるとした。工業化による近代化,大量生産と大量消費を特徴とする大工業は,大量廃棄物による環境破壊,化石燃料の枯渇と環境汚染,原子力利用による死の恐怖といった人間文明の危機をもたらしている。このような危機は,大工業の原理による産業システムをそのままにして,単に生産手段を公有化するだけでは克服することはできない。この危機を克服するには,「生命系の世界,土と水の母体のなかで生きているもの同士が関係しあう世界,人間と自然の共生する低エントロピーの開放定常系の世界,ことばの本来の意味での第一次産業——水産や畜産をもふくむ農林漁業——にかかわる世界」[13]を基礎に据えること,あるいはE・F・シューマッハーのいう「中間技術」[14]＝人間の顔をもった技術を根づかせることが必要である,というのが地域主義の主張するところであった。

　鶴見和子によると,玉野井を中心とする地域主義の意味は,①地域分権,②エコロジー,③エントロピー,④生命・ハウスホールド(世帯)という4つの焦点が連続的に移動していくにしたがって,しだいに深化した[15]。このような深化をふまえて,玉野井は,国家による上からの「官製的地域主義」に「内発的地域主義」を対置し,それを,「地域に生きる生活者たちがその自然・歴史・風土を背景に,その地域社会または地域の共同体にたいして一体感をもち,経済的自立性をふまえて,みずからの政治的・行政的自立性と文化的独自性を追求すること」と定義した[16]。鶴見は,地域主義の焦点が地域自治,エコロジー,エントロピー,生命へと移動するにしたがって,地域主義の担い手も,住民,生活者,男と女へと変化したと総括している[17]。

　このように,地域主義の主張は,地方分権や住民自治という出発点ではシビル・ミニマム論と同じであったが,高度経済成長とそれをもたらした大量生産・大量消費そのものを批判し,エコロジーやエントロピーといった視点から生産と生活のあり方を問い直したという点で,シビル・ミニマム論とは

大いに異なっていた。また，農村文化を遅れた保守的「ムラ文化」として一面化するのではなく，農林漁業の営まれる地域を人間と自然の交流する生命系の世界として積極的に評価し，「農・工構造」の構築による都市・農村の融合を説いたという点でも，シビル・ミニマム論よりはるかにすぐれていた。地域主義は，後述の内発的地域発展論につながる観点を多く含んでいる。

しかし，地域主義は，人間と自然の共生については強調したが，人間の潜在能力の実現すなわち人間発達の問題を正面から論じてはいない。地域主義の深化とともに，その担い手が住民から生活者へ，さらには男と女へと変化したというが，担い手たちの状態や主体形成については詳しくは考察されていない。また，地域の個性的＝自立的発展を保障するために必要な，共通の諸条件（法的・物的・社会的インフラストラクチャー）といった問題についての，意識的分析にも欠けている。あるいは，地域に進入してくる大工業と市場の原理，大企業や多国籍企業の圧力をいかに規制するかという問題についての言及もほとんどない。こうした課題にこたえるためには，地域主義から内発的地域発展論への深化と，人間発達と内発的地域発展にかんするより詳細な考察が必要となる。

II 人間発達型地域論の系譜

2度の石油危機に見舞われた1970代には，シビル・ミニマム論や地域主義を受容する余地がひろがった。国の地域開発政策の基調はあいかわらず経済成長型ではあったが，人口・産業の地方分散への兆しをふまえて「3全総」(1977年)はいわゆる「定住圏構想」を打ち出した。上からの「官製的地域主義」が登場した。

しかし，1980年代，臨調による行革路線が敷かれ，民間活力と規制緩和を基調とする新保守主義が台頭すると，「定住圏構想」は影をひそめ，土地と株への投機ブームのなかで東京首都圏への一極集中という事態が進行した。「4全総」(1987年)は「多極分散型国土の構築」を唱ったが，それはまさに東京首都圏への一極集中がピークに達したときであった。

1980年代の一極集中と中央集権への反省をふまえて，90年代に入り再び地方分権が声高に叫ばれ始めた。その契機となったのは，社会主義という名の中央集権型計画経済の破綻と崩壊，しのび寄る中央集権型福祉国家の危機という世界的状況の変化であった。大量生産・大量消費を基本とする生産・生活様式の限界がようやく人々の目に映り始め，地球環境問題への認識が急速にひろがったこともその背景のひとつである。

　だが，1990年代の分権化論においては2つの潮流が対抗していることを見ておかなければならない[18]。それは，1980年代の新保守主義の流れをくむ分権論と，70年代以来のシビル・ミニマム論や地域主義の流れをくむ分権論の対立である。前者は地方分権とともに規制緩和による市場経済の活用を強調し，後者は市民参加と住民自治による地方分権，公共性の新たな確立を主張する。分権論における功利主義と人間発達原理の対立といってもよい。われわれはここで，人間発達原理を基調とする地方分権，内発的地域発展と人間発達の関係について，その思想的系譜をたどりながら考えることにしたい。

1　R・オーウェンの「理想の平行四辺形」

　人間発達型地域論の系譜をたどっていくと，われわれはR・オーウェンのあの有名な「理想の平行四辺形」にたどりつく。R・オーウェンがイギリスのニュー・ラナークにつくった「理想郷」とその思想は，通常ユートピア社会主義の原点とされているが，同時にそれは「政治経済的な前提から建物の計画，予算見積りにいたるまでのあらゆる面から検討された近代都市計画の最初のもの」であった[19]。

　R・オーウェンの思想の基底をなしていたのは，「人間の性格形成を規定するのは社会環境であり，人間はその性格形成において自由な責任主体とはなりえない」という固い信念であった[20]。理想的な社会環境とそこでのすぐれた教育によって，はじめて良い人間形成が達成されるのである。人間が性格形成における自由な責任主体であるという考え方の必然的帰結は，人間の個別化，利己心，私的所有であり，社会の分裂と不平等である。それは，一方で虚栄，高慢，贅沢，そして圧制を，他方で貧困と堕落，嫉妬と憎悪，そ

してさまざまな不正と犯罪をもたらしている。人間がこうした諸害悪を克服し，可能なかぎりの幸福を享受できるようにするためには，「各人の利益のためにすべてのものが結合し協力する」社会体制をつくる必要がある。人間が大きな都市に群がって住み，互いに対立する利害をもって生きているかぎり，人々は諸害悪を克服し幸福を享受することはできない[21]。

R・オーウェンのこうした思想と実験が生み出した「理想郷」の姿はおよそ次のようなものであった[22]。

第1に，それは人口500人ないし2000人の，公共建物を中心に各家庭の施設を配置するのに適当な，正方形ないし平行四辺形に区切られた共同社会を単位とする。

第2に，そこでは都市と農村の利点が融合され，農業と工業のための施設，食事と家事のための施設，教育と娯楽のための施設が適切に配置される。

第3に，この共同社会において，すべての人々が生活と労働における平等な機会を保障される。

第4に，この共同社会の共同事務は，すべての構成員により選挙された12人の委員会によって遂行される。

私的所有と自由競争を基本とする資本主義社会の中でこのような共同社会をつくりだすというのは，きわめて困難なことであった。R・オーウェンのさまざまな試みの多くは失敗に終わった。マルクスとエンゲルスは，R・オーウェンのこの実験を「ユートピア社会主義」であるとして，第1に，プロレタリアート（労働者階級）の独自の役割を否定し，第2に，支配階級の善意に期待して革命的行動を否定し，第3に，歴史に逆行する社会的ユートピアを建設しようとするものだと批判した[23]。

たしかに，R・オーウェンは，「環境による人間形成」という原理にこだわりすぎており，「変革主体としての労働者の自己形成」といった視点が弱かったように見える。彼は，「(将来の) 世界は教育によってのみ統治されるであろう」と述べている[24]。しかし，教育による統治において，教育するものとされるものとの壁をいかにして打ち破るのか，教育されるものが自らの教育目的と内容を選択し，教育する体制そのものを変革していく力をいかに

身につけていくかといった点には思いいたっていない。L・ベネヴォロは，R・オーウェンを高く評価しながらも，「社会および空間の新しい秩序のアウトラインを描き出すことに熱中し，また旧い秩序にもとづく束縛を棄て去るよう説くことに熱中しすぎたあまりに，権力と個人の自由との対立の問題をまったく看過してしまった」と批判している[25]。人間の性格形成という問題から出発して，都市と農村の対立を克服するための新しい地域づくり＝共同社会の建設を説いたR・オーウェンではあったが，共同社会の建設過程と実現後における個人の自立と発達の問題を十分に展開しえなかったところに，限界があったと言わざるをえない。

2 E・ハワードの「田園都市」

こうした社会主義の限界を指摘しつつ，同時に都市と農村の融合をめざす地域づくりの思想を受け継いで，それを見事に実践に移したのがE・ハワードの「田園都市」であった。E・ハワードは『明日の田園都市』(1898年) において次のように述べている。

「一連の共産主義的実験の失敗は，原理の二元性（個人主義と共産主義）を理解しなかったうえに，一つの原理に固執しすぎたことに起因する」。

「個人的努力と結合した努力に対して，等しく，最も自由な，最も完全な機会が与えられる，そのような社会が，最も健康で活気に溢れるところであろう」[26]。

E・ハワードの「田園都市」は，共産主義的・社会主義的原理と，個人主義的・功利主義的原理との折衷によって構成されている。「田園都市」を特徴づけるものは，第1に，自治体による土地の公有と，土地開発の利益を社会に還元するための「地方税地代」，第2に，精力的で活動的な都市生活の利点と，農村の美しさや楽しさとの完全な融合，第3に，公共施設をおく中心広場・6本の並木道・中央公園・クリスタルアーケード・整然と並ぶ住宅・外環に配置された工場や倉庫と農地等からなる，6000エーカー，人口3万2000人の田園都市の建設である。

E・ハワードは，自らの「田園都市」構想の源流として，①エドワード・

ギボン・ウェークフィールドとアルフレッド・マーシャルの組織的人口移動にかんする提案，②トーマス・スペンサーおよびハーバート・スペンサーによる土地保有組織にかんする提起，③ジェームス・バッキンガムの「モデル都市」の提唱の3つをあげている。R・オーウェンの提案については明示的にはなんら触れていない。しかし，E・ハワードの「田園都市」構想がR・オーウェンの大きな影響下にあり，かつそれへの批判の上に成り立っていることは明らかである。

「田園都市」をつくる仕事は，「あらゆる種類の技師・建築家・芸術家・医師・公衆衛生の専門家・造園家・農業専門家・測量技師・建築業者・手工業者・商人・金融業者・労働組合と友愛組合と協同組合の最高の才能と，不熟練労働の最も簡単な形態と，またその両者のあいだに横たわるより低い程度の熟練と才能のすべての形態を必要とする」[27]。E・ハワードは，こうした人々の自発的な個人的・集団的努力に期待した。土地と生産・分配・交換手段のすべてを共有にしようとする社会主義の主張は退けられている。なぜなら，社会主義のこの原理は，第1に，人間の利己主義，そして，たとえそれが乗り越えられたとしても，第2に，組織の一員となるべき男と女の「自立愛とイニシアティブへの渇望」という障害に阻まれるからである。

彼は，土地の公有や「田園都市」づくりへの集団的努力を主張するとともに，個人の能力とイニシアティブ発揮の機会保障を重視した。国家の役割よりも自治体の責任を，自治体の責任よりも協同組合組織など「代自治体 (pro-municipality)」や「半公営企業」の活動を重視した。そこには，計画における共同と，実行における徹底した自治の強調がある。「田園都市」構想には，単なるニュータウンづくりのマニュアルを超えた，地域計画における共同原理と諸個人の自立との調和という，より根本的問題への提起が含まれていた。

3　G・D・H・コールの「地域社会主義」

社会主義に立脚しつつ自治と地域主義を徹底して主張したのは，イギリス・フェビアン社会主義の流れをくむG・D・H・コールであった。コールは，

『地方自治の将来』(1921年) において，私的資本主義の終焉ののちにくるものは，それが国家であれ，ソヴェトであれ，国民的ギルドであれ，全国的組織による社会化ではなく，地域的社会化 (regional socialization) でなければならないと主張した[28]。

「地域社会主義」を実現するためには，現存するイギリスの地方行政システムを再編成して，新たな「地域」を形成する必要がある。都市と農村を含む地域計画や交通をはじめとする公共サービスの提供と経済発展，政治的民主主義を現実化するための分権化，市民の社会的調和と統合といった，経済的・政治的・社会的必要を満たすためには，新たな「地域」＝広域自治体への再編成が必要である。コールによると，それは，人口が200万～300万人の，ノーサンブリア，ランカストリア，ヨークシャー等9つの地域からなる。

こうして再編成された「地域」は，自立的発展と結合行動 (joint action) についての広範な権限をもたなければならない。自治体行政の基本的な役割は，①住宅・都市計画・公園・オープンスペース等を含む公衆衛生 (public health)，②ガス・水道・電力などの公益事業を含む通産行政 (trading service)，③学校・図書館・美術館・市民劇場等を含む教育行政，の3つの分野に集約される。

このような広域自治体の活動は，コールのいわゆる「ギルド社会主義」の原理によって運営される。すなわち，住民の投票によって選ばれる各評議会が主たる政策（方向）を決定するが，日常の運営は各分野で働く専門労働者の自治にまかされるのである。また，コールは，ウェッブ夫妻による単一自治体の主張を否定し，3つの行政分野ごとに設置された評議会がそれぞれ行政上の責任をもつかたちの，多元的行政システムをとるべきであるとした。というのは，地方自治のすべての分野に精通したエキスパートが存在するとは思えないし，また，評議会の選出における公明性を確保するためには権限を分散しておくほうがよいからである。さらに，コールは，地方自治行政と協同組合運動との連携を重視した。私的資本主義企業が廃止されれば，生産・流通・消費の各分野は，なんらかの協同組合的組織によって運営される以外にないからである。

将来の地方自治は，ギルド社会主義の一環として構想されている。もちろん，ギルド社会主義は，中世の旧いギルド制度の復活を意味するものではない。資本主義が生み出した大規模生産と世界市場を基礎として，人間的産業組織および自由で協同的なサービスを実現し，職人業気質（craftmanship）と小規模生産とを創出しようとするものである[29]。ギルド社会主義の最終的目標は，労働をつうじての個人的・集団的な自己実現（self-expression）を達成し，主人と賃金奴隷との区別を消滅することにあった。

このように，G・D・H・コールは，公衆衛生・公益事業・教育などの分野における地方自治だけでなく，産業分野における自治と消費分野における協同組合運動を重視した。地方自治，産業自治，協同組合の発展とともに，国家は強制国家・政治国家から，さまざまな産業ギルドや消費協同組合の活動をコーディネートするための組織，すなわち調整国家へと変貌するであろう。産業自治と協同組合をつうじて人間発達と自己実現を保障し，中央集権的官僚制の克服を図ろうとしたところにギルド社会主義の特質があった。

R・オーウェンの「理想の平行四辺形」やE・ハワードの「田園都市」とは異なり，G・D・H・コールの「ギルド社会主義」は具体的実験が行われることのない単なる構想にすぎず，細部においては整合性を欠き不透明なところもある。しかし，その構想には，これからの地域政策において生かすべき貴重な示唆が多く含まれていた。

4 L・マンフォードの地域計画論

最後に，われわれはL・マンフォードの『都市の文化』（1938年）を取り上げよう。というのも，L・マンフォードほど，地域計画と人間発達の関係を詳細に論じた人はいないからである。

L・マンフォードは，エオポリス（原始ポリス）・ポリス・メトロポリス・メガロポリス・ティラノポリス（専制都市）・ネクロポリス（死者の都市）という都市の発展と衰退の輪廻循環を説き，巨大化しすぎた都市はやがて死にいたると警告した。こうした認識を基礎に，「地域の再生こそがきたるべき時代の大きな政治課題である」というL・マンフォードの問題提起が生ま

れたのである。

　ここで，地域とは，政治的支配や経済的搾取のために設定された地域ではなく，地理的・経済的・文化的複合体としての人間的地域のことである。そうした人間的地域を再生させるには，伝統的な自然発生的調整ではなく，意識的地域計画が必要となる。「地域計画」とはなにか。それは，行政機関の手になる計画の多くがそうであるような，生きた現実と行為への責任を回避するために紙の上に書かれた虚構ではなく，用地・資源・構造・劇場としての土地を活用するための意識的管理と共同的調整のことであり，農業計画・産業計画・都市計画などの個別計画を超えた総合性をもつものでなければならない。

　L・マンフォードによると，地域計画には次の4つの段階がある[30]。第1は，調査の段階であり，これには，直接の実見調査と地域複合体にかんするあらゆる資料の収集が含まれる。第2は，社会的必要と目的にかんする批判的評価，第3は，地域生活像の再構成とそのイメージの具体化，第4が，共同体（構成員）による知的吸収とその実践である。

　彼は，「地域計画は共同教育（communal education）の手段であり，そのような教育なしには，（計画は）部分的な成果しか期待できない」と述べて，地域計画における市民参加と自己学習を最も重視した。それは，19世紀型の空虚な（代議制）政治形態や，専制的強制をもたらす全体主義を超えて，「政治における人間的規模の回復，自治的サービス単位の増加，政治過程における共同の拡大，それに，恣意的な強制の縮小と説得と合理的な合意の回復」[31]を図るための方法でもある。地域こそが人間的政治への復帰を開始するのに最もふさわしい場であり，共同教育としての地域計画はその最もすぐれた手段であった。

　地域における共同教育は次のようなプロセスをたどる。第1は，「探検」。家庭における「はいはい」から，山頂やはるかな海の水平線にまでいたる，環境との組織的な接触である。第2は，土壌・気候・地理・産業・歴史等にかんする科学的調査。ここで，大切なことは，いわゆる専門家まかせではなく，市民自らがこうした科学的調査に参加することである。第3は，このよ

うな探検と調査をふまえて，地域の全体像を再構成することである。「政治生活にとって必要なことは単なる事実についての知識ではない。それだけでは力にならない。必要なのは，新しい行動への道をひらき，建設と計画の新しい形態をつくりだすための，美的・神秘的衝動である。全体としての地域の景観が，社会と個々人にとって，花を愛でる個人にとっての我が家の庭と同じ意味をもつようになるとき，地域調査はたんなる科学的知識のよせあつめではなく，将来の活力ある行動への準備となるであろう」[32]と，L・マンフォードは言っている。そして，第4は，他の地域にたいする共感的理解である。「人間的態度，共同的方法，合理的制御に習熟した人々は，自分がどこでいかに生きているかを熟知しており，自分たちの自然景観・文学と言語・やり方に対する共感によって結ばれている。それと同時に，彼らは，自分たちの地域への誇りから，他の地域や異なった地域的特性にたいしても共感的理解を示すであろう」[33]。自らの地域をよく知り，そこで個性的に生きる人は，他の地域とそこで人間的に生きる人々にたいしても深い共感をもって接することができるのである。

　以上のような，探検，科学的調査，地域イメージの再構成，他の地域への共感的理解といったプロセスを，L・マンフォードは「共同教育としての地域計画」として重視した。ここには地域と人間発達にかんするきわめてすぐれた内容が含まれている。市民は地域計画の主体であり，地域計画とその実現によって自ら発達をとげていく能動的存在である。「理想郷」における単なる教育の対象ではない。

　L・マンフォードは，E・ハワードの「田園都市」構想を，①土地の公有，②人口と成長の管理，③都市と農村の機能的調和という点において，高く評価した。それだけでなく，個人主義と社会主義の折衷という点でも，L・マンフォードはE・ハワードを引き継いでいるように見える。彼は，「個人主義の不平等性と社会主義の画一性はともに良い社会を抑圧する」と言う。「すべての社会は，その構造の中で，安定と適応，標準化と柔軟性，社会化と個体化とを調和させなければならない。基盤は一般化・平等化・標準化・共通化されていなければならず，そこから生み出されるものは特殊で，標準化さ

れず，個性的で，高貴でなければならない」とも述べている[34]。発達のための一般的条件は平等化・標準化される必要があるが，その基盤の上での個人・集団・市民共同体・地域の発達は差異化され個性的でなければならない。これは，今日の日本における地域政策を考えるうえでも重要な視点である。

III 内発的地域発展と人間発達

1980年代のはじめ，宮本憲一によって内発的地域発展論が提起されて以来，それは，地域の「発展なき成長」政策や外来企業誘致型開発政策にたいする代替案として注目を集めてきた。内発的地域発展の考え方は次のような4点に集約される[35]。

第1に，地域の技術・産業・文化を土台に，地域内市場を主な対象とし，地域住民の学習・計画・経営による発展を図ること。

第2に，環境保全とアメニティを中心目的にし，福祉と文化，住民の基本的人権の視点に立った総合的なものであること。

第3に，企画・生産・流通・販売・消費のあらゆる段階で，付加価値が地元に帰属するような地域産業連関をつくること。

第4に，住民参加の制度を確立し，住民の意思にもとづいて資本や土地利用を規制しうる自治権を拡充すること。

また，西川潤は，内発的地域発展の特徴を次のようにまとめている[36]。

①経済人にかえ，人間の全人的発展を究極の目的とするものである。②他律的・支配的発展を否定し，共生・分かち合い・人間解放の社会をめざすものである。③協同主義・自主管理・参加の組織形態をとる。④地域分権と生態系を重視し，自立性と定常性を特徴とする。

西川潤のこの特徴づけは，明らかに玉野井芳郎の地域主義の延長線上にあり，その深化を表している。また，内発的地域発展についての宮本憲一の定義には，R・オーウェンからL・マンフォードにいたる人間発達型地域論のエキスを見てとることができる[37]。

もちろん，内発的地域発展論についてもいくつかの批判はある。内発的地

域発展論は日本の農業と農村のおかれている厳しい現状を十分見ていないのではないか[38]。内発的地域発展とはいえ,かつての農山村振興運動がファッシズムによって統合されたように,それは結局上からの国家的統合への道を歩むのではないか[39]。大企業の行動を抜きに農業や中小企業だけで地域経済の発展をなしとげることができるのか。内発的地域発展は農村において有効ではあっても,都市での実現は不可能なのではないか[40]。内発的地域発展の地方都市モデルがいくつか提起されているが,それらは地域内の格差構造や大企業の浸透を無視した美化論にすぎないのではないか[41],等々。

これらの批判の通り,農村でも都市でも,内発的発展の論理をそれぞれの地域において実現することは容易ではない。しかし,内発的地域発展に向けて地域づくりに取り組んでいる個人や集団は少なからず存在している。そうした地域発展を追求する以外に,今日の地域問題を解決する道はありえないこともたしかである。「発展なき成長」にたいする代替理念として,内発的地域発展論の有効性は失われていない。

内発的地域発展の基本原理は,政府の補助金や外来企業の誘致に頼るのではなく,地域の自然・資源・技術・労働・資本等,地域の潜在的能力を実現しようとするところにある。地域における所得や富の増大は,それだけではかならずしも地域の発展を意味しない。個々の人間における発達が欲望の充足＝効用極大化ではなく,人間の潜在的諸能力の開花によってはかられることと同様に,地域の発達はそこに住む人々の発達と地域の潜在力の開花でなければならない。地域計画を市民の共同教育の手段,地域変革の主体としての市民の発達過程としてとらえたL・マンフォードの慧眼はそこにある。

内発的地域発展論は地域の自治と自立を強調する。それが誰であれ他人に依存・従属した人間の発達には限界があるように,他の地域に依存・従属した地域の発達にはかならずなんらかの歪みや限界が生じるであろう。あるいは,地域内における隷属や支配関係を残したまま,その地域が完全な内発的発展をとげることもありえない。その意味で,R・オーウェンの自立した「理想の平行四辺形」,G・D・H・コールの産業自治の思想は貴重な示唆を与えている。もちろん,地域の自治や自立の強調は,地域経済の閉鎖的な自給

自足を意味するものではない。地域内市場をベースにしながらも，国内市場・世界市場との交流を広げることは大いに必要なことであり，そのような交流によってこそ地域は発展する。重要なことは，そうした交流において，いかに対等・平等の持続的関係が維持されるかということであろう。

内発的地域発展論は共同の原理を重視する。しかし，競争を否定するものではない。地域内においても地域間においても，諸個人・集団・企業同士の競争が必要である。それなしには，諸個人・集団・企業の個性的で多様性にあふれた発達はありえない。しかし，そうした競争を発達に結びつけるためには，対等・平等の競争条件が必要である。巨大な多国籍企業と零細企業との無差別な競争が，前者の勝利，後者の隷属につながることは明らかであろう。対等・平等の競争条件づくりには，肥大化した強者への規制と相対的に弱いものたちのネットワーク，すなわち共同の原理が必要となる。この意味で，基盤は一般的・標準的・共通で，その基盤の上での創造は特殊的・個性的・個別でなければならないとした，L・マンフォードの指摘が重要性をおびてくる。

われわれは，「人間の人間としての発達は，労働，消費，社会的統括という3つの契機によって決定される」[42]としてきた。生産的労働と個人的消費が分離するところに人間の本質があり，人間は労働を通して発達するだけでなく，それを基礎にして消費によっても豊かに発達する可能性を得た。それだけでなく，労働や消費における社会化および労働と消費をつなぐ過程の社会化が進めば進むほど，それらを社会的に統括する過程が重要性をおびてくる。すなわち，①生産的活動の管理と統制，②個人的消費を補完する社会的消費過程（保育・教育・医療・福祉など）の管理と統制，③生産と消費の全過程を媒介するための社会的物質代謝過程（商業・金融・保険・運輸・交通・情報ネットワークなど）の管理と統制，④これら全体を統括する国家業務の遂行，等がそれである。これらの社会的統括業務に参加し，あるいはそれを人間的なものに変革する活動に参加することが，人間の全面的発達にとって決定的に重要となる。そのための最も重要な前提条件は，労働時間を社会的に制限し，自由な消費活動と社会的統括への参加のための自由時間を確

保することにある[43]。

　このように，人間の自己実現・全面的発達を保障するには，その障害を取り除き，誰にでも共通の発達機会を与え，それを物質的・制度的に支える社会システム，すなわち社会的統括を実現するためのインフラストラクチャーが必要である。そして，これらのインフラストラクチャーが人間発達の条件となるためには，分権的システムの構築が，すなわちこれらのインフラストラクチャーの整備を，社会の基礎単位としての地域に根ざしたかたちで進めるシステムの構築が必要となる。分権的システムによる地域密着型インフラストラクチャーの整備とその運用を通して，引き裂かれた諸個人の連帯と共同を地域において回復すること，これこそが人間発達を社会的に保障するためのもうひとつの重要な課題である。

　内発的地域発展と人間発達のために必要とされるインフラストラクチャー整備に向けた分権的システムづくりの課題としては，次のようなことがあげられよう。

　第1に，雇用や環境，安全性や文化性といった観点から，大企業や多国籍企業や国家の官僚的行政にたいして規制を加える権限と力量を，自治体と地域住民がもつことである。そうすることによって，大企業や国家によって地域から切り離され，資本蓄積の手段と化した生産・生活・統治の一般的諸条件を住民の手に取り戻すこと，すなわち，地域の経済成長にとらわれて地域の命運を大企業や国家の手にゆだねるのではなく，地域に固有の潜在能力を生かす道を地域住民自身が選択できるようにしなければならない。

　第2に，公共投資・都市計画・産業振興等についての権限を，地方自治体に大幅に委譲することである。インフラストラクチャー整備にかんする中央政府の画一的で官僚的権限を縮小し，地域の歴史と文化と個性を生かしたインフラストラクチャーの整備が可能となるように，地域づくりにかんする権限を中央から地方に移管し，できるだけ住民の身近なところにおく必要がある。

　第3に，こうした地方分権化の基礎には，自治体の課税自主権を中心とする財政自主権が据えられなければならない。地域の経済発展と地方税収の確

保が良好な循環をたどるようなシステムをつくることによって，内発的地域発展の持続がはじめて可能となる。同時に，地域間格差を調整し，すべての地域でナショナル・ミニマムを保障するための，合理的な地方財政調整制度を確立することも必要である。

　第4に，地域計画への市民参加の機会を拡大することである。地域の潜在力を生かすための分権型システムは，自治体などの公共部門と，生活協同組合・医療生活協同組合などの協同部門と，民間非営利団体や企業を含む民間部門との共同，すなわち「公・協・民の共同」によって構成されることになるであろう。このような地域における共同をつくりあげるうえで，いわゆる公務労働者の役割がきわめて重要となる。

　このように，①そこに住む人々が地域に固有の潜在能力を生かす道を選択する自由の拡大，②インフラストラクチャーにかんする権限の分権化，③分権的税財政システムの確立，④住民参加と「公・協・民の共同」の構築を通して，人間発達を保障し，地域の潜在力を生かすための地域づくりが可能となるであろう。

　以下，地域の内発的発展を促し，地域における人間発達を保障するための諸課題，すなわち，地域づくりとインフラストラクチャーの関係，インフラストラクチャー整備における公務労働者の役割，公・協・民の共同における効率性の問題，分権的システムを支える地方税財政システムのあり方等について検討を加えていくことにしたい。

1)　Lewis Mumford, *The Culture of Cities,* 1938. 生田勉訳『都市の文化』鹿島出版会，1974年。
2)　Amartya Sen, *Commodities and Capabilities,* 1985. 鈴村興太郎訳『福祉の経済学——財と潜在能力』岩波書店，1988年，33ページ。
3)　Amartya Sen, *Inequality Reexamined,* 1992. 池本幸生ほか訳『不平等の再検討——潜在能力と自由』岩波書店，1999年，177ページ。
4)　安東誠一『地方の経済学・「発展なき成長」を超えて』日本経済新聞社，1986年。
5)　島恭彦「地域開発の現代的意義」(『思想』1963年9月号)，同『地域の政治と経済』自治体研究社，1976年，所収。

6）拙著『地域と労働の経済理論』青木書店，1981年，27ページ。
7）K・マルクス『資本論』第1巻（大月書店版全集，第23巻ａ）634ページ。なお，この点を軸に据えた人間発達分析は，基礎経済科学研究所編『人間発達の経済学』青木書店，1982年，を参照。
8）松下圭一『シビル・ミニマムの思想』東京大学出版会，1971年，同『都市政策を考える』岩波書店，1971年など。
9）松下圭一『市民文化は可能か』岩波書店，1985年。
10）玉野井芳郎『地域分権の思想』東洋経済新報社，1977年，26-27ページ。
11）同上，7ページ。
12）玉野井芳郎著作集第3巻『地域主義からの出発』学陽書房，1990年，143ページ。
13）同上，22ページ。
14）E. F. Schumacher, *Small is Beautiful: A Study of Economics as if People Mattered,* 1973. 小島慶三・酒井懋訳『スモール・イズ・ビューティフル――人間中心の経済学』講談社学術文庫，1986年。
15）鶴見和子「原型理論としての地域主義」（前掲，玉野井芳郎著作集第3巻の解説）。
16）玉野井芳郎『地域主義の思想』農山漁村文化協会，1979年（著作集第3巻，88ページ）。
17）鶴見，前掲論文。
18）1990年代における地方分権化をめぐる論点とその評価については，本書第5章を参照。
19）Leonard Benevolo, *Le Origini Dell'urbanistica Moderna,* 1963. 横山正訳『近代都市計画の起源』鹿島出版会，1976年，79ページ。
20）Robart Owen, *The Social System,* 1826-1827. 五島茂・田村光三訳「社会制度論」（中央公論社『世界の名著』第42巻，所収）などを参照。
21）同上。
22）同上。あるいは，Robart Owen, *Report to the County of Lanark,* 1820. 「ラナーク州への報告」（渡辺義晴訳「社会変革と教育」梅根悟・勝田守一監修『世界教育学選集』第26巻，明治図書出版，1963年，所収）などを参照。
23）マルクス・エンゲルス『共産党宣言』1848年など。
24）オーエン「社会制度論」，前掲訳書，232ページ。
25）L・ベネヴォロ，前掲訳書，80ページ。
26）Ebenezer Howard, *Garden Cities of Tomorrow,* 1898. 長素連訳『明日の田園都市』鹿島出版会，1968年，186-187ページ。

27) 同上，244-245ページ。
28) G. D. H. Cole, *The Future of Local Government*, 1921.
29) G. D. H. Cole, *Guild Socialism Re-stated*, 1920.
30) Lewis Mumford, *The Culture of Cities*, 1938. 生田勉訳『都市の文化』鹿島出版会，1974年，374ページ。
31) 同上，380ページ。訳文には変更を加えてある（以下同じ）。
32) 同上，383ページ。
33) 同上，384ページ。
34) 同上，451ページ。
35) 宮本憲一『現代の都市と農村』（新NHK市民大学叢書，1982年），同『環境経済学』岩波書店，1989年，等を参照。
36) 西川潤「内発的発展論の起源と今日的意義」鶴見和子・川田侃編『内発的発展論』東京大学出版会，1989年。
37) 宮本憲一は，『環境と開発』（岩波書店，1992年）において，「計画と自由」という視点から，近代都市政策の歴史的過程を簡潔に総括している。本章は，同書から多くの示唆を得た。
38) 守友裕一『内発的発展の道——まちづくりむらづくりの論理と展望』農山漁村文化協会，1991年。
39) 戦前の「農山漁村経済更正計画」の歴史的総括をふまえて，地域政策における対抗関係について論じた，鈴木文熹「『地域産業おこし』政策をめぐる対抗関係」（自治体問題研究所編『地域と自治体 第14集 地域づくり運動新時代』自治体研究社，1984年，所収）を参照。
40) 成瀬龍夫「地域づくり論の現状と展望」（自治体問題研究所編『地域と自治体 第13集 地域づくり論の新展開』自治体研究社，1983年，所収）。
41) 内発的発展の一モデルとしての金沢市経済については，さしあたって，宮本憲一・横田茂・中村剛治郎編『地域経済学』有斐閣，1990年，第1章～第3章（中村執筆）を参照。
42) 拙著，前掲『地域と労働の経済理論』209ページ。
43) 基礎経済科学研究所編，前掲『人間発達の経済学』。

第2章　内発的発展とインフラストラクチャー

はじめに

　R・マンフォードは『都市の文化』(1938年) のなかで, 「総合的芸術の練られた仕事としての地域の活性化と再建こそきたるべき時代の大きな政治課題である」と述べた[1]。彼にとって, 国民国家はいきつくところ戦争国家であって, 真の共同体 (communities) および地域 (regions) の再生と, 国民国家の境界線およびイデオロギーとは適合しない。国民国家という枠組みを越えて, 都市と農村の調和する田園都市型の地域を再生・再建すること, これこそきたるべき時代の普遍的原理となるべきであるとした。

　天皇を頂点とする軍事国家から経済成長優先の企業国家へと, めまぐるしく20世紀を駆け抜けてきた今日の日本においても, このマンフォードの指摘はそのままあてはまる。ハワードの田園都市構想を引き継いだマンフォードの理想は, 「一方では高度な人間文化の手段と過程の広汎な普及, 他方では農村の生命保持的環境と生活本位的関心の都市への注入」であった[2]。高度経済成長とオイル・ショック, バブル経済の隆盛とその崩壊等を経験して, いまようやく「真の豊かさ」を享受したいと考えるようになった日本人に, 半世紀前のマンフォードの言葉がなんと新鮮によみがえってくることであろうか。

　前章において, 人間発達を保障するための内発的地域発展を進めるためには, 分権的システムによる地域密着型インフラストラクチャーの整備とその運用が必要であることが強調された。そこで, この章では, このような新しい時代の地域再生の課題を念頭におきつつ, 地域づくりとインフラストラクチャーの関係に焦点をあてて考察する。まず最初にインフラストラクチャーをめぐる従来の議論を整理したうえで, 次に内発的地域発展におけるインフ

ラストラクチャーの意義と役割について検討することとしたい。

I インフラストラクチャー論の系譜

インフラストラクチャーという言葉はNATO（北大西洋条約機構）の軍事用語としてもともと使われていたものだとされている。経済学上の概念としてはインフラストラクチャーとは物的・制度的・人的な基礎的諸施設ないし前提的諸条件の総体（R・ヨヒムゼン）のことである[3]。いわゆる社会的間接資本（社会資本）は，素材としてのインフラストラクチャーを資本概念においてとらえたものであるといえよう。このインフラストラクチャー（ないし社会資本）概念については，1950年代から60年代にかけて経済成長とりわけ「後進国」における経済開発問題にかかわって理論化が進み，つづいて1970年代には国民の生存権・生活権を保障するためのナショナル・ミニマムやシビル・ミニマムにかかわって論じられ，1980年代には情報化社会論とのかかわりで新たな展開がみられた。そして，1990年代に入って，都市の成長管理という観点からの見直しが始まった。すなわち，これまでのインフラストラクチャー論ないし社会資本論は，①投資戦略型インフラストラクチャー論，②シビル・ミニマム型インフラストラクチャー論，③情報ネットワーク型インフラストラクチャー論，④成長管理型インフラストラクチャー論に集約することができる。以下，この4つの系譜について簡単に振り返ってみよう。

1 投資戦略型インフラストラクチャー論

インフラストラクチャー（社会資本）概念は「後進国」開発問題とかかわってまず注目を集めた。

たとえば，R・ヌルクセは，「最初のうちは（地域社会開発計画の）大部分のものが，今日『社会的一般資本』social overhead capital と呼ばれる型のもの，つまり公益事業，運輸施設，訓練計画，および多種多様な基本施設を含むものになりそうである。このような全般的施設の重要性は，どんなに強調しても誇張に陥ることはほとんどありえない」と述べ，経済的後進地域における

「貧困の悪循環」からの脱却にとって、インフラストラクチャーの整備がきわめて重要な意味をもつことを強調した[4]。

また、W・W・ロストウは、離陸（経済成長への飛躍）の先行条件期において社会的間接資本の建設が果たす決定的役割を明らかにし、社会的間接資本の3つの特徴、すなわち長期の懐妊期間ならびに償還期間、非分割性、償還経路の間接性からして、その建設にあたっては政府が重要な役割を果たすべきであるとした[5]。

こうした議論の展開をうけて、A・O・ハーシュマンは、「低開発国」における投資の補完性効果を強調し、社会的間接資本（SOC）と直接的生産活動（DPA）の相互補完的投資行動のパターンについて検討した。それによると、社会資本と生産活動の関係には、「超過能力型発展」（社会資本への投資が先行し、直接生産活動がそれに続く発展パターン）と、「不足型発展」（直接生産活動が先行し、社会資本への投資がその後を追う発展パターン）の2つのパターンがある。ハーシュマンは、このような不均衡成長をとおして経済発展が進むことを説明しようとした[6]。

次章でやや詳しく見るように、ハーシュマンの社会資本概念には、道路や港湾などのハードな施設だけでなく、「法と秩序から始まり、教育、衛生を経て運輸、通信、動力、水道にいたる一切の公的サービス」[7]が含まれていた。また、その当初の目標は、発展途上地域の潜在的可能性を引き出すための、「誘発」システムとしてのインフラストラクチャーの役割を解明することにあった。しかし、この社会資本論がわが国に導入されたときには、インフラストラクチャーの中味はもっぱら道路や港湾や空港などの産業基盤として理解され、経済成長と社会資本との関係が優先的に論じられた。ハーシュマンなどの社会資本論は、その「成長拠点」（Growing Points）概念とともに、1960年代の「拠点開発方式」によるわが国の経済成長政策にも大きな影響を与えることになった。

このように、1950年代から60年代にかけてのインフラストラクチャー（社会資本）論の特徴は、経済成長とくに「低開発国」の経済発展政策とのかかわりで論じられたところにあった。島恭彦は、ロストウやハーシュマンの社

会資本論は国際資本の投資戦略のための理論であるとして,次のように批判した。

「地域開発の問題は,国際的な資本の立場からみて,最高の経済効率を実現するには世界のどの地域を選択したらよいか,ある地域が選ばれたとして,民間資本と公共投資のいずれを先行させたらよいか。民間投資としたなら,どのような産業部門を選択すべきか,公共投資としたならば,道路かエネルギーか,または教育,水道,衛生かの何れをえらんだらよいかという,投資の選択であり,投資の戦略の問題である」[8]と。

このように国際資本の投資戦略としてのインフラストラクチャー論の本質を明らかにした島は,資本主義の地域的発展において金融的集中(または第三次産業,人口,政治権力等の集中)と工業または工場の集積との区別を強調し,資本の地域的集中と外延的膨張が必然的に経済力の地域的格差・地域的不均等発展をもたらすことを指摘した[9]。また,宮本憲一は,インフラストラクチャー(社会資本)は生産手段と生活手段という2つの異なる部分から構成されることを示し,社会資本の素材的内容として「社会的一般労働手段」と「社会的共同消費手段」とを対比させて論じることの重要性を主張した[10]。これらの理論は,経済成長優先・産業基盤優先のわが国の地域開発政策を批判するうえで重要な役割を果たした。

2 シビル・ミニマム型インフラストラクチャー論

投資戦略型インフラストラクチャー論にたいして,国民の生活権の立場からインフラストラクチャーについての新たな議論を展開したのが松下圭一らによるシビル・ミニマム論であった。この「シビル・ミニマム」という和製英語の考案者である松下圭一は,1960年代日本の経済成長政策を批判し,経済成長による国民所得の増大はかならずしも国民生活の真の豊かさにはつながらないとした。より重要なことは,「国民生産力の拡充によってもたらされる社会的余剰を公共的に管理し,都市の制度的・物理的構造自体を改革する」ことである。そのためには,

(1) 社会保障(養老年金,健康保険,失業保険,困窮者保護など)

(2) 社会資本（住宅，交通通信，電気ガス，上下水道，廃棄物処理，公園，学校など）
(3) 社会保健（公共衛生，食品衛生，公害規制など）
という3つの分野におけるシビル・ミニマム（市民的最低水準）が保障されなくてはならない，というのが松下の主張である[11]。

　この主張は，1960年代後半から70年代にかけての「革新自治体」の政策に大きな影響を与えた。シビル・ミニマム型インフラストラクチャー論は，国際資本の投資戦略としてのインフラストラクチャー論と異なり，国民の生活権に基礎をおき，国家よりも自治体の役割を重視し，フロー中心のGNP増大だけでなくストック中心のシビル・ミニマムの整備による国民生活向上を説いたという点で意義があった。

　しかし，このシビル・ミニマム論には，見過ごすことのできない弱点があった[12]。そのひとつは，経済成長のあり方そのものについての批判が弱く，議論の重点が経済成長の果実である「社会的余剰」の活用の仕方におかれたということである。産業構造や生活様式についての深い検討はなく，当時の大量生産・大量消費方式はそのまま前提にされていた。このことから，福祉や環境問題は重視するが，地域の産業や雇用問題にかんする対応が遅いという「革新自治体」の政策的弱点が生じた。

　もうひとつは，シビル・ミニマム論は，農村も含めてすべての地域が都市化するという「汎都市化」論を前提にしていたということである。都市的生活の広がりを前提として生活基盤を中心とするシビル・ミニマムの保障が説かれたのである。しかし，現実には過疎・過密が深刻化し，都市と農村の格差は広がりつつあった。農村の都市化が進んでいたことは事実であるが，農村で求められていたことは，都市化を前提とした生活基盤の充実よりも農林漁業をはじめとする地域産業の振興であり，若者のための雇用の保障だった。「汎都市化」を前提としたシビル・ミニマム論はこうした現実への認識を欠き，地域的不均等問題への対応を遅らせる結果を生んだ。

3 情報ネットワーク型インフラストラクチャー論

1980年代に入り,コンピュータ技術の発達と普及によって情報化社会の到来が告げられると,インフラストラクチャーの意味にも変化が現れた。これまで物や人を移動させる交通運輸手段がインフラストラクチャーの中心に位置づけられてきたが,それにかわってインフラストラクチャーにおける情報ネットワークの重要性が注目されはじめたのである。交通運輸から情報通信へのインフラストラクチャーの重点移動によって,インフラストラクチャーの性格そのものにも変化が現れた。そのことを,林紘一郎は次のように説明している。

情報通信産業の特徴はインフラストラクチャーとコモン・キャリアの特殊な関係にある。ここでインフラストラクチャーとは間接的に生産資本の生産性を高めるための社会的間接資本のことであり,コモン・キャリアとは運輸通信業や電気・ガス等の公益事業において顧客の選択を行うことなく一般公衆にたいして合理的料金でサービスを提供するものを指す。ここで,運輸通信業に絞って見ると,道路・空港・港湾等においてはインフラの汎用性が高くインフラとキャリアが分離している。これにたいして鉄道においてはインフラとキャリアの関係はかなり密接になり,電気通信業や放送事業においてはさらに密接になる,と[13]。つまり①道路・港湾,②鉄道,③情報通信の順にインフラストラクチャーの汎用性が小さくなる,いいかえればW・W・ロストウのいわゆる社会資本における償還経路の間接性が弱まり,インフラストラクチャーからの利益がそれを建設・運営するものにより直接的に還元されるということになる。それだけインフラストラクチャーの建設・運営に私的企業が参入しやすくなる。

このような技術的背景と民間における資本蓄積の過剰とがあいまって,1980年代にはインフラストラクチャー整備への民間資本の投資が活発に見られるようになった。鉄鋼・建設などの大企業グループを中心に1979年に結成され,1983年に通産省・建設省・運輸省・国土庁の4省庁共管の社団法人として再発足したJAPIC(「日本プロジェクト産業協議会」)の活動,1986年における「民活法」(「民間事業者の能力の活用による特定施設の整備に関する臨時措置

法」)の制定等は，インフラストラクチャー整備への民間資本の積極的参入を象徴するものであった。情報化時代にあっては，規制緩和・民間活力活用の名のもとに，インフラストラクチャーの建設と運営そのものが私的資本の投資戦略の対象とされたのである。こうして，関西国際新空港株式会社をはじめ，インフラストラクチャー整備等にかかわる数多くの「第三セクター」がつくられ，民間企業参加による大規模プロジェクトが推進された。しかし，1990年代に入ってバブル経済が崩壊すると，民間企業は一斉にこれらのプロジェクトから撤退し始め，多くの「第三セクター」が破綻の危機に瀕している。

このような傾向にたいして，池上惇は，社会経済を制御するための情報の蓄積・伝達＝コミュニケーションの手段としてのインフラストラクチャーの本来的意義を再評価し，個人の自己実現を社会的に保障するものとしてインフラストラクチャー整備の重要性を説いた[14]。池上は，財・環境・サービスのネットワークとしてインフラストラクチャーを位置づけ，その中には，①憲法，②情報，③貨幣・金融，④経済，⑤社会，⑥土地・環境，⑦文化等のすべてのシステムが入るとした。しかし，これらのインフラストラクチャーは分化・個別化・利権化の過程をとおして官僚機構によって支配されやすく，インフラストラクチャーが諸個人の自己実現を保障するためのものとなるには，こうした官僚機構と私的大企業による独占支配を打破し，新社会権を担う国民の共同資産としてのインフラストラクチャーに転化させることが必要だと，主張している。この池上の主張は，地域における人間発達と内発的発展を保障するインフラストラクチャーという視点から見て，きわめて重要な内容を含んでいる。

4　成長管理型インフラストラクチャー論

1990年代には，これまでとは異なる新しいタイプのインフラストラクチャー論が注目を集めた。それは，1980年代に，サンフランシスコ，ボストン，シアトルなどの諸都市で展開された「成長管理」や「リンケージ」政策の教訓をふまえたインフラストラクチャー論である[15]。

アメリカで都市の成長管理政策が最初の成功をおさめたのは，サンフランシスコにおいてであったと言われている。1986年11月，毎年のオフィス建設を厳しく総量規制する住民提案「プロポジションM」が僅差ながら成立した。それまでもサンフランシスコでは，「ダウンタウンプラン」にみられるような都心部における容積率の切り下げ（ダウンゾーニング），建物の高度規制，民間資本によるオフィス建設にたいして住宅，公開広場，パブリックアート，保育所施設等の建設負担を義務づける「リンケージ」政策がとられてきた。しかし，この「プロポジションM」の成立によって，サンフランシスコの「緩やかな成長運動（Slow Growth Movement）」は決定的成功をおさめることになったのである。

　つづいてボストンでは，1987年に「成長管理計画」が決定され，これまで50階建て200mの超高層オフィスがつくられてきた都心部でも，12階建て50m程度のビルしか建てることができなくなった。ボストンでは1983年以来「リンケージ」政策が採用され，都心部におけるオフィス建設にたいして開発負担金，低・中所得層むけ住宅建設，職業訓練等が義務づけられてきた。この「成長管理計画」は，こうした都市成長管理政策をより徹底させるものとなった。さらにシアトルでは，1989年5月「イニシアティブ31」（一般にはCAP「市民による代替的計画（Citizens' Alternative Plan）」と呼ばれている）が成立し，サンフランシスコと同様の厳しい容積率の切り下げと高度規制，オフィスの総量規制が行われることになった。

　1980年代の後半アメリカの諸都市に広がった「成長管理」と「リンケージ」政策の特徴は，第1に，その目標が住みよいまち（Livable City）づくりにおかれていること，第2に，経済成長よりも経済成長の制御に重点がおかれていること，第3に，民間企業の活動を制限する市民運動のイニシアティブのもとに進められていること，そして，最後に，住宅，公開広場，保育所，職業訓練などインフラストラクチャーの整備が民間企業にたいして義務づけられていることにある。民間資本による経済成長のための条件整備として論じられてきた従来のインフラストラクチャー論とはまったく正反対の立場がここに示されている。

それはまた，1980年代日本の民間活力論とも異なるものであった。日本においては民間活力といえばすなわち民間資本＝民間企業のことを意味するが，アメリカのこれらの諸都市において主役を演じているのは，コミュニティ開発公社（CDC）や近隣開発団体（NDO）などと呼ばれる民間非営利の草の根組織であり，ボストンの再開発局（BRA）やピッツバーグのアルゲニーカウンティ開発協会（ACCD）等に見られるような半官半民団体，すなわちパブリック・プライベート・パートナーシップを媒介する諸組織である[16]。日本におけるいわゆる「第三セクター」が，インフラストラクチャー整備に民間資本を導入するための安易な手段となり，公共責任を曖昧にするとともに，非効率と財政破綻をもたらしたことに比べるとかなり様相を異にしている。

II 内発的地域発展とインフラストラクチャー

1 内発的地域発展とは

国際資本の投資戦略による「後進国」型開発は，つまるところ外来型地域開発である。戦後日本における地域開発の主流はこの外来型開発であった。1960～70年代における重化学コンビナートから80年代の「テクノポリス」や「リゾート」へと，誘致される施設の内容には変化が見られたが，外部から資本や施設を導入・誘致するという外来型開発の形式そのものは不変であった。国からの補助金を受けた地元自治体等によるインフラストラクチャーの整備，そのうえでの企業や施設の誘致というかたちで開発が進められてきた。

しかし，このような開発はいわば「発展なき成長」であって，経済の量的規模の拡大（成長）ではあっても，地域の構造的問題の解決＝内在的発展への力量の拡大（発展）にはつながらない[17]。外来型発展は，農林漁業をはじめとする地域産業基盤の崩壊と自然・社会環境の破壊をもたらすだけでなく，そこから生まれた利益が金融・管理中枢機能のある都市へ還流することをとおして，都市と農村の格差，東京首都圏とその他の地域の間の格差をいっそう拡大する結果となったのである。

このような外来型地域開発へのアンチテーゼとして提起されたのがいわゆ

る内発的地域発展の論理であった。内発的地域発展の論理については，第1章でやや詳しく紹介した。ここでは，簡単なおさらいをしておこう。この，内発的地域発展という考え方は，わが国では宮本憲一によって，北海道・池田町や大分県・湯布院町など主に農村地域における地域づくりの経験を理論的に総括するかたちで提唱された[18]。内発的発展（Endogenous Development）という言葉は，1970年代の中頃に，スウェーデンのダグ・ハマーショルド財団が国連経済特別総会への報告書において，「ゆがんだ発展」を生み出す経済成長優先型の開発にかわる「もうひとつの発展」の内容として提起したのが最初だとされている[19]。

私は，この内発的地域発展の論理を自治・自立・共同・人間発達の4原則に集約している[20]。

(1) 自治の原則とは，外部からの企業誘致に頼ることなく，地域の資源・技術・資本・人材などの潜在能力をまず生かすということであり，

(2) 自立の原則とは，いきなり全国的・国際的市場を相手にするのではなく，地域内の需給や，地域内の分業・協業の発展を重視するということである。

(3) 共同の原則とは，個々の個人や経営の努力を地域全体の共同に高めていくということであり，都市・農村間をはじめ地域間の交流・共同を発展させることである。

(4) 人間発達の原則とは，地域産業振興や雇用確保といった経済問題を，保育や教育，医療や福祉，環境や文化などの課題と結びつけ，地域に生きる人々の潜在能力の実現につなげていくということである。

このような諸原則に立った開発の論理は，一面では経済成長優先の外来型開発への批判であり，他面では，汎都市化を前提とし，有効な産業政策の提起を欠いたシビル・ミニマム論の弱点を克服しようとするものである。

2 内発的地域発展とインフラストラクチャー

では，こうした内発型地域発展とインフラストラクチャーの整備はどのようにかかわってくるのであろうか。

私は前節においてこれまでのインフラストラクチャー論の系譜を、①私的企業による資本蓄積の基盤づくりとしての投資戦略型、②市民の生活権保障の基盤づくりとしてのシビル・ミニマム型、③インフラとコモン・キャリアの一体化を前提とした情報ネットワーク型、④都市環境の保全と社会的公正を重視する成長管理型の4つに整理した。

　これらにたいして、内発型地域発展をめざすインフラストラクチャー整備の特徴は、次のような点に求められる。

　第1に、内発的地域発展のためのインフラ整備は、どの地域でも同じような画一的なものではなく、それ自体、地域の自然的・地理的・歴史的特性に合致した個性的なものである。いうまでもないことかもしれないが、寒冷地帯と温暖地帯と亜熱帯とでは、自ずから必要とされるインフラの内容も形態も異なってこよう。それぞれの地域において、それぞれの時期において、最も必要とされるインフラの内容は自ずと異なってくるはずである。地域の実態に即して最もふさわしいインフラ整備をいかにして選択するかが重要となる。

　第2に、したがって、このような特徴をもつ内発的発展型インフラストラクチャーの整備にあっては、その計画と実施のための権限と財源が、できるだけ地域の中に置かれる必要がある。遠く離れた多国籍企業の本社や、地元を一度も訪れたことのない中央官僚のオフィスの中でインフラストラクチャー整備にかんする計画がつくられるのではなく、そこに住み、日々労働に従事し、生活をおくる住民の身近に、計画立案と実施の権限と財源が移される必要がある。すなわち、内発的発展のためのインフラ整備は、分権型税財政システムの構築なしにはありえない。

　第3に、インフラの整備は、いわゆるハードな施設の整備で終わるのではなく、それらの施設の運用を地域の潜在能力の発揮に結びつけるためのノウハウやシステムの構築をともなうということである。道路・港湾・空港といった最も基礎的な構築物の建設だけでなく、地域における人間発達に直接かかわる教育・医療・福祉・情報・文化などの社会的施設の建設が重視されなければならない。それと同時に、これらの構築物や社会的施設を地域の内発

的発展につなげるためのシステムが開発されないかぎり，これらの構築物や社会的施設は無用の長物ともなりかねない。

このようなソフトなインフラの構築は，地域における自治体行政，協同組合型諸組織，民間企業，市民諸組織等の間の民主的共同によって可能となるであろう。内発的地域発展にとって，地域に住む人々の発達を保障することが最大の目的である。市場・技術・文化等の情報にかんする地域の人的ネットワークの形成こそ，内発的発展に向けてのインフラとしては最も重要な要素だといえる。

では，これらのインフラストラクチャー整備はどのような進行パターンをたどるのであろうか。

まず，①の投資戦略型インフラ整備のパターンでは，私的企業誘致のために，ある時期に集中的なインフラ整備が行われるが，企業誘致の終了とともにそのブームは去ってしまう。そして，地域経済活性化のためには，ある一定の時期がたつと，再び新たな私企業ないし施設の誘致のためのインフラ整備に向かわなければならない。このような波型のパターンをたどるのが投資戦略型インフラストラクチャー整備である。しかし，このようなパターンは，その地域や国民経済の潜在的成長力が高い間は継続するが，やがて成熟段階に入ると，財政力や環境保全といった面から必ずや限界に達するであろう。

民間企業の投資戦略にしたがった情報ネットワーク型インフラ整備も，基本的には同様のパターンをたどるといえる。

②のシビル・ミニマム型では，インフラ整備は一定の水準において停止され，あとはその維持保全だけが問題となる。それ以上の質的・量的拡充については選択的需要とみなされ，個々の地域ないし個人の特別の負担によることになる。いわゆる「選択と負担」の領域にはいるわけである。

実際，シビル・ミニマム論の第一人者である松下圭一は，1980年代に入ってわが国のシビル・ミニマムは量的には充足され，質的向上の段階にはいったとして，これからは行政施策のスクラップ・アンド・ビルドが必要だとしている[21]。たしかに，この段階で，道路や水道といった最も基本的なインフラについてはほぼ整備されたといえるかもしれない。しかし，ハードなイ

ンフラにおいても公園や下水道，公共住宅等の整備はまったく不十分であり，環境政策や福祉政策等の分野では世界的水準から見てもかなり低い状態にある。そのような段階で，シビル・ミニマムの「量的充足」を安易に主張するのはどうであろうか。

　④の成長管理型インフラ整備の場合，都市成長の一定のレベルまではインフラの拡大が必要とされるが，ある水準に達するとそれ以上の整備はむしろ制限され，都市環境の保全や分配上の正義が重視されることになる。経済成長型のパターン①と，シビル・ミニマム型のパターン②との変型的組み合わせということができるかもしれない。ただし，ここで，「成長管理型」がシビル・ミニマム型と異なる点は，都市環境の保全という明確な目標がかかげられているということ，「リンケージ政策」というかたちで分配上の正義に配慮がなされているということである。また，こうした目標の設定が，広範な市民運動の結果として実現している点に価値を見いだすことができる。

　そこで，人間発達のための共同資産として位置づけられた内発型地域発展におけるインフラ整備は，どのようなプロセスをたどるのであろうか。このパターンでは，インフラの蓄積と内発的発展そのものが，次の新たなインフラ需要につながっていく。守友裕一はこの点について，「シビル・ミニマム論から脱して，文化行政，地域アイデンティティの確立，自己実現をはかっていこうとする時には，絶えず新しい事態に対応して，独自性を発揮していくことが求められる」と説明している[22]。内発的地域発展におけるインフラストラクチャー整備においては，地域の構造や需要の変化にともなって，その内容や組み合わせがたえず変化しながら，量的・質的な充実が図られていくというかたちになるであろう。すなわち，地域とそこに住む諸個人の自己実現のためのインフラ整備は，地域の共同資産の蓄積となり，その蓄積は地域に住む人々の発達を促し，評価能力を高め，また新たなインフラ整備へのニーズを生み出していく。こうして内発的発展の進行にともなって，より高い質のインフラ整備が求められることになるのである。もちろん，そこでは，自主財源の拡大とインフラ整備との関係，すなわち持続可能な財政運営への配慮，社会的効率への努力が前提となるであろう。

さきにも触れたように，内発的地域発展のためのインフラストラクチャー整備においては，①地域の固有性に根ざしたものであること，②分権的システムによること，③社会的システムとして運用されることなどが重要である。これらの諸点は，インフラストラクチャーを形成・維持・管理する労働としての公務労働のあり方と深くかかわってくる。そこで，次章では，公務労働論の視点から，インフラストラクチャーの問題を再検討することにしたい。

1) Lewis Mumford, *The Culture of Cities,* New York, 1938. 生田勉訳『都市の文化』鹿島出版会，1974年，351ページ。
2) 同上，399ページ。
3) 加藤一郎・寺西俊一「社会資本をめぐる内外の論争」宮本憲一・山田明編『公共事業と現代資本主義』垣内出版，1982年，64ページ。
4) Ragnar Nurkse, *Problems of Capital Formation in Underdeveloped Countries,* Oxford, 1953. 土屋六郎訳『後進国の資本形成』巌松堂出版，1955年。
5) W. W. Rostow, *The Stage of Economic Growth: A Non-Communist Manifesto,* Cambridge, 1960. 木村健康ほか訳『経済成長の諸段階』ダイヤモンド社，1961年。
6) Albert O. Hirschman, *The Strategy of Economic Development,* Yale, 1958. 小島清監訳『経済発展の戦略』巌松堂出版，1961年。
7) 同上，145ページ。
8) 島恭彦「地域開発の現代的意義——投資戦略としての地域開発」(『思想』1963年9月号)，同『地域の政治と経済』自治体研究社，1976年，28ページ。
9) 同上，12ページ。
10) 宮本憲一『社会資本論』有斐閣，1967年。
11) 松下圭一『シビル・ミニマムの思想』東京大学出版会，1971年，276ページ。
12) シビル・ミニマム論批判については，拙著『地域と労働の経済理論』青木書店，1981年，第1章を参照。
13) 林紘一郎『インフォミニケーションの時代』中公新書，1984年，108-113ページ。
14) 池上惇『財政学』岩波書店，1990年。
15) アメリカの諸都市における「成長管理」運動については，矢作弘・大野輝之『日本の都市は救えるか——アメリカの「成長管理」政策に学ぶ』開文社，1990年および，重森曉・遠州尋美編『都市再生の政治経済学——日米都市の比較研究』東洋経済新報社，1993年を参照。

16) アメリカの諸都市におけるパブリック・プライベート・パートナーシップについては,拙著『分権社会の政治経済学』青木書店,1990年,第3章を参照。
17) 本書第1章を参照。安東誠一『地方の経済学』日本経済新聞社,1986年。
18) 宮本憲一『現代の都市と農村』新NHK市民大学叢書,1982年。
19) 西川潤「内発的発展論の起源と今日的意義」鶴見和子・川田侃編『内発的発展論』東京大学出版会,1989年,第1章を参照。
20) 拙著『現代地方自治の財政理論』有斐閣,1988年,第2章。
21) たとえば,松下圭一『日本の自治・分権』岩波書店,1996年,同『自治体は変わるか』岩波書店,1999年など。
22) 守友裕一『内発的発展の道』農文協,164ページ。

第3章　インフラストラクチャーと公務労働

はじめに

　第1章では，人間発達と内発的地域発展の関係が論じられ，第2章では，内発的地域発展のためのインフラストラクチャー整備のあり方が検討された。そこでは，インフラ整備がいわゆるハードな施設の建設に終わるのではなく，それらの施設の運用を地域の潜在能力の発揮につなげるためのノウハウやシステムの構築が必要であることが強調された。これは，インフラストラクチャーを整備・管理する労働としての公務労働の重要性につながる問題である。そこで，本章では，インフラストラクチャー整備と公務労働の関係について考えてみることにしたい。

　わが国において公務労働という独自の概念が生まれたのは，1960年代後半以降のことといってよい。その契機となったのは，哲学者・芝田進午による「公務員労働者論」の提起であった[1]。

　そこで芝田は，マルクスのいわゆる「あらゆる共同体の本性から生ずる共同業務」，すなわち水利，防災，保健，社会保障，教育，清掃などといった「社会的共同業務」を担うのが公務員労働者であるとした。この芝田の提起をめぐって，その後，この社会的共同業務は，共同体から国家への移行によって，「解体される」のか，それとも「包摂される」のかをめぐって，論争が展開された[2]。また，現代の公務労働には二重性があるとされたが，それはどのような意味なのか，公務員労働者は搾取されているといえるのか，公務労働という概念はどの程度まで同様の労働（たとえば教育，医療，福祉等）に従事する公務員以外の民間労働者に適用できるのか等々，さまざまな議論が巻き起こった。

　1970年代に公務労働論は活発に展開されたが，その後，70年代末における

「都市経営論」の登場，80年代の臨調型「行政改革」の展開，さらに90年代における規制緩和と地方分権を2つの柱とする「行政改革」の展開の中で，新たな試練を受けることになる。というのは，行政における経済的非効率を指摘し，民間でも担えるような公共サービス（たとえば清掃，給食，保育，施設管理など）は積極的に民間委託ないし民営化すべきであるという主張が強まったからである。公務労働の公共性が問われることになったが，にもかかわらず（あるいはそれゆえに）公務労働にかんする理論的研究はしだいに低調になっていったように思われる。

本章では，資本蓄積と公務労働の関係に着目した水口憲人の労作，あるいは池上惇によるインフラストラクチャー論の新たな展開をふまえつつ，公務労働とそのあり方について再考してみたい。

I 社会的共同業務と公務労働

芝田進午は当初，資本主義国家においては「共同体の本性から生じる共同業務」は国家に「包摂される」とした。これにたいして，「包摂される」のではなく「解体される」というべきであるとの批判が出された[3]。のちに，芝田は，現代国家は「公務をゆがめ，破壊し，再編成した」と述べ，事実上この批判を受け入れたように思われる[4]。

現代国家において，社会的共同業務は「共同体」からそのまま引き継がれるのではなく，しばしば住民の手から切り離され，歪められ，再編成されて，資本蓄積や官僚的支配の手段に転化するという視点は，今日でもなお重要である。たとえば，農山村地域における巨大なダムや河口堰の建設が，伝統的な治山治水のあり方を破壊し，建設資本の利潤追求や工業用水・電力供給のための手段となり，地域の環境破壊やひいては集落の消滅につながることなどは，その典型的な事例である。

しかし，他方で見落としてならないことは，資本主義国家のもとで，伝統的な社会的共同業務が解体され再編成される中で，市場経済の展開と，労働運動や市民運動の発展に支えられて，あるいは民主主義的な憲法や法律制定

の結果として，新たな公務の分野が拡大し，地域の発展や住民生活の維持・向上にとって不可欠の条件となるということである。資本の利潤追求に制限を加え，労働者・国民の生存権や発達権を保障するための新しい公務労働が形成される。このような新しい公務労働の最初の形態は，19世紀中葉のイギリスにおける「工場法」の制定と，その法律にもとづいて，労働時間の制限や児童労働・女性の深夜労働などの禁止を実行するための「工場監督官」であった。そこで，われわれは，新しい公務労働を「工場監督官型公務労働」と呼んできた[5]。

この工場監督官型公務労働は，その後の資本主義経済の発展による共同体や家族の解体の進行とともに，さまざまな分野に広がっていった。公衆衛生，保育・教育，医療・福祉，清掃・環境保護などの分野の公務労働の多くは，このような新しいタイプの公務労働と呼ぶことができる。

このように，一方では，伝統的な社会的共同業務を住民から切り離し，歪め，再編成することによって形成される公務労働があり，他方で，民主主義的運動や民主主義的法律に支えられて登場してくる国民の生存権や発達権を担う公務労働がある。このことが，いわゆる公務労働の二重性とかかわっている。

現代の公務労働の二重性については，①「役人と労働者」，②「労働一般と公務という専門労働」，③「支配的・抑圧的労働と社会的共同業務としての労働」などさまざまに論じられてきた。①は，公務員は，一方では「役人」として官僚機構の末端を担うが，他方では国家や地方団体に雇用された賃金労働者である，という見方である。この場合，公務員の「労働者性」が強調されることになる。②は，公務員は，賃金労働者としては他の民間労働者となんら異なるところはないが，ただ，仕事の内容は「公務」という特殊な専門性をおびているというものである。この場合，公務員の仕事の内容＝専門性が強調されることになる。

それぞれに根拠はあるが，私は，③のように，公務という特殊な専門労働に従事する賃金労働者としての公務労働者の，仕事の内容そのものに二重性があると考えてきた。つまり，「今日の公務労働者は，一方では官僚機構の

もとで官治的・営利的な大企業本位の行政を担わされ、他方では民主主義的法律と労働運動・住民運動に支えられて住民の社会的共同業務の民主主義的再建を担おうとしている。ここに公務労働の二重性がある」と規定してきた[6]。このような公務労働の仕事の内容の二重性は、たとえば警察・徴税労働は官治的・営利的で、教育・福祉は社会的共同業務の再建につながるというように、分野によって区分されるものではない。警察・徴税労働においても社会的共同業務の再建につながる側面はあるし、また、教育・福祉労働においても官治的・営利的側面が強くなることがありうる。公務労働の二重性は、そのすべての分野において生じうるものである。しかし、公務労働の二重性が生じるためには、すなわち、官僚的・営利的側面だけでなく、住民の生存権・発達権を保障するための社会的共同業務の再建という側面をもつためには、次のような具体的条件が必要となる。

　第1に、資本主義のもとでの住民の貧困化と欲望水準・発達要求水準の向上によって、社会的共同業務の再建を求める労働運動や住民運動が発展すること。

　第2に、資本主義の発展が民主主義と地方自治の形式をつくりだし、労働運動・住民運動の結果として民主的憲法や法律が制定されること。

　第3に、公務労働者の労働条件と労働内容を改善し、公務員労働者の人権を守り、職場に民主主義を確立するための労働組合運動が存在すること。

　官僚機構の末端に組み込まれた公務労働者は、1人だけでは住民のために自ら進んで仕事をするということがむずかしい場合が多い。もちろん例外的に、先駆的な公務労働者が、勇気をもって官僚的・営利的行政の腐敗を告発したり、住民生活を守り、地域の環境を回復する仕事に先鞭をつけるといったこともないわけではない。しかし、多くの場合、住民自身の生活や環境を守るための運動があって、はじめて公務労働者も動けることになる。

　法律にしたがって行動することを義務づけられている公務労働者にとっては、民主的な憲法の存在と、地方自治や住民の生存権・発達権保障を規定した法律の存在が重要となる。また、他方では、それらの民主主義的法律を活用する能力と意欲が、公務労働者の中になければならない。

住民の生存権・発達権を守る公務労働者には，自らの生存権・発達権が保障されなければならない。住民のためによい仕事をしようとする公務労働者が不当な配置転換を繰り返されたり，行政のあり方を変えようと積極的な提案をする公務労働者が昇進を意図的に遅らされるような職場環境のもとでは，社会的共同業務の再建といった方向での公務労働の発展は望めないであろう。職場における労働条件の向上と民主主義がなによりも重要となる。

　さらに詳細に見ると，公務労働の性格を決定する政治的・社会的条件は，①公務を必要とする主体の性格，②その主体の権利概念，③公務の主たる領域，④公務が形成されるに至るプロセスと制度等にかかわっている。この点について，私は，公共性の歴史的変遷という視点から考察したことがある[7]。

　そこで私は，市民国家型公共性と福祉国家型公共性の区別を重視した。すなわち，19世紀までの市民国家においては，財産権をもつ市民を主体として，防衛・司法・公共事業といった分野において，議会や世論をとおして公務が形成され，中央集権的官僚機構によってそれらの公務が担われた。これらの公務労働は，基本的には，財産所有者の営業権を保障し，資本蓄積に奉仕するものであったといってよい。これにたいして，20世紀以降（とくに1940年代以降）の福祉国家においては，国民の生存権を基礎として，医療・保険・教育・福祉・公衆衛生といった分野における公務が，議会やさまざまな労働運動・住民運動をつうじて形成される。

　このような市民国家型公共性と福祉国家型公共性の区別は，官治的・営利的公務労働と社会的共同業務の再建を担う公務労働との区別にほぼ重なるといってよいであろう。

　ところが，この福祉国家型公共性や公務労働のあり方にも限界がある。というのは，福祉国家型公務においては，生存権をもつ市民は「主体」ではなく，あくまでもサービスを受ける「客体」であり，また，公務は中央集権的行政機構の中に包摂されてきたからである。より正確には，租税などの歳入の中央集権化と地域開発や公的サービス提供などの歳出の地方分散化が進み，これらの公務は中央政府の政策決定と財源管理のもとに，地方政府（地方自治体）によって担われる傾向が強まった。ここから，中央から地方への補助

金の拡大，政策決定と財政責任の乖離，公務遂行における官僚制と非効率，財政膨張と財政赤字の拡大といった問題が発生する。こうした福祉国家の危機と限界は，1980年代以降先進資本主義諸国において共通して認識されるようになり，ポスト福祉国家への移行が課題となっている。

　福祉国家からポスト福祉国家への移行には，次の4つのモデルが考えられる。すなわち，①新連邦主義とパブリック・プライベート・パートナーシップのもとで，分権化（とくに州への権限と財源の集中）を進めるアメリカ合衆国型，②サッチャーリズムによって中央集権的市場化を推し進めたイギリス型，③分権的福祉国家への実験を進めるスウェーデン型，④中央集権的国家の典型とされてきたが，1970年代から80年代にかけて分権化への動きを強めたフランス・イタリア型などがそれである[8]。これらのモデルのうち，②の中央集権的体制を維持しながら，福祉国家型公務労働を解体して，それを自由市場メカニズムの中に移し，資本の支配のもとにゆだねるというサッチャーリズム型と，③の中央政府と地方政府のゆるやかな共同を維持しながら地方への分権化を進め，官僚的統制の緩和と住民参加の促進を図ろうとするスウェーデン型が対極にあるといってよい。

　このようなポスト福祉国家をめぐる大きな2つの流れの中で，公務労働を真に「社会的共同業務の再建」の方向で確立するためには，後者のような分権・参加型システムを構築する道を選ぶしかない。なぜなら，前者は，公務を解体して，これを市場にゆだねることによって，公共性を市民国家的公共性へ，すなわち財産権の擁護と資本蓄積への貢献をめざす公共性へと後退させるものであり，後者は国民の生存権・発達権を保障する公務労働を維持しながら，福祉国家型公共性を市民主体の公共性に発展させる道だからである。

II　資本蓄積と公務労働

　1960年代後半から70年代にかけて，公務労働にかんする論争は活発に展開されたが，80年代に入ると議論の焦点は「都市経営論」や「行政改革」に移り，公務労働にかんする議論は低調となった。しかし，90年代の半ばには，

第3章　インフラストラクチャーと公務労働　63

水口憲人の『「大きな政府」の時代と行政』(法律文化社，1995年)が出版され，本格的な公務労働にかんする理論的検討がなされている。そこで，やや難解な内容も含まれているが，その主な論点について検討しておくことにしたい。

水口憲人は，これまでの公務労働論では，「『階級闘争』論的関心ないし『国家論』的視点が先行し，蓄積論的視点が希薄であった」[9)]として，蓄積論＝再生産論の視点から公務労働をとらえることの重要性を説いている。その手がかりとして，まず，A・スミスおよびK・マルクスの生産的労働と不生産的労働にかんする周知の議論を振り返っている。

それによると，公務労働はなによりもサービス労働であり，物質的財貨をつくらず(スミスの場合)，剰余価値を生まない(マルクスの場合)がゆえに，不生産的労働である。しかし，公務労働，とりわけ後期資本主義における公務労働の特質は，その不生産的労働である公務労働が資本蓄積と再生産の基本的条件となっていることにある。水口は，そのことをC・オッフェの議論を援用しつつ「行政的再商品化」と呼んでいる。

資本主義における公務労働の「有用性」は，「脱商品化」した労働である公務労働が，「商品化」という資本主義の基本原理を支えるところにある。また，「その労働が『脱商品化』した労働であるということは，『活動としての特殊な使用価値』という労働の素材的側面が，あるいは労働の具体的結果が社会大の重要性を帯びることにもつながる」[10)]ことになる。

こうして，水口にあっては，「(公務労働の)『二重性』は階級性と公共性という文脈よりは，蓄積＝商品化・抽象的労働・交換価値の系列と，『脱商品化』・具体的労働・使用価値という系列の『二重性』として理解」[11)]されることになる。彼にあっては，公務労働範疇の成立は，使用価値労働の社会化の一環であり，それが主として国家に担われることの問題性の現れであって，「国家のサービスに依存する住民との関係を媒介にして『使用価値をめぐる政治』や『使用価値同盟』を発生させる前提」[12)]ともなるものであった。

たしかに，水口のいうように，現代資本主義においては，脱商品化した不生産的労働である公務労働が，商品化と資本蓄積を支えているという関係にある。ここに，資本蓄積という視点から見た公務労働の有用性も存在すると

いってよい。また同時に、ここに現代資本主義における公務労働をめぐる深刻な矛盾も胚胎しており、公務労働が商品化と資本蓄積にとって有益な機能を果たすかぎりではその存在は積極的に容認されるが、その限度を超えて「過剰」とみなされる場合は、資本蓄積の阻害要因すなわち「生産上の空費」（マルクス）として排斥されることになる。新自由主義による「小さな政府」論、公・民コスト比較による民営化と公務員削減の主張は、まさにそのことを表している。

しかし、公務労働の二重性にかんする水口の主張には、判然としないところがある。

彼は、公務労働の二重性を、「蓄積＝商品化・抽象的労働・交換価値の系列と、『脱商品化』・具体的労働・使用価値という系列」の二重性として理解すべきだとしている。ここで、この二重性を、マルクスの労働過程論にそって、公務労働が、一面では抽象的人間的労働として交換価値（価値）を生産し、他面では具体的有用労働として使用価値を生産するというように理解するわけにはいかないであろう。なぜなら、もしそのように解釈するならば、不生産的サービス労働であるはずの公務労働が、一面では価値（ないし剰余価値）を生産し、他面では使用価値を生産するということになり、資本に包摂されて商品を生産し価値（剰余価値）を生む他のあらゆる労働となんら変わりがないことになってしまうからである。

マルクス的な意味では、公務労働は、商品を生産せず、したがって剰余価値（利潤）を生まないがゆえに不生産的労働である。しかし、その不生産的労働が商品化と資本蓄積を支えるとい意味で、資本にとっての有用性をもっている。そうなるのは、公務労働の具体的有用労働としての内容が、他の物質的財貨やサービスの生産と異なる特殊な性格をもっているからにほかならない。つまり、公務労働は、社会全体の生産と生活の一般的・共同的条件を整備する労働としての性格をもち、その意味で、公務労働は資本蓄積の基盤を形成する労働であり、とりわけ現代資本主義においては経済成長の決定的要因となった。

私はかつて、広義の公務労働を社会的統括を担う精神的労働と規定し、①

物質的生産における管理を担う労働，②個人的消費を媒介し社会的消費の管理を担う労働（教育・医療・福祉など），③社会的物質代謝を担う労働（運輸・通信・マスコミ・商業・金融など），④政治的統括を担う労働（狭義の公務労働）などがそれに含まれるとした[13]。このような社会的統括を担う労働は，一面では，資本蓄積を支え，あるいは官僚機構に取り込まれて支配的・抑圧的役割を果たす。われわれが，公務労働の官治的・営利的側面といってきたのはこのことである。しかし，他面では，公務労働は，一定の条件のもとでは，住民の生存権や発達権を保障し，国民全体にとっての社会的共同業務の再建を担うということがありうる。このような公務労働の二重性は，価値と使用価値，抽象的労働と具体的労働の二重性といった生産的労働の二重性とは異なり，公務労働の具体的内容の二重性，いいかえれば公務労働のもたらす使用価値の内容そのものの二重性ととらえるほうが適切ではないだろうか。

　水口は，公務労働の使用価値的基準，使用価値労働の社会化，公務労働者と住民との使用価値的同盟など，使用価値という用語をしばしば用いているが，その意味はかならずしも明確ではない。価値的基準と使用価値的基準とを，たとえば，池上惇が精力的に解明したように，財やサービスにおける金銭的評価と実物的評価（財・人間・環境の潜在力の評価）の区別として理解し，公務労働においては他のどのような財・サービスの生産にもまして，実物的評価，ないし人間の生存や発達という見地からの評価が重要であるということであれば首肯できるのであるが。しかし，そうなると，公務労働の評価基準としては，マルクスが商品の生産＝剰余価値の生産の解明に用いた使用価値という範疇を超えた新たな概念の検討が必要となる。

　また，資本蓄積についても，水口の展開はいかにも抽象的・一般的である。現代資本主義と公務労働の関係を資本蓄積の視点から解明するためには，いわゆる資本蓄積一般ではなく，資本蓄積のさまざまな様式と公務労働との関係を具体的に検討する必要がある。たとえば，先進資本主義国において20世紀の大部分を支配してきたフォーディズム型の大量生産・大量消費・大量エネルギー消費型資本蓄積様式と，「第三のイタリア」をはじめヨーロッパ各

地に展開する中小企業群を主役としたフレキシブル・スペシャライゼーション（柔軟な専門化）型資本蓄積様式とでは，同じ資本蓄積とはいえ，それぞれの労働様式・生活様式にはかなりの相違があり，したがって公務労働の存在形態も異なってくる。また，日本のような大企業主体の輸出主導型・高度成長型の資本蓄積様式のもとでは，公務労働のあり方も，フォーディズム型一般やフレキシブル・スペシャライゼーションとは異なり，極端な資本蓄積優先，地域経済開発優先，公共土木事業優先の姿を呈してきた。資本蓄積と公務労働との関係は，このような資本蓄積様式の地域的・歴史的特質との具体的なかかわりにおいて解明されるべきである。

水口はまた，J・オコンナーの公務員労働者論と自説との共通性を認め，オコンナーは，「住民へのサービスの提供者である『パブリック・サーバント』という職業的自覚と，蓄積活動への機能的貢献という役割との矛盾が，公務員労働運動の立脚点の一つになる」としているが，まさに，「公務員労働者とは，『蓄積と正統性』の矛盾した関係を端的に体現している存在である」と述べている[14]。

よく知られているように，オコンナーは『現代国家の財政危機』の中で，現代資本主義国家の2つの機能として，資本蓄積と正統性（accumulation and legitimization）をあげ，前者のためには社会資本（social capital）が，後者のためには社会的経費（social expenses）が支出されるとした[15]。これは比較的うまく現代国家の特質を説明したものといえる。しかし，ここでオコンナーが見落としている点は，現代国家の果たしている資本蓄積機能の中にこそ，最も重要な正統化機能が含まれているということである。国民を国家に引きつけておくための正統化機能は，医療・教育・福祉などの社会サービスの供給によってのみ達成されるだけではなく，その国における経済の安定的成長＝資本蓄積を効果的に進めることが前提となる。そのことは，政権をめぐる争いが，単に福祉や社会保障をめぐって展開されるだけでなく，経済成長率や景気の動向，失業率の低下や雇用の安定をめぐって行われることを見てもすぐに理解できる問題である。われわれは，資本蓄積と正統性といった二分法ではなく，資本蓄積のもつ正統化機能にも着目して，資本蓄積の具体的内容

と方策，住民の生存権・発達権の拡大につながるような資本蓄積様式，そしてそのような蓄積様式をつくりあげるための公務労働のあり方について探求しなければならない。

Ⅲ　インフラストラクチャーと公務労働

　私は前節で，水口のいう公務労働の「使用価値的評価基準」や住民との「使用価値的同盟」などの意味を明らかにするためには，これまで用いられてきた使用価値という概念を超える新しい概念が必要となるのではないかと述べた。私は，ここでその新しい使用価値概念の手がかりとして，池上惇の固有価値論を取り上げることとしたい。

　池上は，生産者と消費者との交流を求める新しい価値論の必要性を主張し，J・ラスキンやW・モリスなどの業績をふまえながら，固有価値という新たな価値概念を提起した[16]。池上によると，固有価値とは，「財やサービスを消費者が評価する場合に素材の固有性を活かした機能性と芸術性に対して人々が認識できる財の性質または特性である」[17]。

　このような固有価値概念を人間の欲求や生活の質とかかわらせた場合，以下のような諸点が重要となる。すなわち，①固有価値は消費者の人間的ネットワークの基礎の上に成り立つこと，②固有価値は自然の固有性や素材の固有性の上に成り立つこと，③固有価値はその素材の固有性を活かしうるノウハウの固有性の上に成り立つこと，④固有価値は社会的評価システムの上に成り立つこと，などである[18]。このように，固有価値の概念は，「人間の欲望を満足させる物質的財貨の有用性」という使用価値概念を超えて，生産者の固有性（潜在能力）と消費者の固有性（潜在能力）とを結びつけ，双方の潜在能力を高めていくことを目標に据えた，新たな価値概念である。つまり，固有価値は，「疎外からの回復を担う効用あるいは使用価値」であり，消費者による固有価値の評価と享受の過程は，「生きがいを実現する機会の拡大」として把握されている[19]。

　このように，固有価値概念の特徴は，財やサービスを，単に人間的欲求の

充足といった効用レベルにとどめるのではなく，生産者や消費者の潜在能力の発揮という立場から評価しようとするところにある。その意味では，第1章でふれたアマルティア・センの「潜在能力アプローチ」に相通ずるものがあるといえよう。

ところで，重要なことは，このような固有価値を生産し実現するためには，生産者と消費者の個性と自立を支援するインフラストラクチャーの存在が不可欠になることである。池上によると，そのことを最初に提起したのはA・スミスであった。「スミスは個性や才能の差異を相互に活かし合えるのは人間社会の基本的特徴であると考えて，『才能の差異を活かしあう関係』を『コモン・ストック』と呼んでいる」[20]。すなわち，分業と交換をつうじて互いの個性と才能を活かしあうためには，所有権や営業権を保障する憲法的ルールが必要であり，互いの労働にかんする情報伝達と評価のシステムが必要となる。こうした社会的システムが「コモン・ストック」（共同資産）である。

このような「コモン・ストック」は，資本主義以前のプリミティブな社会においては，共同社会における「共同財」として存在する。「『共同財』は，統治や生産と生活の多様な内容を渾然一体として管理し維持するシステムである」[21]。これまで公務労働論で「社会的共同業務」と呼ばれてきたものは，まさにこのプリミティブな社会における「コモン・ストック」ないし「共同財」を意味していた。

ところで，資本主義的市場経済の発展とともに，この「共同財」は，市場メカニズムをとおして供給される「私的財」と，政府や地方自治体などの公共部門によって提供される「公共財」に分化する。この分化が，「共同体の失敗」によって起きるのか，「市場の失敗」によって起きるのかは別として[22]。いずれにせよ，「共同財」の私的財と公共財への分化にしたがって，「共同財」の総合性は失われ，私的財は企業による利潤追求の手段となり，公共財は国家の官僚機構のもとに包摂されて，分化・個別化（個々の利益集団への対応）・利権化（利権グループへの参加）する[23]。「ブルジョア社会は，大工業の地域支配とともに，地域の自然発生的な共同体的な関係に支えられた共

同事務をむしろ解体し」[24]、それを住民から切り離し歪めながら国家のもとに包摂していくのである。

しかし、他方では、「新たな技術進歩と契約関係の発展がすすむと、生産者、消費者、市民生活者などに共通の基盤を供給するシステムとして再び総合性が求められる」[25]。その新しいシステムが、ソフトとハードを統合した概念としてのインフラストラクチャーである。生産者、消費者、市民生活者に共通の基盤を与える新しいシステムとしてのインフラストラクチャーとは、まさにかつて池上自身が、「より大規模な共同事務の再建は、いまや、大工業と国家によって組織され、教育され、訓練されて、全国的交流の下に、地域においても、全国的レベルでも民主主義的統制を実行する集団」[26]によって担われるとした、その社会的共同業務の再建を意味するものといってよいであろう。

実際、池上は、「私がインフラストラクチュアというときには、社会の共同業務をになう共同資産としての使用価値、つまり有用性をさし、社会的間接資本というときには、この使用価値を投資の領域として把握したもの、という区別をしておきたい」[27]と述べて、インフラストラクチャー概念を、人間のコミュニケーションと発達を担う社会的共同業務と同義のものとして用いている。

「コモン・ストック」ないし社会的共同業務を現代的に再生するためのインフラストラクチャーには、池上によれば、次のようなものが含まれる[28]。

(1) 憲法インフラストラクチャー
(2) 情報インフラストラクチャー
(3) 貨幣・金融インフラストラクチャー
(4) 経済インフラストラクチャー（交通・通信ネットワーク）
(5) 社会インフラストラクチャー（教育・医療・保健・福祉など）
(6) 土地・環境インフラストラクチャー
(7) 文化インフラストラクチャー

これまで、インフラストラクチャーといえば、道路・港湾・空港・工場用地などの産業基盤や、病院・学校・住宅・上下水道などの生活基盤といった

施設・構築物が想定されることが多かった。それは，インフラストラクチャーがもっぱら社会的間接資本の素材的内容として理解されてきたからであろう。しかし，インフラストラクチャーを，固有価値の生産と実現のための支援システム，ないしは人間のコミュニケーションと発達を担う社会的共同業務として位置づけた場合，そこには，当然，憲法を中心とする法体系や，情報や貨幣・金融にかかわるシステムが含まれなければならない。道路・港湾や病院・学校などの施設は，それを維持・管理する労働やシステムなしには機能しえないし，また，さまざまな法律や貨幣・金融システム，あるいは土地・環境インフラ，文化インフラと結びついてはじめて効果的に機能する。社会的共通基盤としてのインフラストラクチャーは，まさしくハードとソフトの統合された概念として把握される必要がある。このような文脈において，公務労働は，「共同財」ないし社会的共同業務を現代的に再生するためのインフラストラクチャーを形成・維持・管理する労働として位置づけることができる。

この場合，公務労働は，共同体や家族の中で行われていた自発的「労務提供」の，単純な代替物としてとらえられるべきものではない[29]。公務労働を，共同体における「共同財」や社会的共同業務の現代的再生を担うものとして位置づけた場合，その業務内容の総合性・体系性，技術水準の向上を基礎とした労働の専門性，新たな公共性の確立に向けた努力，地域に根ざした固有性や文化性などがあらためて要請されることになる。市民の自発的「労務提供」を超えて，一定水準の総合性と専門性，固有性と文化性を要求されるところに，現代公務労働の独自の課題があるといえる。固有価値実現のためのインフラストラクチャーを形成・維持・管理する労働としての公務労働が，真に社会的共同業務を現代的に再生するという役割を果たすためには，以下の4点が重要だと思われる。

第1に，インフラストラクチャー整備における人的要素としての公務労働配置の重要性である。

戦後日本におけるインフラストラクチャー整備の重点は，ハードな施設・構築物の建設におかれてきた。土建本位制国家といわれるような公共土木事

業偏重の財政運営が行われ、インフラストラクチャー整備における人的配置と維持・管理システムを軽視する傾向が続いてきた。また、資本蓄積を促進するための経済インフラの整備が優先され、社会インフラや環境・文化インフラへの公務労働の配置が抑制されてきた。個人の自己実現の条件、あるいは固有価値実現の条件としてインフラストラクチャーを位置づけるとすれば、ハードな施設・構築物の建設だけではなく、それを管理・運用するための公務労働者、あるいは社会・環境・文化インフラなどソフトなインフラストラクチャーを担う公務労働者を、最適な水準に維持することが重視されるべきであろう。

第2に、インフラストラクチャーが効果的に機能するためには、いわゆるハードとソフトが適切に結合されなければならない。

公務労働が社会的共同業務の現代的再生を担うためには、公務労働における熟練（専門性と総合性）が不断に高められるとともに、それを活かすための最新の技術・施設・設備が整備される必要がある。どのように優れた能力をもつ公務労働者も、十分な設備と技術なしにはその潜在能力を発揮することはできないであろうし、また、いかに最新の設備と技術が整備されても、これを使いこなす公務労働の熟練とネットワーク・システムがなければ、その潜在能力を活かすことは不可能である。

たとえば、わが国の土木分野の技術公務労働者の技術力は、高度成長期以来の直接設計から外部委託への転換によって大幅に低下し、民間建設企業の優位が確立したと言われる[30]。このことは、1990年代の第三セクター方式の拡大によって決定的となり、またいま、いわゆるPFI（民間資金イニシアティブ）方式の導入等によってさらに加速されようとしている。こうした公共部門の技術力の低下が、たとえば大阪府能勢町におけるゴミ焼却炉からの大量のダイオキシンの発生に見られるような、社会的費用の発生をもたらしている[31]。公務労働者の技術力と熟練（総合性と専門性）をどのように維持し、発展させるかは、インフラストラクチャー整備における重要課題のひとつである。

第3に、インフラストラクチャーが固有価値の生産と実現を支援する役割

を果たすためには，インフラストラクチャーを形成・維持・管理する人々と，固有価値を創造する生産者やそれを享受する消費者との間のフィードバック・システムがなければならないということである。

　社会における固有価値の生産と享受およびその評価はたえず変化するであろうし，それとともにインフラストラクチャーの形成・管理労働もたえず変化・発展しなければならない。固有価値の生産・享受とインフラストラクチャーの形成・管理の相互発展を保障するためには，両者の不断の相互交流・相互学習の過程が必要となる。このようなプロセスこそが，市民国家型公共性や福祉国家型公共性を超えて，新しい市民的公共性（財産所有者としての市民ではなく，生活者としての市民が主体となる公共性）を構築していく保証となりうるものだといえよう。これまで，社会的共同業務の再生という視点から，住民と公務労働の共同の必要性が説かれてきたが，固有価値の生産と実現という視点からすれば，そのことはさらに重要性をおびてくる。

　第4に，「共同財」の総合性を現代的に再生し，固有価値の実現を支援するためのインフラストラクチャー管理労働としての公務労働は，それ自身が地域的な個性や文化性をもたなければならないということである。

　固有価値の生産やその享受は，それぞれの地域に固有の文化や伝統に根ざし，それぞれの地域に固有の資源や潜在能力を活かすかたちで展開されるであろう。だとすれば，それを支援する公務労働も，それぞれの地域の文化や個性に深く根ざしたものでなければならない。当然のことながら北海道における公務労働のあり方と，沖縄における公務労働のあり方とでは，違いがあるはずである。官僚システムによる画一的な公務の遂行ではなく，地域の文化や伝統に深く根ざした公務労働だけが，真に固有価値の実現に役立ち，「共同財」の総合性を再生する道をひらくことになる。このことからも，現代の公務労働は，中央集権的な官僚機構ではなく，分権・自治型システムの中におかれなければならない。

Ⅳ 「第三のイタリア」と「リアル・サービス」

　ここで最後に，私は，地域の文化や個性に深く根ざした公務労働のひとつの典型として，「第三のイタリア」を代表するエミリア・ロマーニャ州における「リアル・サービス」概念について紹介しておきたい。これは，フレキシブル・スペシャライゼーション（柔軟な専門化）型の資本蓄積における公務労働の実際を知るうえでも，また，日本における地方自治体の産業行政，すなわち，中小企業を主役とする内発的地域経済発展に貢献する公務労働のあり方を考えるうえでも，参考になると思われるからである。

　よく知られているように，1980年代の後半，イタリアは戦後第2の奇跡といわれる経済成長を遂げた。しかも，その主役はトリノ，ジェノヴァ，ミラノを結ぶ伝統的な北部大工業地帯ではなく，ヴェネト，エミリア・ロマーニャ，マルケ，ウンブリア，トスカーナなど北中部の諸州に展開する中小企業群であった。これらの地域は「第三のイタリア」として注目を集め，いわゆるフレキシブル・スペシャライゼーションの典型と評価された。なかでもボローニャを中心とするエミリア・ロマーニャ州の中小企業群は，「エミリアン・モデル」と名づけられ，その代表的存在となった[32]。

　「第三のイタリア」における中小企業群の特徴は，特定の都市に特定の産業が集中的に立地し，いわゆる産業地区（industrial district）を形成していることにある。たとえば，エミリア・ロマーニャ州の例をあげれば，カルピのアパレル，サッソーロのセラミック・タイル，レッジョ・エミリアの農業機械，ボローニャの包装機械といった具合である。これらの産業地区の特徴は，次のように要約できる。

(1)　特定の業種の中小企業が特定の地域に集中立地し，国際的に広がる顧客の多様な需要に柔軟に対応しながら，高度に専門化された生産を行っていること。

(2)　市場との対応や企画および生産工程のコントロールを受け持つ親企業群（final firm）を中心に，生産工程の各段階を担当する下請企業群，お

よび運輸・金融・流通などを担当する関連企業群が，緊密なネットワークを形成していること。

(3) 産業地区内においては，技術革新や製品開発など商品の質をめぐる厳しい企業間競争が見られるが，同時に，産業地区全体を維持するための永続的かつ民主的な企業間の共同と連帯があること。

(4) 経済活動の単位としての産業地区と，住民の生活単位としての地域とが渾然一体となり，文化的・社会的・政治的な個性と自治をつくりだしていること[33]。

このような産業地区がイタリア経済の主役を演じているが，しかし，世界市場におけるたえざる技術革新や競争激化の中で，これらの中小企業群の地位もつねに安泰というわけではない。産業地区それ自体は，決して行政や特定の企業によって意識的・計画的につくられたものではなく，歴史的・自然発生的に形成されてきたものである。しかし，今日では，産業地区を支えるための公共部門ないし公共・民間の共同による中小企業群への支援や，産業政策の重要性が認識され始めている。そのような支援組織の形成と産業政策の展開という点でも，ひとつの典型例を示しているのがエミリア・ロマーニャ州なのである。

周知のように，1970年代にイタリアでは州制度が確立し，都市計画や医療・保健などをはじめ多くの行政権限が中央政府から州およびコムーネ（自治体）に分権化された。中小企業対策を中心とする産業行政もそのひとつであった。その際，多くの州は，産業行政の内容として，ハードなインフラストラクチャーの整備や技術開発・雇用拡大に向けての金融的インセンティブの提供に重点をおいた。しかし，エミリア・ロマーニャ州では，それよりも技術開発，市場開拓，経営組織，幹部養成，信用供与等にかんする対企業サービス，情報サービスの提供などが中心に据えられた。その役割を担ったのが，1974年に，州と地域の各種産業団体との共同で設立されたERVET（地域産業活性化公社）という半官・半民の組織である。

やがて，1980年代に入り，このERVETを核として，CC（セラミック・センター），CITEL（繊維情報センター），CERCAL（産業品質管理センター），

第3章　インフラストラクチャーと公務労働　75

CESMA（農業機械サービス・センター）などの各産業分野ごとの技術開発・情報支援センターが，それぞれの産業地区の中心都市に次々につくられていった。これらの諸組織が産業地区のすぐ近くにつくられ，①各種情報サービスの提供，②人材育成，③証明・許可業務，④コンサルタント業務，⑤市場調査・市場開拓，⑥各種調査研究，⑦資金供与・信用供与等のサービス提供を行うようになった。これらの情報支援センターの活動をとおして生まれたのが「リアル・サービス」(servizi reali) という概念である[34]。

S・ブルスコによると，「リアル・サービス」の代表的な事例は，①外国における技術や品質の基準にかんする情報，②製品のデザインや製造法にかんするソフトウェア（CAD-CAMシステムなど），③原材料の品質管理のためのネットワーク，④外国で公示された入札文書の翻訳といったものである。

これらの情報サービスは，公共財としての性格をもっており，民間企業ではなく公的組織によって供給されなくてはならない。なぜなら，第1に，「リアル・サービス」の供給にかかわるノウハウは産業地区内では見つけにくく，外部から導入しなければならない。第2に，仮にそのようなノウハウが産業地区内に存在したとしても，「リアル・サービス」の生産には巨額の先行投資が必要であり，その実現までには長時間が必要となる。そして，第3に，情報市場の特性からして，商業ベースで個々の企業に情報を提供するには困難がともなうからである。大企業は情報を直接収集し，その秘密を保持し，そこから利潤を上げることができる。しかし，中小企業にはそれができない。情報の収集にはあまりにもコストがかかり，また，一般市場には彼らが真に必要とする情報は存在しない。ここに，産業地区における情報提供をめぐる基本的矛盾がある。つまり，企業が必要とする情報は個別企業によっては提供することができない。しかし，他方では，情報の広範な利用は，産業地区の発展にとって決定的に重要である。この矛盾こそ，情報を公共財として位置づけ，公的に提供することを正当化できる根拠であると，S・ブルスコは主張する[35]。

S・ブルスコは，また，「リアル・サービス」の供給のあり方について，これらの情報は，①個々の企業にたいしてではなく企業集団にたいして，②地

域間・企業間の比較による実態調査にもとづく広範なものを，③できるだけわかりやすくパーソナライズしたかたちで，④しかも適切な価格で提供されるべきであるとしている。調査機関がもつ知識や能力を駆使して，それぞれの産業地区がもつ文化的な環境にどれくらい接近できるかが，提供される情報やノウハウが中小企業にとって受け入れやすいものになるかどうかの決め手になる[36]。

　ERVETの代表者は州政府が議会の承認をへて任命する。役員は４名で，企業主１名，労働組合代表１名，研究者２名からなる。ただし，実際に業務を担うのは約30人の専任職員である。そのうち半数が技術・法律・経済・政治・国際問題等の専門家であり，平均年齢は35歳程度，３分の２が女性である。これらの若い大学卒の人々が，中小企業への「リアル・サービス」の提供というまったく新しい分野の仕事に取り組んできた。「この仕事には根気と創造性と柔軟性が求められる」とスタッフの一人はわれわれに語ったが，彼女たちは，まさにそのような資質を十分に持ちあわせているように見受けられた。また，ボローニャを中心とするこの地域の固有の政治的・文化的雰囲気の中でこそ，生産者と「リアル・サービス」提供者との密接な関係が発展したこともたしかである[37]。

　ここで興味深いことは，S・ブルスコが，「リアル・サービス」の意義とその公的セクターによる供給について，最も適切な理論的説明を与えた人として，A・O・ハーシュマンの名をあげていることである。ハーシュマンは，発展の遅れた地域では，障害と機会の双方にかんするボトルネックが存在するが，なかでも重要なのは専門的知識の欠如によって生じるボトルネックであるとして，それらの専門的知識（ノウハウ）は少数者の排他的資産ではなく，社会組織全体によって利用可能な社会構造（インフラストラクチャー）として整備されなければならないことを強調した。このように，S・ブルスコはハーシュマン理論を説明している[38]。

　たしかに，A・O・ハーシュマンの経済発展理論の接近法は，「資本や企業者精神のような希少資源の節約的使用にもっぱら注意するのではなく，それらの希少資源の最大可能量を喚起し動員する『圧力』や『誘発機構』を探し

だそうとするもの」であった[39]。つまり，開発途上国における資源や資本の不足についてあれこれ論じるのではなく，それぞれの地域の潜在的可能性をいかに引き出すかが重要であるとして，その潜在的可能性を実現するための「圧力」ないし「誘発機構」としてのインフラストラクチャー（ないし社会的間接資本）の意義を解明しようとするものであった。しかも，ハーシュマンは，「広義のSOC（Social Overhead Capital）には，潅漑，排水組織のような農業上の間接資本はもとより，法と秩序から始まり，教育，衛生を経て運輸，通信，動力，水道に至る一切の公的サービスがふくまれる」[40]として，道路や港湾などのハードな施設だけでなく，法や通信システムなどのソフトなインフラストラクチャーをも社会的間接資本の中に含めていた。ただし，ハーシュマンは，これらのインフラストラクチャーを「社会資本」としたために，法や秩序などのソフトなインフラストラクチャーを十分に位置づけることができず，社会資本の中核となる道路や動力などを中心に議論を展開する結果となっている。

とくに日本においてハーシュマン理論が紹介された際には，その「成長拠点」理論や，社会資本超過型発展と社会資本不足型発展の比較にかんする議論などがもっぱら問題にされ，国際資本の投資戦略にかんする理論として批判された[41]。これに対して，イタリアの場合には，このように産業地区における小企業群への「リアル・サービス」の理論的根拠として，ハーシュマンの発展戦略論が援用されているというのはまことに興味深い。

私は，前節で，インフラストラクチャーの形成・管理労働としての公務労働が，社会的共同業務の現代的再生という役割を果たすためには，その人的要素の重視，ソフトとハードの結合，公務労働者と民間の生産者・消費者とのフィードバック・システム，地域の固有性・文化性への接近が重要であると指摘した。このような公務労働の新たな課題に応えるものとして，また，内発的地域経済発展に貢献する公務労働のあり方を示すものとして，「第三のイタリア」とりわけエミリア・ロマーニャ州における「リアル・サービス」の実験は，きわめて示唆に富む内容を含んでいるように思われる。

1） 芝田進午編『公務労働——現代に生きる自治体労働者』自治体研究社, 1970年。なお, これは, 1968年に開催された第5回自治体学校（自治体問題研究所主催）における芝田の講義と, それをめぐる論争をまとめたものである。
2） この論争にかんしては, 拙著『現代地方自治の財政理論』有斐閣, 1988年, 第6章「地方財政民主主義と主体形成」を参照。
3） 池上惇「国家独占資本主義論争と経済学批判体系における国家」加藤睦夫ほか編『現代資本主義と国家』有斐閣, 1976年, 所収。
4） 芝田進午編『公務労働の理論』青木書店, 1977年。
5） たとえば, 拙著『地域と労働の経済理論』青木書店, 1981年, 第8章「現代の官僚機構と公務労働」など。
6） 拙著, 前掲『現代地方自治の財政理論』248ページ。
7） 拙稿「公共性の現代的形成と公務労働」宮本憲一編著『公共性の政治経済学』自治体研究社, 1989年, 所収。
8） 詳細は, 拙著『地方分権——どう実現するか』丸善ライブラリー, 1996年, 参照。
9） 水口憲人『「大きな政府」の時代と行政』法律文化社, 1955年, 97ページ。
10） 同上, 80ページ。
11） 同上, 81ページ。
12） 同上, 95ページ。
13） 拙著, 前掲『地域と労働の経済理論』など。
14） 水口, 前掲書, 94ページ。
15） J. O'Connor, *The Fiscal Crisis of the State,* 1973. 池上惇・横尾邦夫監訳『現代国家の財政危機』御茶の水書房, 1981年。
16） 池上惇『現代経済学と公共政策』青木書店, 1996年。
17） 同上, 59ページ。
18） 同上, 59-60ページ。
19） 同上, 73ページ。
20） 同上, 95ページ。
21） 同上, 130ページ。
22）「こうした支配・被支配という人間関係である『政府』は, 共同体の限界を克服するために誕生した。つまり, 公共経済学がまことしやかに説明するように, 『市場の失敗』から生まれたのではなく, 『共同体の失敗』から生まれたのである」（神野直彦・金子勝編『「福祉政府」への提言』岩波書店, 1999年, 268ページ）。
23） 池上惇『財政学——現代財政システムの総合的解明』岩波書店, 1990年, 37ページ。

24) 池上，前掲「国家独占資本主義と経済学大系における国家」41ページ．
25) 池上，前掲『現代経済学と公共政策』136ページ．
26) 池上，前掲「国家独占資本主義と経済学大系における国家」41ページ．
27) 池上惇『人間発達史観』青木書店，1986年，78ページ．
28) 池上，前掲『現代経済学と公共政策』137-138ページ．
29) 神野直彦は，地方自治体の提供する教育・医療・福祉などの準私的財という公共サービスは，従来は家族やコミュニティの共同作業や共同扶助という自発的協力によって実行されてきたが，家族機能やコミュニティ機能の縮小とともに，地方政府がそうしたサービスを提供することになるとして，「地域住民が自発的協力として『労務提供』を実施する代わりに，地方税を納税すれば，それを財源に地方政府が準公共財を供給することになる」(神野・金子，前掲『「福祉政府」への提言』295ページ) と述べている．しかし，このような論理では，公務労働における総合性や専門性，公務労働の存在意義そのものがうまく説明できない．
30) 重森曉編『地域のなかの公務労働』大月書店，1981年，第7章「土木・建設労働と行政の総合性」(大原政雄)．
31) 1998年4月，大阪府能勢町にあるゴミ焼却施設から想像を絶するダイオキシンが検出されたと発表された．この焼却施設は，能勢町と豊能町の一部事務組合によって運営されていたが，実際の運転管理は，この施設の提供者である三井造船の子会社「三井環境エンジニアリング」が行い，日常の操業は，さらにその下請の「丸川工業」の労働者が行っていた．自治体には焼却施設を運営する専門の技術者はおらず，その担当者はその技術工程等についてほとんど無知に近い状態であった (藤永延代「驚くべき能勢のダイオキシン汚染」『住民と自治』1998年8月号)．
32) S. Brusco, The Emilian model: productive decentralisation and social integration, *Cambridge Journal of Economics*, No. 2, Vol. 6, 1982.
33) 拙稿「『第三のイタリア』と産業地区」『大阪経大論集』第46巻第1号，1995年5月．
34) 同上．
35) S. Brusco, Small firms and the provision of real service, in F. Pyke and W. Sengenberger (ed.), *Industrial districts and local economic regeneration,* ILO Publications, 1992.
36) *ibid.*
37) 拙稿，前掲「『第三のイタリア』と産業地区」参照．なお，ERVETにかんする数字等は1994年当時のものである．
38) S. Brusco, *op. cit.*

39) A. O. Hirschman, *The Strategy of Economic Development,* 1958. 小島清監修・麻田四郎訳『経済発展の戦略』巌松堂出版，1961年。
40) 同上。
41) 本書，第2章を参照。

第4章　自治体行政の公共性と効率性

はじめに

　これまでの諸章において、地域の潜在能力を生かす内発的地域発展のためには、分権型システムによるインフラストラクチャーの整備と運用、地域における行政・協同組合・民間諸組織の共同が強調された。それでは、これら3つの主体の共同において、効率性と公共性の関係はどのように調整されるのであろうか。本章では、地域開発や公共サービス施設の管理等の主体としてわが国独自の存在となった「第三セクター」に焦点をあてつつ、自治体行政における公共性と効率性について検討することにしたい。

I　第三セクター形成とその背景

　第三セクターとは、一般に公共部門（第一セクター）と民間部門（第二セクター）との共同出資による事業経営形態のことである。広義には公民共同出資による民法・商法上の法人をすべて含むが、狭義にはそのうち商法法人の株式会社・有限会社のみに限定される。自治体出資にかかわって地方公社という概念が用いられる場合、その中には自治体が100％出資し民間から出資のないものも含まれるので、厳密には地方公社のすべてが第三セクターであるわけではない。ただし、地方自治体が25％以上出資する法人は、地方自治法上自治体監査の対象となり、自治省の統計では地方公社として扱われている。この地方公社と第三セクターを総称して外郭団体という呼び方がされることもある。ここでは、公民共同出資による民法・商法上の法人という意味で第三セクターという用語を用いることにする。

　日本で地方公社・第三セクターなど外郭団体の発展が見られたのは、戦後

の高度経済成長期以来のことである。ごく大ざっぱに見ると，1960年代には住宅・道路・土地等の地域開発型の地方公社の設立，1970年代には文化・教育・福祉等のサービス施設管理型の公社・第三セクターの拡大，1980年代には地域開発および社会福祉・文化教育といった分野における第三セクターの増大というかたちで展開してきた。とりわけ，80年代後半から90年代にかけての第三セクターの発展には，量・質両面においてきわめて顕著なものがあった。その背景としては，要約していえば次の2つのことがあげられるであろう。

ひとつは，1980年代における産業構造転換とサービス経済化の進展である。国際化・情報化・高齢化を中心とする産業構造転換の基礎にはコンピュータ技術の飛躍的発展があったが，その結果，従来の大量生産・大量消費を基本とするいわゆるフォード・システムの限界があらわれた。産業活動におけるサービスの比重が飛躍的に高まるとともに，公共サービスと私的サービスとの中間領域の拡大が見られた。また従来，公共部門が受け持ってきたインフラストラクチャー（社会資本）整備は鉄道・道路等が基軸であったが，しだいに情報・通信ネットワーク形成の重要性が高まり，過剰な資本蓄積とあいまって民間企業が参入しやすい条件が整ってきた[1]。こうして，社会サービスと社会資本の両分野において，公共と民間が共同する領域が拡大したといえる。

もうひとつは，1980年代における新自由主義と民間化（プライバタイゼーション）の動きである。産業・消費構造の転換によるフォード型生産システムの限界とともに，ケインズ的有効需要創出政策，ベヴァリッジ型福祉政策の限界が主張されるようになった。つまり，中央集権型福祉国家＝「大きな政府」の欠陥を指摘し，「小さな政府」と市場経済優先を説く新自由主義の主張が強まった。こうして，アメリカのレーガノミクス，イギリスのサッチャーリズムとならんで，わが国では中曽根首相による臨調型行政改革が展開された。1980年代における第三セクター成長は，このような新自由主義による規制緩和とプライバタイゼーションの潮流を背景としたものであった。

このように，最近の第三セクターの成長には，産業構造転換とサービス経

済化＝中間領域の拡大という実態的側面と，新自由主義にもとづくプライバタイゼーションの展開というイデオロギー的側面との2つの背景がある。そのことが第三セクターをめぐる論議を複雑にしている。

　第三セクターの発展は，計画と市場＝公共と民間における中間領域の拡大として積極的に評価すべきなのか，それとも，公共責任の放棄と公共投資・公共サービスへの利潤原理＝営利性の導入として非難されるべきなのか，意見は分かれた。しかし，わが国におけるこれまでの経過を見るかぎり，関西国際空港をはじめ第三セクター方式による民活型地域開発の失敗，阪神・淡路大震災による神戸型都市経営の破綻など，多くの第三セクターにおいて，経営不振，公・民のもたれあいによる非効率，経済成長優先による社会的弱者への被害の集中，土地取引をめぐる疑惑，あいまいな公共責任と失敗の後始末の公的部門への押しつけといったマイナス現象が数多く生み出されている。第三セクターを促進する立場をとってきた財界や政府ですら，こうした現状をそのまま肯定するわけにはいかない状況にある。

　本章では，こうした第三セクターの評価について，自治体行政における効率性との関連を中心に考察することにしたい。

Ⅱ　第三セクターにおける営利性と公共性

1　「営利性と公共性」をめぐる諸論

　第三セクターの展開に警告を発し，最もまとまったかたちで批判的論点を提起したのは藤田武夫である。藤田は，「『営利性』と『公共性』の調整が，第三セクターにとって最大の課題になる」と述べ，自治体出資との関係である程度の「公共的な」行動がとられるとしても，「事業団体としての第三セクターの経営原則までが『公共性』に転化するのではなく，『営利性』にもとづいて運営されることを認識する必要がある」[2]点を強調している。そのうえで，「適切な制度化を進めることによって，第三セクターについての民主的統制の保障，地方自治体行政との総合性の確保，さらに収益的活動への規制をおこなう必要がある」[3]とした。

現状の第三セクターは、民法・商法上の規制を受けるだけで、公共性を担保するための法的規制はほとんど整備されていない。その経営原則は営利性にある。この営利性の経営原則と自治体が本来果たすべき公共責任との調整はきわめて困難である。第三セクターの公共性を確保するには、民主的統制を強化し、営利活動への規制を行う必要がある、というのが藤田の見解である。第三セクターの現状に批判的な人々の多くが、おそらく同意する見解だといってよいであろう。

これにたいして、第三セクターの存在を肯定的に評価し、経済性と公共性はかならずしも矛盾するものではなく、経済性の追求が公共性の保障につながるとの主張もある。高寄昇三はそうした見解の代表者といってよいであろう。たとえば、彼は次のように述べている。

「極言すれば、経済性の追求と公共性の確保とは無関係である。ただ、経済性を追求していけば事業収支も改善され、公共性の確保にあっても有利な条件をつくりだすことになり、むしろ経済性の追求は公共性の確保につながる」[4]。

ただし、ここで言われている経済性は、いわゆる減量経営型の行政改革論者が主張するような狭い意味の経済性ではなく、政策経営型都市経営論の立場からする広義のそれである。

高寄による経済性と公共性両立の主張は、個々の経営や部局ごとではなく、都市経営ないし自治体経営全体を念頭においてなされている。すなわち、「経済性と公共性は一つ一つの会社でみれば対立しますが、都市全体としては税収もふえ両立します。しかし、その対立のなかで最適体系とか最適選択を追求するだけの経営責任はあるわけです」[5]という言説が、高寄の立場を端的に示している。

個々の経営単位ではなく都市全体・地域全体における経済性と公共性の統一についての主張は、宮本憲一によってもなされている。

「従来、経済性あるいは効率性という場合、個別企業つまり経営主体の事業採算性を問題にしてきました。しかし、それをもっと広く、たとえば地域経済全体にとっての経済性や効率性、あるいは国民経済全体にとって、

さらに世界経営全体にとってと考えていくと、たんなる個別企業，個人あるいは国民国家経済の利益だけでなく社会的損失が問題になってきます。そうしますと，必ずしも個別企業の利潤採算だけを問題にできないわけで、それが集合した経済全体に対して効果があるのかという議論になります。そうなると，経済性といわれているものが完全に公共性と対立するかどうかは疑問になってくるのです」[6]。

ここには，個別企業単位の経済性ではなく，地域経済全体・国民経済全体にとっての経済性こそが重要であるとの主張があり，もし地域経済・国民経済全体にとっての経済性が達成されるならばそれは公共性の実現につながるとの問題提起がある。さらに，宮本の場合は，高寄には見られない社会的費用についての指摘があり，経済性の追求は公共性の保証につながるという楽観論ではなく，単純な経済性の追求は社会的費用の発生による全体的非効率を生み出しかねない，したがって，経済性・効率性は個々の企業・経営単位ではなく，地域経済・国民経済・地球経営規模で測られなければならないということの強調がある。しかし，いずれにせよ，経済性と公共性はかならずしも矛盾するものではなく，究極的には一致しうるものであるという主張は注目に値しよう。

問題は，どのような条件とシステムのもとでこの経済性と公共性の両立が達成されるかである。成瀬龍夫は，「大きな目で見れば，公共性と経済性というのは合致するわけです」とか，「ポイントは一つ一つの経営体でみていくか，都市全体としてみていくかということです」という高寄の言及にたいして，次のように批判的な見解を示している。

「地域住民の立場からすれば，事前に『大きな目』や『都市全体』で公共性と経済性が具体的にどのように合致するのかが示される必要があろう。そうでないと，経営単位の経済性が優先され，地域全体の効果は住民の立場から事前にチェックしようがない」[7]。

公共性と経済性が都市全体・自治体経営全体で究極的には一致しうるとし，その一単位としての第三セクター事業の存立根拠があるとした場合でも，問題はやはり，その設立・運営等にかんして公共性と経済性の一致を保証する

ための住民全体ないし自治体によるチェックとコントロールをいかに確立するかということになるであろう。

2 企業性(経済性)の定義

ここで、自治体行政における効率性の視点から第三セクターの評価を行うにあたって、あらかじめ明らかにしておく必要があるのは、「営利性」「経済性」といった用語の意味である。さきの引用にかんしていえば、藤田は第三セクターの経営原則としての「営利性」を問題にし、高寄と宮本はやや広く「経済性」を論じている。しかし、より厳密に見ると、この「営利性」と「経済性」とはかならずしも同一とはいえないであろう。

たとえば、桜井徹は、公企業(公共企業体)における公共性と企業性に関連して、企業性には2つの意味があるとして、次のように説明している[8]。

ひとつは、(A) 経営の自立性ということであり、その財政的表現として「営利性」「利潤性」「収益性」「採算性」等の貨幣的収支にかかわる概念が用いられる。この貨幣的収支にかかわる概念は、さらに、(A1) 私企業の経営原則を表す「営利性」「利潤性」「収益性」等と、(A2) 公企業の経営原則を示す「採算性」「収支均衡性」「独立採算性」等に区分され、さらに後者は、(A2-1) 損益なしの原価補償経営、(A2-2) ある程度の収益を認める収支余剰経営、(A2-3) 損益収支のみならず資本収支を含む収支の均衡を図る長期収支均衡経営に区分される。

もうひとつは、(B) 貨幣的収支とは独立な関係概念として用いられる「能率性」「効率性」「生産性」等である。これらは端的には労働生産性によって表現されるが、その労働生産性を規定するのは、①労働者の熟練度、②科学技術の応用段階、③生産の社会的組織、④生産手段の範囲と作用能力、⑤自然的諸事情等である。

ここで桜井のいう「企業性」はおそらく「経済性」という用語とほぼ同等と考えられる。そうすると、「企業性」ないし「経済性」は図4-1のように図示できるであろう。

この説明を前提にすれば、藤田は第三セクターにおける貨幣的収支にかん

図 4-1　企業性（経済性）の構成要素

企　業　性　（　経　済　性　）		
A　貨幣的収支にかんする概念		B　独立的な関係概念
A1　私企業	A2　公企業	B1　労働の効率性
営利性・利潤性・収益性	A2-1　原価補償 A2-2　収支余剰 A2-3　長期収支均衡	B2　技術の効率性 B3　組織の効率性 B4　手段の効率性 B5　環境の効率性

する経営原則としての「営利性」を問題にし，高寄や宮本は貨幣的収支における営利性にはかならずしもこだわらず，それとは独立的な関係概念としての効率性を含む広義の「経済性」を問題にしているといってよいであろう。いずれにせよ，第三セクターにおける経済性と公共性といった問題について議論する場合，「経済性」のどのレベルのことを論じているのかを明確にしておく必要がある。

　私企業は貨幣的収支における営利性を経営原則としている。地方公営企業は独立採算性を経営原則とし，設置や経営の基本設定における条例主義，一般会計等との「負担区分」，料金統制等によって経済性と公共性を統一しようとするシステムが一応整えられている。これにたいして，第三セクターは営利性を経営原則とし，いまのところ公共性を保証するための制度は確立していない。このような第三セクターが，いかにして経済性を発揮し，また公共性と経済性との調整を図りうるのであろうか。

　しかし，この問題の具体的検討に入る前に，自治体行政における効率性をめぐる議論をあらためて振り返り，いわゆる経済的効率と社会的効率との関連について見ておくことにしよう。

III 自治体行政と効率性

わが国における自治体行政の効率的経営をめぐる本格的な議論は、1920年代のいわゆる第1次都市化の時期における池田宏・関一といった人々の都市経営論に始まるといってよい。しかし、ここでは、その長い歴史をすべて総括する余裕はないので、対象を1960年代後半以降のおよそ20年間に限定して検討することとしたい。ここ20年間に限ってみると、自治体行政の効率性をめぐる議論は、およそ、①シビル・ミニマム型効率論、②減量経営型効率論、③民主的効率論、④政策経営的効率論、⑤社会的効率論の5つの類型に分けることができる。この5類型の検討をとおして、自治体行政における社会的効率論の重要性を明らかにしたい。

1 シビル・ミニマム型効率論

周知のように、このシビル・ミニマムの思想は、1960年代の末に、政治学者の松下圭一によって提唱され、東京都をはじめ当時の「革新自治体」の政策決定に大きな影響を与えた。その主張の骨子は、国民生活の豊かさは経済成長とその結果としての個人所得の増大のみによって達成されるのではなく、社会保障・社会資本・社会保健といった分野におけるシビル・ミニマム、すなわち市民的最低水準を保障することによってはじめて実現される。自治体は、市民の生活権を保障するという立場から、このシビル・ミニマムの達成をその政策公準としなければならない、というものであった。

この主張については、都市産業政策や地域間格差調整政策の軽視といった弱点が早くから指摘されはしたが、一般に、市民の生活権という視点から自治体政策のあり方を示したものとして高く評価された[9]。ただ、自治体行政の効率性にかんする積極的展開は比較的弱かったといってよいであろう。

ただし、松下圭一は、このシビル・ミニマムの考え方は、最小の費用による最大の福祉の達成、すなわち市民自治による市民福祉の達成という観点からの一種の効率論であることを主張して、次のように述べている。

「圧力や思いつきによる過剰施設の増大，それにともなう職員増といったような既成のスタイルの転換が，『市民自治による市民福祉』という原点から，問いつめられていく。市民参加，職員参加による定期的な自治体計画改訂には，シビル・ミニマムを政策公準とする既成政策のたえざる見直しをぜひおこないたい」[10]。

シビル・ミニマムの発想には，当初から，①「生活権保障の基準」という性格と，②「自治体の政策公準」という意味との二側面があるとされてきた。すなわち，シビル・ミニマムは，一方では，市民の生活権を守るための最低限の公共施設・公共サービス水準の保障であるとともに，他方では，市民団体の不当な圧力や恣意的行政によるムダや非効率を排除するための政策公準を示すものでもあるというわけである。したがって，前者の「生活権保障」の側面が強調される場合は効率性を無視した施設・サービスの拡大が生じやすく，後者の「政策公準」の側面が重視されると効率性の名による施設・サービスの抑制がもたらされるという矛盾を，シビル・ミニマム論は最初から内包していたとも言える。

松下は，「既成の行政スタイルの延長線上でのシビル・ミニマム設定をおこなうならばバラバラのバラマキ施設を肥大させ，かえって市民の自治体にたいする不信感をひろげる」[11]と述べて，あくまでも問題は「既成の行政スタイル」にあるとしている。しかし，シビル・ミニマム論の論理そのものの中に，この既成のスタイルを克服し，生活権保障と政策公準という2つの側面を統一して，自治体行政の効率性を達成するという論理が明確に組み込まれていたかというと，かならずしもそうはいえない。

その不明確さを衝くかたちで，1970年代の後半に登場したのが，「都市経営論」の立場からするいわゆる減量経営型の経済効率論であった。

2 減量経営型効率論

減量経営型効率論が登場したのは，1970年代中頃の地方財政危機を背景にした財界・政府筋からの革新自治体にたいする人件費攻撃・バラまき福祉批判・中央依存体質批判をうけてのことであった。日本都市センター・都市行

財政研究委員会の『新しい都市経営の方向』(ぎょうせい,1979年)は,減量型経営論の聖典として,全国各地の自治体職員,とくに幹部職員の意識をとらえた。

そこでは,これまでの補助金・地方交付税等の国家財源に頼ろうとする中央依存型自治体経営のあり方にたいする率直な批判がなされ,分権と参加が説かれるとともに,市民から付託された租税を効率よく公正に使うという立場から,徹底した減量経営を進めることが主張された。「とくに昨今,不況の長期化で,多くの民間企業がいち早く人減らし,定昇ストップ,超勤ゼロといったきびしい減量経営,合理化に踏み切っている中で,ひとり行政のみが肥大化体質のままいることは,国民の側からみて到底許されないであろう」[12]というわけである。

減量経営の最大のポイントは人件費の抑制であり,保育園・学校給食・ゴミ収集等における公・民のコスト比較のうえに立った民間委託の推進であった。租税の公正な使用のためには,「弱者でない者」にまで拡大適用されている保育所の低い保育料,公営住宅の低水準の家賃,老人医療の無料化,バス乗車の無料化等の公費(租税)による援助措置などの見直しが必要であると主張された。

こうした「都市経営」論の主張は,1985年以来の自治省主導の「地方行革」に受け継がれ,補助金の一律削減,自治体職員の定員管理の徹底,民間活力の積極的活用,「選択と負担」の名による受益者負担の強化へと発展した。

かくしてこの減量型経営論は,効率と公正という正当な原理のうえに立っているように見えるが,実態としては,国・自治体の公共責任の放棄と福祉サービスの低下につながり,現業部門を中心とする民間委託の拡大によって自治体行政の総合性を喪失させ,分権と参加どころか中央集権的な画一的「行政改革」に道をひらくものでしかなかった。

3 民主的効率論

この減量経営型効率論を鋭く批判し独自の効率論を構築しようとしたのが,いわゆる民主的効率論であった。いま,その代表的成果としての遠藤晃・成

瀬龍夫・横田茂『民主的行政改革——その理論と政策』(自治体研究社，1980年) を取り上げてみると，まず，保育園・学校給食・ゴミ収集等の園児1人当たり・児童1人当たり・トン当たりコスト比較を行う減量型経営論の手法を批判して，次のように書かれている。

「これは厳密に言って行政効率の測定ではない。行政効率を数値で明示しようとすれば，まず自治体の本来的職務に由来する行政効果の質を確定し，さらにこの一定の質をもった効果を計測する理論と手法を明示したうえで，投入である経費との対比が行われなければならない。たとえば，公立保育所の行政効率は，投入された経費と，保育労働者（管理部門を含む）の集団的労働の総和によって達成される人権の保障（子供の発達と働くものの労働権の保障）との対比によって測られるであろう」[13]。

このように，行政効率の測定における質の確定を強調したうえで，行政効果は，①経済的・技術的効果（経費節約効果），②社会的効果（人権保障や社会的公正の確保），③政治的効果（民主主義の拡大）という，3つの視点から検討されるべきことが主張されている。そして，この3つの効果を最小の経費で実現するためには，自治体労働者と住民の参加，行財政機構と経理の公開がなによりも重要であるとされた。

民主的効率論は，民間企業における効率とは異なる行政効率の質を問題にし，単純な経済的効率だけでなく自治体行政における社会的・政治的効果の意義を強調することによって，減量経営型経済効率論に対抗しようとしたのである。

4 政策経営的効率論

民主的効率論は減量経営型効率論のアンチテーゼとして提起された。しかし，その民主的効率論は抽象論・信条論であって，これでは減量型経営論には対抗できないという次のような批判がある。

「民主（官庁）経営論は要するにその理念の崇高さ，市民生活への愛情の深さなど政策思想としてはまことに立派であるが，要するに綺麗ごとの観念論であり，地方行政の減量化をなにがなんでも達成しようとする減量経

営の貪欲なまでの技術論には勝てない」[14]。

高寄によるこうした批判は,いわゆる政策型都市経営論の立場からのものである。その政策型経営論によると,都市経営の基本は政策選択にあり,その選択基準は市民福祉である。適切な政策選択により最小の費用で最大の市民福祉が達成されることを,具体的な数値で示すことがなければ,減量経営型効率論に打ち勝つことはできない,というのが政策経営型効率論の主張であった。その場合の市民福祉の総和には,たとえば公共投資に関連して,次のようなものが含まれるとされている。

(a) 経済効果
  (a1) 需要誘発効果:投資・消費効果,波及効果,地元波及効果,雇用誘発効果
  (a2) 経営効果:所得創造効果,便益(効率)創出効果,所得創造効果,事業収支(財政)効果,雇用効果
(b) 非経済効果
  (b1) 福祉効果
  (b2) 文化効果
  (b3) 環境効果

これらの経済効果・非経済効果のそれぞれについてプラス効果とマイナス効果があり,ある程度の数値化が可能となる。高寄は,神戸市で試算した道路,有料道路,住宅用地,工業用地,生活保護,文化ホール等への100億円の公共投資の総体効果について,具体的な数値例を示している[15]。

たしかに,減量経営型効率論を打ち破り,市民に納得のいく政策選択を行うためには,このような経済的効果・非経済的効果について具体的な数値を示すことは必要なことである。その限りでは高寄の指摘は当たっている。

しかし,高寄のいわゆる政策経営的効率論には,「都市行政にあって求められているものは,まず経済効果を算定し,その次に非経済効果でもって判断していこうとする手順である」[16]とか,「しかし行政効果を問う場合,まず効率的効果によって判断し,それを補正するものとして間接的効果が導入されるべきである」[17]といった言説に見られるように,まず第1に経済的効率が点検され,次に第2段階として非経済的効果を含む市民福祉の総和が示

されるという，二段階論・経済効率優先論がある。

さらに，こうした経済的効率優先の傾向とともに，社会的費用についての考慮が乏しいという決定的弱点がある。もちろん，たとえば公共投資の非経済的効果としての福祉・文化・環境のマイナス効果というかたちで社会的費用の一部が含まれていると言えないことはない。しかし，その理論的枠組みの中に，環境破壊や雇用喪失等にかんする社会的費用の評価がどのように組み込まれているかは疑問である。たとえば，公共ディベロッパー＝神戸市の成功例として高寄が好んであげる海上都市・ポートアイランドの評価は，もっぱら221億円の売却益を中心に行われており[18]，「山を削って海を埋める」ことによる環境破壊，閉鎖型都市における住民生活の困難等にかんする社会的費用についての配慮はほとんどなされていない。もしこうした社会的費用の総体を計算に入れるとすれば，ポートアイランドの収支が，はたして均衡するかどうか疑問ということにもなりかねないのである。

このように，民主的効率論には，経済的効率論と社会的・政治的効果論という二元論という弱点があり，政策経営型効率論には，具体的数値の提示はともかく経済効率優先論という問題点が残されている。かくして，減量型効率論に対抗して，効率性と公共性を統一した行政活動の正当な評価基準を示すには，経済的効果と非経済的効果，ないし経済的効率と社会的・政治的効果との二分論を克服して，社会的便益と社会的費用の総体を比較・較量する社会的効率概念を導入する必要がある。

5　社会的効率論

社会的効率という概念は，もともと公企業の行動原則として主張されてきた。すなわち，公企業の目的は，「集合的な経済主体の一単位として最も効率的な資源配分を行うこと，つまり社会的効率（social efficiency）を達成することにある」[19]というわけである。能勢哲也によると，社会的効率とは，公企業の目的である

　　社会的便益－社会的費用＋$f(F)$
　　または，

　　　　私的便益＋内部化された外部性－貨幣的費用＋社会的価値

を最大にすることである[20]。

　ここで，Fは政府による投入資金ないし政府へのキャッシュフローの大きさであり，∂f／∂F で示される限界社会価値によって社会的純便益への寄与度が評価される。私的便益はサービス享受者の支払料金で測られ，内部化された外部性は間接的便益の市場評価額（たとえば目的税）で表される。かくして，一定のコスト負担意志および負担能力のもとで，私的便益・間接的便益・社会的価値を含む社会的便益と社会的費用との差が最大となる点，すなわち 社会的限界便益（追加的社会便益）＝社会的限界費用 の点において社会的効率が達成されることになる。

　このような社会的効率概念においては，公共性と効率性は原則的には矛盾しない。なぜなら，「公営企業が公共性をもって，何ゆえ私的部門から分離されるかという理由は，少なくともそれ自身も社会性をもつ効率的生産を行うという意味で十分な収益性（企業性）をもち，よって経済全体の浪費の防止や最適資源配分に貢献するためであり，この意味で公営企業の公共性と収益性は盾の両面である」[21]からである。たとえばリゾート地において個々のホテルがそれぞれフェリーポートをもつかわりに共同出資の定期船公社をつくりその公社が一定の収益を上げうるとすれば，「公社の企業としての収益性こそが公共性をもたせる理由であり，公共性は収益性に裏づけられる。この意味で，公社の公共性と収益性は矛盾しない」[22]ということになる。

　この場合，公共の利益（public interest）とは社会的効率の基準を満たすことと定義でき，それはいわゆる公共財の非排除性・非競合性によって説明される。より具体的には，①市民のすべてが潜在的利用者（potential users）であること，②サービスに差別性がないこと（non-discrimination），③所得再配分や福祉の増進といった「社会的価値」（social value）といった内容を含むというのが能勢の主張である。これを，潜在能力アプローチにおきかえて言えば，地域のすべての諸個人の発達を促し，地域の潜在能力を最大限に生かしうるような効率性が社会的効率であるということになろう[23]。

　この社会的効率概念については，「外部性の内部化」をどのように行うの

か，社会的効率の測定をいかなる単位ごとに行うのか，社会的価値の評価主体と評価能力をいかに高めるのか，短期的評価と長期的評価をどのように統一するのかなど，その具体化にあたってはなお検討しなければならない問題がある。とりわけ，自然環境の破壊や公害・大震災などによる人的被害などの絶対的・不可逆的損失，すなわち「外部性の内部化」のきかない社会的損失にかかわることがらをどのように評価するかといった根本問題がある[24]。しかし，公共性と効率性を統一した自治体行政の基準としては，シビル・ミニマム型効率や減量経営型効率ではなく，民主的効率や政策経営型効率でもなく，この社会的効率概念こそが基本に据えられなければならない。

ここで，自治体行政における社会的効率の特徴をあらためて整理すると，次のようなことになる。

第1に，社会的効率の特徴は，個々の行政サービスの費用対効果という狭い意味の経済的効率ではなく，それぞれの行政サービスの直接的費用および直接的効果とともに，間接的費用や間接的効果，さらに，社会的費用や社会的価値を考慮に入れ，より広い視点で費用と効果を比較することにある。すなわち，

(直接的効果＋間接的効果＋社会的価値)
　－(直接的費用＋間接的費用＋社会的費用)

を最大にすることである。

たとえば，ゴミ行政を例にとると，ゴミ収集にかかる直接的費用だけでなく，処理方法の研究や政策検討，業者の管理監督，市民等への啓発活動などにかかる間接的費用が考慮される必要があり，さらに，ゴミ処理過程で発生するおそれのあるダイオキシンによる被害や地域経済への打撃といった社会費用を最小限にくい止めることが問題となる。また，効果については，ゴミの収集・処理による直接的効果だけでなく，地域におけるゴミの減量，リサイクルの促進といった間接的効果，さらに，市民の環境問題にかんする意識改革と大量生産・大量消費型社会構造の変革による地球環境の保全といった，社会的価値が考慮されなければならない。これらすべての費用と効果を勘案して，どのようなシステムが最も効率的かを検討するのが社会的効率の

立場である。

　第2に,社会的効率の特徴は,個々の行政サービスを細分化するのではなく,できるだけ総合的に判断することにある。

　地域住民の暮らしは地域経済,地域環境,地域文化,生活構造などさまざまな要因によって規定され,雇用・消費・教育・医療・福祉・文化・都市基盤整備等総合的な行政サービスのあり方によって左右される。したがって,ある分野の公共サービスの削減が他の分野の経費増大につながり,ある分野での経費の支出が他の分野の経費の節約につながるといった相互関連が生じうる。たとえば,福祉の費用を節約した結果,寝たきりの高齢者が増大し,老人医療費が増大するといった事例はその典型である。また,都市基盤の整備や防災への支出は災害による被害の発生を最小限にくい止めることになるであろう。このように,自治体行政における費用対効果の評価においては,個々の行政分野をバラバラに見るのではなく,できうるかぎり総合的に検討する必要がある。

　第3に,短期的・中期的・長期的評価を組み合わせるということである。

　いうまでもなく,住民の生活は単年度で終わるのではなく,親から子へ,子から孫へと何代も続いて営まれていく。ある年度の節約が数年後の経費の膨張をもたらす場合もあり,また逆に,ある時期の投資が将来の社会的費用の大幅な抑制につながることもありうる。単年度における効率性だけでなく,中期・長期で見た効率性や持続可能性を考慮に入れることが必要となる。

　第4に,社会的効率の重要な要素は,その評価の主体が地域住民にあるということである。ここで地域住民による評価とは,いわゆる市場原理にもとづく評価ではなく,自治体首長・議員の選挙における投票や,住民投票・公聴会等による政治的評価である。これらの政治的システムを通じて地域住民による行政評価が正確に行われるためには,情報公開と市民参加の仕組みをたえず発展させる必要がある。また,地域住民の評価能力を高めるための学習と自主的運動の発展が求められる。このように,社会的効率をめざす自治体行政が高い評価能力を身につけた市民を育て,高い評価能力をもつ市民がさらに社会的効率性の高い自治体行政を生み出すという良好な循環をつくり

だすことが重要となる。このような社会的効率をめざす地域住民と自治体行政の良好な循環過程においてこそ，公共性が確保されると言えよう。

Ⅳ 第三セクターと社会的効率

ではこのような社会的効率の視点から見て，第三セクターはどのように評価されるのであろうか。

ここで，最初の問題に立ち戻ると，藤田武夫によれば，第三セクターにおける公共性と営利性の調整すなわち行政施策の総合性と計画性は，①総合的な建設計画，②地方自治体と地方公社および第三セクターとの適切な機能分担，そして，③第三セクターの収益活動にたいする民主的規制によって達成されるということであった。総合的建設計画，適切な機能分担，民主的規制の必要性の主張にかんしてはまさにその通りである。

公共性の原理からすれば，公共の責任を第一義的に果たすべき自治体が，営利（利潤追求）を目的とする企業と共同して，営利的活動に出資ないし投資し，第三セクターを形成すること自体に根本的矛盾がある。自治体行政に許されるのは，せいぜい，①原価補償，②ある程度の収支余剰と民主的配分，③長期的収支均衡等を原則とする「公企業」的分野への出資・投資だけであろう。こうした「公企業」ないし「公益企業」の原則を踏み越えて，テーマ・パーク経営やリゾート開発といった営利目的の事業に進出したところに，わが国における第三セクターの根本問題がある。

自治体行政が関係する事業の中に，分野によっては収支均衡を原則とすべきところ，若干の収支余剰が認められるところなどがあってもよい。あるいは，神戸市等で行われてきたように，収益的事業と非収益的事業とを同一経営体が行い，全体として収支均衡を図るということもありうる。しかし，その場合でも，問題は，社会的効率の基準に照らして，①事業内容の公共性および他の行政分野との整合性が確保されているか，②料金設定やサービスの内容と水準において公正性や平等性が確保されているか，③労働・雇用条件等が社会的に見て適切か，④収益が上げられた場合，あるいは欠損が生じた

場合の処理について，公的なコントロールと民主的な手続きが保証されているかどうか等が問題となる。

これにたいして，高寄昇三は，「最小の経費で最大の福祉を」という行政目標を達成し，効率性と公共性の調和・止揚を図るうえで，第三セクターを含む外郭団体は積極的な役割を果たしうると評価している。これは主として長年にわたる神戸市の都市経営の経験をふまえてのことであるが，高寄は外郭団体（地方公社＋第三セクター）の利点として次のような諸点をあげている[25]。

第1に，行政サービス機能の拡大。いわゆる中間サービス（準公共・市場サービス）の分野，たとえば，有料スポーツ施設，有料公園，国民宿舎，分譲住宅，結婚式場，有料道路，新交通システム，人材シルバーセンター，高齢者マンション等々の分野において，行政がその市民ニーズに応えるためには，「外郭団体という機能的で安価なサービス供給体制」が必要であった。

第2に，開発利益の社会還元。通常であれば民間資本の手にわたる開発利益を，自治体の土地先行取得と公共ディベロッパー方式の採用によって社会還元することができる。さきにも触れたポートアイランド開発や六甲アイランド開発はその好例である。

第3に，収益拠点の確保。都市開発事業を行った場合，一般には民間資本に独占されやすい都心の地下街，工業団地のセンター，ターミナルビル，駐車場といった収益の上がりやすい部分を，外郭団体を活用して自治体の収益拠点として確保するということである。

第4に，受益者負担の公平化。産業用サービスについては独立採算型公社方式を採用することによって，むしろ費用負担の社会的公平化を図ることができる。あるいは，一般補助事業として道路建設をするよりも，外郭団体を用いて有料道路を経営するほうが，一般財源の持ち出しは少なくてすみ，それだけ受益者負担の公平化に資することになる。

第5に，資金調達・民間エネルギーの活用。起債許可制のもとで自由な資金調達が困難な現状では，外郭団体は民間資金導入の有効な媒介項・受け皿となる。

最後に，企業会計方式によるコスト意識の徹底。企業会計方式は自治体行政に収益性を持ち込み，公共サービスの有償化を促進するものであるとの先入観がある。しかし，それは公企業における極端な独立採算性の導入が原因であって，企業会計方式の採用は，ストック会計方式，連結決算方式，事業別会計方式，責任会計方式等に道を開くことによって，外郭団体の統制，粉飾決算の予防，費用負担の公平化，財政公開と民主化に役立てることができる。そして，なによりも，「企業会計方式はコスト意識を浸透させ，官庁の宿弊ともいうべきムダの淘汰にその内部からメスを入れ，自己変革への地均しをする」[26]というわけである。

神戸市における都市経営の一見華々しい成功は，このような外郭団体のメリットを強く印象づけるものとなった。しかし，こうした利点の背後には，次のようなデメリットも隠されていることを見ておかなければならない。

たとえば，第三セクターの活用によって中間サービスの領域に自治体行政の供給範囲を拡大できるというが，そのことが逆に公共サービスにおけるシビル・ミニマムの放棄につながるということも考えられる。公共サービスにおけるシビル・ミニマムの確立が見られない段階での第三セクターの活用は，中間サービス領域への自治体行政の進出ではなく，公共サービス領域における市場原理の導入につながる可能性がある。つまり，市民全体が潜在的利用者・サービスにおける非差別性・社会的価値といった公共サービスの公益性が失われて，低所得者の排除・サービス供給の差別化・私的便益の提供といった民間サービス化に道をひらくことにもなりかねない。

また，公社による土地の先行取得や第三セクター方式による地域開発計画が，開発利益の社会還元の手段どころか，土地取引をめぐる財政赤字の隠ぺい手段や不正・汚職の温床となる例は後をたたない。都市開発における収益拠点は私的大資本に独占され，行政は不採算部門を押しつけられる場合も少なくない。産業用サービスは低料金・個人用サービスは高負担というかたちで，受益者負担原則の不当な適用がなされることもしばしばである。民間資本の活用のつもりが，自治体行政の民間資本への従属につながることも多い。

さらに，企業会計方式の採用によるコスト意識の徹底は，逆に公共性感覚

のマヒを生じさせないとも限らない。角瀬保雄の指摘するように，
「企業においては期間的フロー差額としての利潤を内部留保することによってストックとしての資本の蓄積の増大を図ることが行動原理となっているが，『企業会計化』とともにこうした思考にもとづく管理が地方自治体において行われるようになると，持分の自己増殖による社会資本の造成が主導的となり，福祉切り捨てと中央統制強化によって地方自治が形骸化するおそれが出てくるのである」[27]。

都市経営の先導者としての神戸市においてすら，ストック会計や連結決算は理論的にはともかく現実には行われてこなかった。財政公開と民主的統制の手段としての企業会計方式の採用に向けては，まだいくつか解決しなければならない問題があるようである。

宮崎辰雄市長のもとで長年にわたって神戸市の都市経営を担ってきた安好匠は，都市経営の要諦として「都市経営の理念が明確であること」「都市経営の基本は都市政策であること」以下10ヵ条をあげ，また，外郭団体運営の留意点（この逆が問題点）として「公共団体の長および幹部が，外郭団体は都市経営の重要な役割をになう団体であるという共通認識をもつこと」以下10項目をあげている[28]。これらは経験をふまえた総括として傾聴に値する。

しかし，わが国における第三セクターは，公共性原理にもとづく自治体行政が，営利性を経営原則とする事業に積極的に進出するという基本的矛盾をかかえている。ましてや，自治体経営の貧困や法的統制の不備といった現状では，第三セクターにはさまざまな問題が発生した。これまでのような営利を目的とする日本型第三セクターではなく，市民運動を背景とする民間非営利型の第三セクターが，社会的効率を担う一単位として，地域づくりの主体のひとつとして位置づけられるためには，少なくとも以下のような条件が必要となるであろう。

第1に，安好匠も言うように，都市経営の理念・政策が確立していることである。自治体行政の総合計画が市民参加のもとに作成され，地域・自治体の将来についての市民合意が形成されていなければならない。その計画にもとづいて，第三セクター設立についての明確な基準が設定される必要がある。

第2に，自治体行政による統制の確立である。神戸市の場合は，企画調整局による政策企画にかんする統制，総務局による職員派遣にかかわる統制，理財局による財政監査をとおしての統制が行われ，また，いわゆる原局主義にもとづいて各担当部局による統括・指導体制がとられている。このような自治体統制のシステムは，自治体行政と外郭団体との総合性・整合性をたもつ上で不可欠の条件といえるであろう。

　第3に，議会と市民による統制の確立である。神戸市の場合，議会内部に「外郭団体特別委員会」が設けられ議員によるコントロールは一応行われている。しかし，市民による統制についてはほとんど制度化されていない。住民監査請求や住民訴訟の範囲を拡大する等の間接的統制のみならず，第三セクター経営への市民代表の直接的関与も含めた検討が必要となろう。

　第4に，とくに資金力に乏しく，都市経営の経験の浅い地域の自治体にたいしては，金融面・技術面での全国的な支援体制が必要となろう。その点では日本開発銀行等公的金融機関の果たす役割は重要であり，また，かつて鈴木武雄が提唱した「地方金融公庫」[29]のような組織の活用も検討されてよいであろう。

　1980年代から90年代にかけて，サンフランシスコやボストンといったアメリカの諸都市においては，都市の成長管理や「リンケージ」政策が展開され，そこではCDC（コミュニティ・ディベロップメント・コーポレーション）をはじめとするいわゆる非営利の民間組織が重要な役割を果たしてきた。また，しばしば全米一住みよい街に選ばれたことのあるピッツバーグ等で展開されているパブリック・プライベート・パートナーシップの運動においても，ACCD（アルゲニー・カウンティ地域開発協会）やURA（都市再開発局）といった半官半民の非営利組織が公共部門と民間部門のコーディネーターとして重要な役割を果たしてきた[30]。このような事例に照らして見るとき，21世紀に向けて，公共と民間の中間に位置づけられる非営利団体の役割はさらに大きくなると思われる。要するに，第三セクターの将来は，参加と分権にもとづく地方自治の原則がいかに確立するかにかかっているといってよいであろう。

1) インフラストラクチャーの基軸の変遷については，拙稿「地域づくりとインフラストラクチャー」(『財政学研究』第17号，1992年)。本書，第2章を参照。
2) 藤田武夫『現代日本地方財政史』下巻，日本評論社，1984年，235ページ。
3) 同上，237ページ。
4) 高寄昇三『現代都市経営論』勁草書房，1985年，47ページ。
5) 高寄昇三「活力ある都市への経営戦略」自治体問題研究所編『地域と自治体 第19集 行政組織の改編と第三セクター』自治体研究社，1991年，96ページ。
6) 宮本憲一「第三セクターの公共性とその将来」同上書，所収，107ページ。
7) 成瀬龍夫「自治体出資法人の現状と問題点」同上，168ページ。
8) 桜井徹「公企業（公企体）の経営原則」山本秀雄編『公企業論』日本評論社，1986年，第3章。
9) シビル・ミニマム論の評価については，拙著『分権社会の政治経済学』青木書店，1992年，第1章を参照。
10) 松下圭一『都市型社会の自治』日本評論社，1987年，109ページ。
11) 同上，113ページ。
12) 日本都市センター・都市行財政研究委員会『新しい都市経営の方向』ぎょうせい，1979年，42-43ページ。
13) 遠藤晃・成瀬龍夫・横田茂『民主的行政改革――その理論と政策』自治体研究社，1980年，61ページ。
14) 高寄昇三，前掲書，68ページ。
15) 同上，133ページ。
16) 同上，136ページ。
17) 同上，87ページ。
18) 同上，193ページ。
19) 能勢哲也『公共サービスの理論と政策』日本経済新聞社，1980年，164ページ。
20) 同上，165ページ。
21) 同上。
22) 同上，166ページ。
23) アマルティア・センは，「潜在能力の領域における効率性とは，普通の（効用の次元で特徴づけられる）『経済的効率性』の定義に倣って言うならば，他のすべての人々の潜在能力を少なくとも同じ水準に維持しながら誰の潜在能力も向上させることができないような状態，と定義できる」としている（池本幸生・野上裕生・佐藤仁訳『不平等の再検討』岩波書店，1999年，227ページ）。
24) 自治体行政における社会的効率についてのやや詳細な検討については，拙著『現代地方自治の財政理論』有斐閣，1988年，第3章を参照。なお，絶対的・不

可逆的損失については，宮本憲一『都市政策の思想と現実』有斐閣，1999年，等を参照。
25) 高寄昇三，前掲書，213-216ページ。
26) 同上，182ページ。
27) 角瀬保雄「地方公会計の基本問題」日本財政法学会編『地方自治と財務会計制度』学陽書房，1989年，22ページ。
28) 安好匠「神戸市の外郭団体と都市経営」宮本憲一・自治体問題研究所第三セクター研究会編『現代の地方自治と公私混合体・第三セクター』自治体研究社，1992年，所収を参照。
29) 鈴木武夫『日本公債論』金融財政事情研究会，1976年。
30) アメリカの都市政策におけるパブリック・プライベート・パートナーシップと非営利組織の役割については，さしあたり，拙著『分権社会の政治経済学』青木書店，1992年，第3章「産業構造転換とアメリカ都市」を参照。

第5章　集権の20世紀から分権の21世紀へ

はじめに

　1999年7月,「地方自治法」をはじめ475の法律を一挙に改正する「地方分権推進一括法」が成立し, 2000年4月から実施された。

　今回の地方分権への動きは, 1989年12月の第二次行革審の「国と地方の関係に関する答申」に端を発している。その後, 1993年6月には衆参両院で「地方分権に関する決議」が行われ, 1995年5月には「地方分権推進法」が成立, それにもとづいて地方分権推進委員会が設置された。その地方分権推進委員会による「中間報告」と5次にわたる「勧告」を受けて, 1998年5月には「地方分権推進計画」が閣議決定され, 今回の「地方分権一括法」の成立・実施にいたった。これによって, 20世紀末における分権化への動きに, 一応の決着がつけられたといえる。

　この「地方分権一括法」をどう評価するかについては, 意見が分かれるところである。たとえば, 松下圭一は, これを「新地方自治法」と呼び, 「日本の政治・行政, 経済・社会が明治以来の官治・集権型から自治・分権型への大転換がはじまる」[1)]と高く評価している。もっとも, 「この転換の始まりの成果を見るには, まだ今後10年単位の時間をみなければなりませんが」との注釈つきではあるが。

　他方で, 厳しい見方も少なくない。たとえば, 五十嵐敬喜は, 今回の改革は「膨大な量と小さな質の変化となり, 推進委の出発時の, そして中間報告の誇り高い意気込みは消え, 期待は失望に変わった」[2)]と評している。また, 木佐茂男は, 「全体としては, やはり官官分権の枠内にあり, 住民自治が非常に薄いものと言わざるをえない。……21世紀の地方自治基本法としてふさわしくないものとなった」[3)]としている。保母武彦は, 財政学の立場から見

て, 地方分権改革の評価には, 財政自治権の保障, 地方財政危機の打開という2つの視点が欠かせないが, 今回の改革は, 国庫の都合を優先し, この2つの視点が抜け落ちていると指摘している[4]。

地方分権推進委員会の中心メンバーのひとりとして活躍した西尾勝自身も,「地方分権一括法」成立後,『未完の分権改革』を出版し, 今回の改革は,「多くの課題を将来の改革に託した未完の改革である」[5]との評価をくだしている。行政学においては, 国・地方間関係について, 英米流の分権・分離型と欧州流の集権・融合型という類型化を行ってきた。西尾によると, 今回の改革は, 英米流の分権・分離型をめざしたわけではなく, これまで集権・融合型の色彩の強かった日本の制度が,「今までより集権度を少し弱めて, 分権・融合型というべきものに何歩か近づいた」[6]程度である。

神野直彦は, 最近の論文で, 今回の改革は「未完の財政改革」でもあったとしている。「未完」の意味は2つあって, 第1に,「地方税源の充実確保」という現代的課題が未完に終わっただけでなく, 第2に,「特定補助金の一般補助金化」という戦後改革ないしシャウプ勧告の課題すら達成されなかったからである[7]。

神野は, 日本の国・地方関係を「集権的分散システム」と規定している。私は, かねてより, 丸山高満の表現を借りて, 日本の国・地方関係は,「分権的実態と分権化へのポテンシャリティの高い柔構造的集権制」であると規定してきた[8]。すなわち, 制度的集権制ではあるが非権力的・誘導的集権制が主要な側面であり, 地方事務の範囲の広さ, 地方財政の規模と安定度, 地方自治行政の経験, 自治体・住民の力量などの諸点から見て, 分権化への可能性を十分に持っていると。このような柔構造的集権制は, 今回の地方分権改革でどのように変わるのであろうか。あるいは, 変わらないのであろうか。そのような視点から,「地方分権一括法」の意義について検討し, 分権化の世紀となるべき21世紀への課題を明らかにしたい。

その前に, 今回の「地方分権一括法」にいたる分権化の歩みを簡単に振り返るとともに, 分権化への国際的潮流とその背景について簡単に考察しておこう。

I 日本における柔構造的集権制への歩み

19世紀末に,日本における近代的地方自治制度は一応の確立をみた。1888(明治21)年の市制町村制と1890(明治23)年の府県制の成立がそれである。それ以来,今日までの日本における分権化への歩みを振り返ってみると,「分権化への波がたえず集権化への大波にのみこまれていく歴史であった」[9]といえる。

まず,この明治地方自治制度の成立そのものが,国会開設,地租軽減,不平等条約改正等の3大要求と並んで地方自治の確立をかかげた自由民権運動を無力化し,中央集権体制の基礎を確立するというねらいをもっていた。自由民権運動は近代日本における分権化への第1の波であり,明治地方自治制度はそれをのみこんだ官治的・集権的体制の大波であったといえる。とくに府県制は,中央集権的支配を地方の末端にまで浸透させるための出先機関として位置づけられ,府県知事は内務大臣の任命による官僚であり,公選制の府県会にたいしては,知事による原案執行権や先決処分権,内務大臣による府県会解散権などの制約が設けられた。このような措置がとられたのは,「明治10年代の自由民権運動の高揚のなかで,府県会が一定の民意を背景として,中央政府にたいする抵抗の姿勢を示したという歴史的経過があったから」[10]にほかならなかった。

近代日本史における分権化への第2の波は,1920年代のいわゆる大正デモクラシーの時期である。大正デモクラシー運動の課題は,政党政治の確立,普通選挙による国民参政権の拡大,労働権や生存権の確立,アジア諸国民族との連帯等であったが,地方自治の拡大も重要なテーマであった。その運動の結果,郡制・郡役所の廃止,地方議会選挙における納税資格等の撤廃,等級選挙の廃止などによって,地方参政権と自治権はかなりの程度拡大された。しかし,大正デモクラシーの地方自治拡大にかんする最大のテーマであった両税(地租・営業税)委譲はついに実現することなく,満州事変以降の中央集権的戦時体制の中に組み込まれた。すなわち,太平洋戦争開始の前夜,

1940(昭和15)年の税財政改革において，還付税と配付税とからなる地方分与税制度の一環として，いったん国税として徴収した地租・営業税・家屋税を国から府県に還付するという中央集権的地方財政システムに帰結したのであった。

戦後，日本国憲法と地方自治法の施行（1947年）および地方財政法の施行（1948年）から1950年度におけるシャウプ勧告税制の実施にいたる時期は，わが国における地方分権が大きく前進した時期であった。憲法第92条に「地方自治の本旨」が謳われ，都道府県知事や市町村長の公選制が設けられた。条例の改廃制定や監査請求，首長のリコールや議会の解散請求など，住民の直接参加が制度化された。これら一連の改革は，近代日本における分権化への第3の波と位置づけることができる。

しかし，この第3の波は，新たな中央集権体制を生み出す要素に包まれていた。市町村には住民税と固定資産税，都道府県には法人住民税と法人事業税という自主財源が与えられたが，その課税・徴収は地方税法（1950年施行）とそれにもとづく国の通達・指導によって厳密に統制されることとなった。また，地方交付税法（1950年施行）は，地域間の財政格差を調整し，自治体行政の一定水準を確保するための財源を保証するものであったが，他方では，これによって「地方財政計画」や地方債の許可制度が根拠づけられ，自治体財政を統制・誘導する手段となった。地方行政調査委員会議（神戸委員会）による「行政事務再配分に関する勧告」（1950年12月）はついに実行されることなく，明治以来の機関委任事務は存続・拡大し，国庫補助金による地方行財政誘導が続けられた。

これら一連の戦後改革を通して，いわゆる柔構造的集権制の原型がかたちづくられたといってよい。この柔構造的集権制は，その後の地方財政危機の時代を通して定着し，より集権的性格を強めた。シャウプ勧告によってつくられた地方財政委員会の廃止と自治庁の発足（1952年），自治省への昇格（1960年），町村合併促進法（1953年）の制定，地方財政平衡交付金の地方交付税への改変（1954年），地方財政再建促進特別措置法（1955年）などが，それを象徴している。

1960年代以降の高度経済成長期は，新たな中央集権化が進み，地方自治体が国と企業による地域開発の下請機関化する時代であった。「全国総合開発計画」（１全総）とそれを実行に移すための「新産業都市建設促進法」（1962年）や「工業特別地域整備促進法」（1964年）による開発地域に指定されようと，各自治体は激しい誘致合戦を演じた。遠藤宏一は，わが国の地方自治を「競争的地方自治」と規定し，国への財政決定権の集中と仕切られた枠内での自治体間の競争の組織化が特徴だとしている[11]。1960年代における重化学コンビナート建設，80年代におけるテクノポリス建設，80～90年代にかけてのリゾート開発等とその中味には変化があったが，開発下請機関としての優劣を競い合う「競争的地方自治」の枠組みは，現在にまで引き継がれている。
　このような新中央集権制と「競争的地方自治」のもとでの高度経済成長は，過疎過密，環境破壊と公害，都市における住宅，交通，清掃，子育て等をめぐる新たな現代的貧困をもたらした。これにたいして，福祉・医療・教育等にかかわる公的サービスの拡充，環境保護と公害防止，下水道・公園など都市基盤整備を求める住民運動が各地で展開された。そうした住民運動を背景に，1960年代の後半から70年代にかけて，東京都，大阪府，京都府，沖縄県などをはじめ，全国各地でいわゆる革新自治体が誕生した。この住民運動と革新自治体発展の時期は，近代日本史において地方分権化への波が高まった第４の時期であったといえる。
　革新自治体は，環境行政，福祉政策，住民参加などの分野で飛躍的な成果を上げた。しかし，地方分権にかんする制度的改革が進んだわけではない。たとえば，自治体財源の拡充にかんして，東京都新財源構想研究会をはじめいくつかの改革案が提示されたが，それらはことごとく国の強固な抵抗にあって実現せず，わずかに法人２税への超過不均一課税等が実施されるにとどまった。そして，オイル・ショック後の地方財政危機を背景に，革新自治体にたいする「バラまき福祉」「人件費の増大」「中央依存体質」などの批判が高まり，いわゆる「都市経営論」「行政改革論」「民間活力論」等が勢いを増す中で，革新自治体は後退をよぎなくされていった。革新自治体が後退した

のちの1980年代には,第二臨調による行政改革の進展によって,再び中央集権への動きが強まった。

しかし,1980年代後半の内外情勢の激動は,新たな改革の必要性を強く感じさせるものとなった。とりわけ1989年のベルリンの壁の崩壊,1991年のソ連の崩壊は,中央集権的体制にしばられた国民国家の限界を強く印象づけるものであった。第二次行革審の「国と地方の関係に関する答申」が1989年12月に出され,その後,地方分権化をめぐる議論が大いに巻き起こったのは,このような国際情勢の激変と無関係ではないと思われる。このような国際的激動を背景とした,1990年代の地方分権化への動きは,近代日本史上第5回目の波であったといえる。

地方分権推進委員会の中間報告(1996年3月)は,今回の分権改革を,明治維新,戦後改革に次ぐ「第3の改革」と位置づけ,そのような改革が必要な理由として,①中央集権的行政システムの制度疲労,②グローバル化,ボーダレス化が進む国際社会への対応,③東京一極集中の是正,④個性豊かな地域社会形成の必要性,⑤高齢・少子社会への対応等をあげた。

私は,明治地方制度の確立と戦後改革の間に,大正デモクラシー期における地方自治の拡充をおき,戦後改革ののちに1970年代の革新自治体の経験を加えて,今回の分権改革を,近代史上第5の分権化への波とした。このように位置づけてみると,今回の分権化への波のひとつの特色が浮かび上がってくる。

それは,第1に,今回の動きが「上からの改革」にとどまったということである。今回の分権改革には,大正デモクラシー期や革新自治体期に見られたような,下からの,民衆レベルの活力がきわめて不足していた。分権化を論じていたのは,主として財界や行政組織であって,制度的改革に直接結びつくような自治体関係者の動きは弱かった。

第2に,その結果として,分権化のテーマは主として国・都道府県・市町村の間の行政権限の配分問題に限られ,しかも,「事務権限移譲」よりは「関与のルール化」が重視された。住民自治の問題はほとんど後景に退けられた。その意味では,木佐茂男が指摘するように,今回の改革は「全体とし

て官官分権の枠内」にとどまっている。この時期，新潟県巻町の原発誘致反対運動や，徳島県の吉野川河口堰建設反対運動に代表されるように，住民運動は新たな盛り上がりを見せた。しかし，そうした住民運動と分権化への動きはすれ違ったままであったといってよい。

第3に，公共事業のあり方や環境や福祉政策の方向といった自治体政策の内容に即した議論はほとんどなかったといってよい。

第4に，明治地方制度の確立や戦後改革においては，国家のあり方そのものを大きく変えるような改革の一環として地方分権改革が行われたが，今回はそのような大規模な改革とはなっていない。国においては，財政構造改革や中央省庁の再編，さらにはなりふりかまわぬ「景気対策」などが先行し，改革に向けての首尾一貫した姿勢が欠落していた。中央省庁再編成には，地方分権化に逆行する内容が多分に含まれている。

以上のように，今回の改革は，上からの，しかも「未完の分権改革」だったといえよう。

Ⅱ 分権化への国際的潮流

さきにも少し触れたように，1990年を前後するソ連・東欧社会の激変は，分権化への動きを加速した。世界の一方の社会における中央集権的国家体制の崩壊が，もうひとつの社会における分権型システムへの関心をこれまで以上に高めたことは否定できない。

しかし，国際的な分権化への動きは，この時に始まったわけではなく，すでに1970年代から80年代にかけて，欧米諸国では顕著となりつつあった。その背景としては，各国におけるそれぞれの歴史的事情があげられるが，共通して次のような2つの理由があったように思われる。

ひとつは，戦後の欧米諸国でひとつの理想的モデルとされた福祉国家に，限界が見え始めたことである。

福祉国家の理念は，すべての国民の生存権を国家の責任において保障することにある。そのためには，福祉・教育・医療・保険などの社会保障制度を

拡充し，地域における道路・住宅・上下水道・公園等の社会資本を整備しなければならない。そこで，福祉国家をめざす諸国で共通して起きたのは，歳入の中央集権化と歳出の地方分散化という現象である。福祉国家の財源を確保するための所得税・法人税・付加価値税などの税は，地方政府よりも中央政府で課税・徴収するほうが便利であり，効果的であった。ところが，年金・失業保険などは別として，福祉・教育・医療などの公的サービスの提供や，社会資本の整備は，当然のことながら住民の身近な存在としての地方政府の役割となる。その結果，歳入の確保や政策決定は中央政府が行い，施策の実施は中央政府からの補助金に依存した地方政府が担当するという，政策決定と実施の乖離が生じ，いわゆるアカウンタビリティの欠落が生じた。ここでアカウンタビリティとは，通常，「財政にかんする説明責任」と訳されるが，もう少し広く「歳入・歳出にかんする決定責任」といってもよい。財政責任を誰が負うのかがあいまいとなり，官僚制や行政特有の非効率が発生し，中央・地方を通じて財政が膨張し財政赤字が拡大した。また，福祉国家において本来主人公となるはずの住民は，単なる公共サービスの受け手となり，自らその運営に参加する道を阻まれることになる。ここから，中央集権的福祉国家を超えて，分権型のポスト福祉国家を構想することが求められるようになったのである[12]。

　もうひとつは，経済のグローバル化とともに，国民経済を単位とする産業・経済政策に限界が見え始めたことである。

　1960年代から顕著になった企業の多国籍化は，1970年代にはいってさらに進んだ。巨大企業を先頭に，より低コストで採算性の高い投資先を求めて，資本の国際的・国内的な地域間移動が激しくなった。資本移動とともに，地域経済の一方での空洞化と他方での急成長という新たな不均等発展が見られるようになった。こうした問題は，もはや一国経済を単位とする通貨・貿易政策や財政・金融政策だけでは解決することができない。地域レベルでの分権的産業経済政策の必要性が痛感されるようになってきた。

　また，EU統合に見られるように，従来の国家単位を超えた国際的政策協調と統合が進み始めると，国民経済の中の一単位でしかない地域と他の地域

との国際的交流がより重要性を増し，国境を超えて結びつきの強い特定地域の振興政策といったことが求められるようになる。

このような経済のグローバル化と国際的統合への動きとともに，分権的経済政策の必要性が高まってきた。これまで，中央政府は所得再分配や経済安定化政策を担い，地方政府の役割は，せいぜい地方的な公共財の配分を担えばよいというのが通説であったが，グローバル化の時代にあっては，地方政府こそが産業・経済政策の分野で重要な役割を果たさなければならなくなってきた。

このように，中央集権的福祉国家の限界，経済のグローバル化の進展にともなう地域産業政策の役割の増大という2つの事情を主な背景として，1970年代以降，分権化への国際的潮流が生まれたといえる。イギリスの経済地理学者R・J・ベネットは，分権化を2つの次元に分け，中央政府から地方政府への分権化と，公共部門から民間部門（市場および非営利部門）への分権化が進むとした[13]。

いま，OECD国民経済計算による国際比較（表5-1）によって，この2つの分権化の流れを大ざっぱに見てみると，次のようなことが言える。

まず，GDPに占める政府支出の割合は，各国とも1960年代から70年代にかけて増大した。この時期にはまだ「大きな政府」への傾向が続いていたといえる。公共部門から民間部門への移動という意味の分権化が進展したのは1980年代のことである。この時期，フランスとイタリアを除いて，主要先進国において政府部門の縮小と市場化が進んだ。しかし，1990年代に入ると，この傾向には歯止めがかかり，アメリカ合衆国とイタリアが緩やかながら政府部門の比重を下げた以外は，再び増加に転じている。

地方分権化についてもほぼ同様の傾向が見られる。1960年代から70年代にかけて，一般政府（社会保障基金＋中央政府＋地方政府）に占める地方政府歳出の割合は各国とも共通して増大した。しかし，その後，1980年代には，フランスを例外として地方政府の比重はむしろやや下がり気味の傾向を示した。そして，1990年代に入って，再び地方政府の歳出のウェイトが高まり始めている。

表5-1 分権化の国際比較 (単位:%)

		政府支出 GDP	地方政府支出 一般政府支出	地方税収 中央+地方税収	補助金 地方収入
日　本	1970	20.0	45.7	33.5	40.8
	1980	33.6	46.4	36.2	43.7
	1990	31.7	40.3	35.8	38.0
	1995	36.7	40.1	39.0	42.3
アメリカ	1960	27.3	31.5	32.8	14.5
	1970	32.8	40.7	40.1	20.2
	1980	35.2	42.3	40.1	25.3
	1990	36.5	41.7	44.5	18.3
	1995	36.0	43.2	47.9	22.1
イギリス	1960	30.2	23.6	12.7	42.9
	1970	40.5	24.5	11.2	48.2
	1980	44.3	27.3	12.0	52.4
	1990	41.7	26.6	3.3	66.4
	1995	44.3	27.5	0.1	77.8
ドイツ	1960	34.8	41.2	44.2	17.7
	1970	38.5	38.6	44.3	17.6
	1980	48.6	39.7	49.1	19.7
	1990	46.2	37.5	49.1	18.7
	1995	57.4	37.2	49.2	22.3
スウェーデン	1960	32.2	36.7	27.6	27.0
	1970	43.7	39.8	30.3	26.8
	1980	61.9	45.4	36.8	32.3
	1990	61.1	36.0	33.8	27.2
	1995	67.0	38.4	39.5	21.5
フランス	1970	39.0	12.4	9.8	43.3
	1980	44.5	13.1	12.8	43.3
	1990	51.1	15.4	17.6	36.7
	1995	—	16.8	18.6	37.9
イタリア	1970	30.4	18.8	14.0	43.4
	1980	42.0	31.5	4.1	82.6
	1990	53.6	28.1	6.9	74.3
	1995	52.7	26.7	10.5	63.2

(資料) OECD, *National Accounts* 各年より作成。

　国と地方の税収合計にたいする地方税収の割合は，1960年代以降，ほぼ一貫して各国とも増加傾向にある。イタリアは，1970年代の分権化の時代に，

税収の面ではむしろ地方の比重が低下するという矛盾した動きを見せたが，そこでも90年代の税制改革によって地方税収の比重は高まりつつある。唯一の例外は分権と自治の母国イギリスであり，ここでは地方税収の比重は1980年度の12％から1995年度には0.1％にまで落ち込んだ。1990年に実施されたレイトの廃止と「人頭税」の導入というサッチャー政権による改革の影響が色濃く反映している。

中央政府から地方政府への補助金の地方政府収入に占める割合は，1960年代から70年代にかけてはゆるやかに増加する傾向にあったが，80年代にはイギリスを例外とし共通して低下した。ところが1990年代にはいると，これまで補助金の比重があまりにも大きかったイタリアではさらに削減の傾向が続き，イギリスでは増加傾向が続くという顕著な動きは別として，他の諸国ではそれほど大きな比重の変化は見られない。国からの補助金には，中央政府による地方政府の統制という側面と，地方自治を中央政府が支援するという側面との両面がある。いずれにせよ，各国においては，地方税による独自財源の基盤を拡大しながら，中央政府による統制的な補助金を削減する傾向にあるといえる。

私は，前著『地方分権——どう実現するか』（丸善，1996年）において，分権化をめぐる国際的な動きを，4つのモデル，すなわち，①新連邦主義とパブリック・プライベート・パートナーシップのもとで，分権化（とくに州への権限と財源の集中）を進めるアメリカ合衆国型，②自治と分権の母国といわれながら，サッチャーリズムによって中央集権的市場化を推し進めたイギリス型，③分権的福祉国家への実験を進めるスウェーデン型，④中央集権的国家の典型とされてきたが，1970年代から80年代にかけて分権化への動きを強めたフランス・イタリア型などを事例に説明した。これらの国々において，それぞれ動きは単純ではないが，全体として，地方政府への権限や財源の委譲という意味での分権化は着実に進みつつあるといえよう。ただし，公共部門から民間部門（市場と非営利団体）への移行という点ではかならずしも事態は一直線に進んでいるわけではなく，地方政府を含む公共部門の比重はそれほど縮小していない。

R・J・ベネットのいう2つの分権化のうち，公共から民間への分権化は1980年代に顕著に進み，中央政府から地方政府への分権化は90年代にはいっても着実に進展しつつあるといえよう。

　このような地方分権化への国際的潮流の中で，1990年代における日本の分権改革はどのように位置づけることができるのであろうか。

　表5-1の諸指標に見るかぎり，日本はきわめて分権的側面の強い国である。たとえば，1995年度における一般政府に占める地方政府歳出の割合は40.1%であり，連邦制のアメリカ合衆国やドイツ連邦共和国に次いで大きい。また，全税収に占める地方税収の割合も39.0%と，分権的福祉国家とされるスウェーデンにほぼ匹敵する高さを誇っている。このかぎりでは，日本は「分権的実態と分権化への高いポテンシャリティ」をもっていると言える。しかし，同時に特徴的なことは，地方収入に占める補助金の比重の高さである。イギリスやイタリアといった国々に比較すれば小さいが，アメリカ・ドイツ・スウェーデンなどの分権的国家に比較すると2倍近い比重の高さとなっている。また，中央政府の財政に占める地方への補助金の割合もきわめて高い。ここに，一方では分権的実態をもちながら，他方で制度的には集権的，しかも権力的ではなく非権力的な柔構造型の集権制をもつという，日本の国・地方関係の特色がよく示されている。ある意味では，歳入の集権化と歳出の分散化の矛盾という現代国家の特色は，わが国において最も典型的に現れているといってよい。このような柔構造型集権制の改革という視点から見て，今回の分権改革がどのような意義と限界をもっているのか，次にこの点を検討してみることにしたい。

III 「新地方自治法」の意義と限界

　まず，柔構造的集権制の内容についてあらためて確認しておくことにしよう。

　丸山高満は，柔構造的集権制を，基本的システムと個別的システムとに分けて説明した[14]。基本的システムとは，憲法第92条の「地方公共団体の組

織及び運営に関する事項は，地方自治の本旨に基いて，法律でこれを定める」という規定にしたがって，①国の法律である「地方税法」によって地方税が課税・徴収される，②地方自治体の負担をともなう法令・予算については，閣議請議前に自治大臣の意見を求めることになっている（「地方財政法」第21条），③毎年の「地方財政計画」によって各自治体の財政運営が統制され，地方交付税が配分される等の仕組みのことである。このような基本的システムのもとに，①監護的関係（行政指導・財務監視，助言・勧告，是正措置要求等），②調整的関係（法定外普通税・地方債発行等の許可制度），③誘導的関係（地方交付税・国庫支出金等）などの個別的システムが機能している。

他方で，①地方事務の範囲が広く，地方財政規模が大きい，②財政調整制度をつうじた財源の再配分が地方財政の安定化をもたらしている，③明治以来100年を超える地方行政の経験がある，④近年において地域住民の行動力が高まり，首長・職員・議員の行政能力・政策能力が向上したといった分権的実態があるにもかかわらず，さきに述べたような制度的集権的システムによって，わが国における柔構造的集権制が維持されてきた。

では，このような柔構造的集権制は，今回の地方分権改革でどのように変わったのであろうか。あるいは変わらなかったのであろうか。以下，検討してみたい。

まず，今回の分権改革の最大の課題は，わが国の地方自治制度にからみついてきた「しがらみ」[15]ともいえる機関委任事務を廃止し，これを原則として自治事務に転換することにあった。結果としては，機関委任事務のうち45％が「法定受託事務」となり，「自治事務」となったのは55％にすぎなかった。また，都市計画決定などの重要な事務は，国との間で「同意を要する協議」が必要な「自治事務」となっており，現実の力関係次第では機関委任事務の時代と変わらないということにもなりかねない。分権改革としてはきわめて不十分なものとなっている。しかし，他方で，自治事務だけでなく法定受託事務にも地方自治体の条例制定権が及ぶことになり，地方議会の権限が拡大することになった。このようなことから見ると，自治事務の範囲は拡大し，「分権的実態と分権化へのポテンシャリティ」は，地方自治体の努力

次第ではこれまで以上に高まることになったといえる。

　今回の改革のもうひとつの柱は、国の地方自治体にたいする行政的・恣意的関与を、①法定主義の原則、②一般主義の原則、③公正・透明の原則にもとづいてルール化することにあった。その結果、新地方自治法には、「自治事務」にたいしては、助言・勧告、資料提出要求、協議、是正の要求等の4つのタイプの関与の方法、「法定受託事務」については、助言・勧告、資料提出要求、協議、同意、許可、指示、代執行等の7つのタイプの関与の方法が詳細に規定されることになった。柔構造的集権制の個別的システムの一環をなす「監護的関係」はそのまま残された。というより、壮大かつ詳細な体系として整備された。それどころか、「自治事務」にたいする「是正の要求」については、これまでの首相による「是正の要求」が各主務大臣による「是正の要求」となり、地方自治体にたいする「是正又は改善のための措置義務」が明記された。状況次第ではより権力的集権制に向かう可能性が、法的に整備されたといえる。

　柔構造的集権制の個別的システムを形成する②調整的関係は、どうなったであろうか。法定外普通税の新設・変更の許可制については、許可の条件が緩和され、「同意を要する協議制」に移行することになった。さらに「法定外目的税」が創設され、起債許可制は、2006年度から「同意を要する協議制」に移行することになった。しかし、いずれも「同意を要する協議」にかたちを変えただけで、国による許可制が完全に廃止されたとはいえない。調整的関係は、一部緩和されるものの、基本的なシステムは残されたといってよいであろう。

　また、個別的システムの根幹をなす③誘導的関係については、ほとんど改革らしい改革は行われなかった。地方分権推進委員会は、その勧告において、「国庫補助負担金の整理・合理化」についていくつかの提言を行ったが、実際の運用は各省庁の裁量にゆだねられることになり、「地方財政法」に規定された国庫負担金、国庫補助金等にかんする規定については、ほとんど手がつけられていない。地方交付税制度についても、補助金化に歯止めをかけ簡素化を図るための改革はまったく行われず、わずかに算定方法にかんする地

方自治体の意見具申権が認められたにとどまる。

柔構造的集権制の基本的システムをなす，①地方税法，②自治大臣の予算調整権，③地方交付税法による「地方財政計画」といった基本的システムには，なんら手がつけられなかった。地方自治体の課税自主権や財政権の拡大，国から地方への税源移譲等については，まったく改革が行われなかった。

このように見てくると，今回の分権改革は，戦後日本における国・地方の行財政システムを特徴づける柔構造的集権制の枠内に，基本的にとどまるものであったといえる。西尾勝が言うように，今回の改革は，英米流の分権・分離型をめざしたものではなく，大陸流の集権・融合型をやや分権・融合型に進めたにすぎない。ただし，同じ145国会では，日本周辺有事の際の自衛隊の米軍への協力などを規定した「周辺事態法」（新ガイドライン関連法）が成立した。この法律が定めている，国による港湾・病院の利用等地方自治体への協力要請について，「地方議会の決議や住民による請求は自治体が協力を拒否する正当な理由にはならない」というのが政府の公式見解である[16]。このような公式見解と，新地方自治法における「自治事務」への「是正の要求」および地方自治体の「是正・改善のための措置義務」等を重ね合わせてみると，いつ何時，柔構造的集権制が権力的・剛構造的集権制に転化するかもわからない状況が法的に整備されたとさえいえる。柔構造的集権制のうちの「分権化へのポテンシャリティ」が生かされるのか，それとも集権制の慣習が依然として支配し，場合によっては剛構造的集権制に転化するのかは，地域住民，自治体労働者，首長，地方議員等，地方自治にかかわる人々の今後の努力と創意工夫にかかっているといえる。

Ⅳ 分権化の世紀に向けて

R・J・ベネットは，地方分権の3つの価値として，① Constitutionalism，② Commune，③ Professionalism をあげ，これらの価値を実現するためには Flexible Decentralisation（柔構造的分権化）が必要であると指摘した[17]。Constitutionalismとは，地域にかかわる問題は地域住民の意思によって決定

されるという民主主義の問題であり，Commune とは，地域における住民の共同なしには住民の生活は成り立たないという住民自治の問題であり，Professionalism とは，福祉・医療・教育・社会資本整備などの公共サービスの提供における効率性の問題である。これらの3つの価値を実現するためには，どのような規模の，どのような機能をもつ組織が必要なのであろうか。おそらく単一の組織でこれらの価値のすべて満たすことは困難である。大規模な自治体のみが分権化の受け皿になりうるという議論はあまりにも効率性にとらわれすぎており，他方，住民自治を重視するあまり小規模自治体の維持のみを主張することは，公共サービスの有効かつ効率的な提供という問題を無視することにつながるであろう。おそらく最も妥当な答えは，伝統的なコミュニティと住民自治を基礎としながら，事務や財源の適切な配分と調整，ゆるやかな自治体間連合などを組み合わせるという，フレキシブルなシステムを構築することにある。そのような意味で，R・J・ベネットは Flexible Decentralisation（柔構造的分権化）を主張したのだと思われる。

　私もかねてから，日本においては，現在の柔構造的集権制を柔構造的分権制に改革することが必要であると主張してきた。これにたいして，「柔らかい中央集権」「柔らかい地方分権」といった見方は，集権分権調和論であり，技術的バランス論であるという批判がある[18]。その批判は，かつての島恭彦による集権分権調和論批判をふまえたものである。島恭彦の行政学的調和論にたいする批判は，①資本主義経済の発展とともに中央集権化が進むことが必然的であるとしていること，②そのうえで，行政技術的原理のひとつとしての地方分権をいかにバランスさせるかという立場に立っていること，に向けられていた[19]。しかし，私の議論は，集権的要素と分権的要素をほどよく調和させるといった行政技術的バランス論ではなく，国民の生存権や発達権を地域において互いに保障しあう現代的地方自治を確立するという，憲法的原理を実現することが基本である。また，資本主義の発展とともに必然的に中央集権化が進むとは想定してはおらず，逆に，20世紀型資本主義の限界から21世紀には分権化への動きが主流となるであろうことが前提とされている。ただ，このような現代的地方自治を確立するためには，当分の間，国

によるナショナル・ミニマム保障や，財源の地域間格差を是正するための地方財政調整制度は避けられない。地方自治（住民自治）を全国的・広域的に支援するシステムとして柔構造的分権制を主張しているのである。

　柔構造的分権制の基本的要素は，①年金・医療・保険等の分野におけるナショナル・ミニマム保障のための国家の役割，②その他の公共サービス提供における権限と財源の大幅な地方委譲，③基礎的自治体の維持とゆるやかな広域連合，④行財政運営への市民参加とパブリック・ノンプロフィット・リレーション（公共・非営利組織の連携）等である。このような21世紀型の柔構造的分権制に向けて，どのような財政改革が必要なのか。最後に，柔構造的集権制の基本的システム・個別的システムに即して検討して見ることとしたい。

　まず，国の法律にもとづく地方税の課税・徴収という，柔構造的集権制の基本的システムを改め，地方自治体の課税自主権を確立する必要がある。わが国の「地方税法」には，その第3条に地方税条例主義が謳われ，地方税の税目，課税客体，課税標準，税率等は自治体の条例によって定められなければならないことになっている。ところが，実際には，各自治体における課税・徴収は，「地方税法」と，その「施行令」「施行細則」などによって規定され，国による細々とした「通達」にもとづいて行われている。住民税，固定資産税等地方税にかんする改革はすべて国会において決定され，各自治体の議会はほとんど無力である。わが国においては，地方自治体の課税自主権はないに等しい。

　私は，これまで，地方の自主財源を拡充するために，①住民税と所得税を共通税化し，自治体が課税・徴収すること，②たとえば，そのうちの6割を地方が確保し，4割を国に逆交付するという，住民税・所得税の共通税化案を提唱してきた。その際，課税標準・税率等を誰が決定するのかという問題が生じる。分権化の立場からすれば，最終的には，各自治体が条例にもとづいて定めるのが理想である。ただ，長年にわたって国の法律と指導にしたがって課税・徴収を行ってきた地方自治体が，一挙に完全な地方税条例主義に転換するには困難がともなうであろう。また，自治体間の競争や格差の拡大

が新たな問題を生むということも考えられる。したがって、過渡的には、国と地方による共同決定方式を採用せざるをえないであろう。そのためには、国・地方の共通税について、国の代表と地方の代表が参加する「地方財政委員会」のようなものが必要となる。かつて、シャウプ勧告によって、地方財政平衡交付金の配分等を行うために、国の代表2名、地方の代表3名からなる「地方財政委員会」が設置されたことがある。このような「地方財政委員会」を設置して、国と地方代表とが対等・平等の立場で、共通所得税の課税標準・税率等についての「ガイド・ライン」を決めることとすればよい。そして、10年前後の実験期間を経て、条件が熟したならば、次第に各地方自治体の権限にゆだねていくことにすればよいと思われる。

実は、このような「地方財政委員会」は、地方税にかんする共同決定のためだけでなく、基本システムの②としてあげられた自治大臣による財政調整、③の自治省による「地方財政計画」の策定に代わるものとしても機能しうる。地方自治体の財政負担をともなう法令・予算についての自治大臣によるチェックはこの「地方財政委員会」の場で行えばよく、また、地方交付税の配分にかかわる「地方財政計画」の策定についても、この「地方財政委員会」が行うこととすればよい。このような改革は、柔構造的集権制から分権制への転換というにはあまりに微々たるものであるが、将来、各自治体の財政権・課税権を拡大するための一歩前進となるにちがいない。

次に、柔構造的集権制の個別的システムについては、どのように改革すればよいであろうか。

行政指導、助言・勧告、是正措置要求等の「監護的関係」については、今回の改革で、壮大かつ詳細な「ルール化」が行われた。「国地方係争処理委員会」の役割も含めて、この新しいシステムがどのように機能するかを、当分の間見守らざるをえない。しかし、将来的には、①「自治事務」における「同意を要する協議制」については廃止する、②「自治事務」の範囲を拡大し、「法定受託事務」を大幅に縮小する、③自治体の事務にたいする「是正措置要求」などの国の関与を大幅に削減するなどの再改革が必要となるであろう。

「調整的関係」としての法定外普通税，地方債の発行等の自治大臣による許可制については，今回の改革で「同意を要する協議制」に変更された。しかし，これでは事実上従来の「許可制」とほとんど変わらない。法定外普通税については原則自由とし，過渡的にはさきに述べた「地方財政委員会」における審査等に変更すべきである。また，地方債の「協議制」にかんしても，自治大臣の同意のない地方債については公的資金の充当や元利償還金の地方財政計画へ算入（地方交付税措置）をしないというのであれば，とりわけ現在のような財政困難の時期には，各自治体は自主起債ではなく，「同意」にもとづく起債に傾かざるをえないであろう。自治体の自主起債権を拡大するためには，課税権と税源の拡充によって自治体の財政基盤をより強固にするとともに，かつて鈴木武雄が主張した「地方金融公庫」[20]のような独立した支援システムが必要である。

「誘導的関係」としての地方交付税と国庫補助負担金については，今回の改革ではほとんど手がつけられなかった。機関委任事務は廃止されたが，それにともなう財政システムの改革は，そのままあとに残された。

地方交付税については，事実上，自治省主管の補助金化している現状を打破するために，基準財政需要額の算定基準を人口・面積等に簡素化するとともに，算定方法や配分についての権限を「地方財政委員会」に移行させるべきである。

柔構造的集権制の根幹にあるのが国庫補助負担金である。まず，「地方財政法」第16条に規定された「奨励的補助金」は原則として廃止し，「財政援助的補助金」についてもできうるかぎり縮小して一般財源化を図るべきである。しかし，「地方財政法」第10条の国庫負担金のうち，「一般行政関係費」については，教育・福祉・保健などのナショナル・ミニマムを保障するためのものが多く含まれており，できるかぎり包括補助金化するなどして存続させる必要がある。

国による「誘導的関係」を正すための最大の課題は，第10条の第2項に規定された「建設事業関係費」の国庫負担金を廃止することではないだろうか。わが国の「土建国家」体質は，国の補助金（負担金）に誘導されて各自治体

が競って公共事業に走るという財政システムによってもたらされた。その結果，先進国でも異常なまでの公共投資が行われてきた。たとえば，GDPに占める地方政府の公的資本形成の比重は，アメリカ1.6％，イギリス0.8，ドイツ1.8％などにたいして，日本は6.2％と3倍以上の高さとなっている(1996年度)。このような状態が可能なのは，地方自治体の公共事業が，国の奨励的補助金だけでなく国庫負担金で財源保障されているためである。膨張する公共事業に歯止めをかけるには，この建設事業関係の国庫負担金を廃止し，道路・河川・港湾等にかんする公共事業については，国・都道府県・市町村などの事業主体が，原則として自らの財政責任において実施するというシステムに切り替える必要がある。

　以上のように，柔構造的集権制から柔構造的分権制への転換を図るには，まず，①共通税化した所得税・住民税の自治体による課税・徴収，課税標準・税率についての国と地方による共同決定，②自治体関連予算についての調整と，地方財政計画や地方交付税の配分についての「地方財政委員会」への権限委譲といった基本的システムの改革を行う必要がある。さらに，それに加えて，①自治事務の拡大と国による関与の縮減，②法定外普通税や地方債発行にかんする自主権の拡大，③地方交付税の簡素化および国庫補助負担金の縮減と一般財源化などの，個別的システムの改革を進める必要がある。

　さらに重要なことは，これらの改革に加えて，住民自治型財政運営への転換を図ることである。最近，各自治体で関心が高まっている行政評価システムは，自治体の個別の事務事業の根拠や費用・効果予測などを詳細に明らかにすることによって，自治体行財政にかんする情報公開と住民参加に道をひらいていく可能性がある。このような行政評価システムを開発・導入するとともに，自治体の総合計画や年々の予算編成過程への住民の参加を進めていかなければならない。また，住民投票制度の法制化を図るとともに，地方税にかんする住民の直接請求権を確立することも求められる。このような改革をとおして住民の自治体財政運営への関心を高め，学習の機会を広め，行財政運営への自治能力を向上させること，すなわち「民主主義の小学校」としての地方自治の原点に立ち返ること，これこそ分権化の21世紀の実現に向け

て求められているものである。

1) 松下圭一『自治体は変わるか』岩波新書, 1999年, 4ページ。
2) 木佐茂男・五十嵐敬喜・保母武彦編著『地方分権の本流へ』日本評論社, 1999年, 302ページ。
3) 同上, 317ページ。
4) 同上, 330ページ。
5) 西尾勝『未完の分権改革』岩波書店, 1999年,「はしがき」。
6) 「シリーズ・分権の貌　第4回」(『月刊　地方分権』ぎょうせい, 1999年8月号)。
7) 神野直彦「未完の財政改革」(『月刊　地方分権』ぎょうせい, 2000年6月号)。
8) 丸山高満「日本における政府間財政関係の特質」大島通義・宮本憲一・林健久編『政府間財政関係論——日本と欧米諸国』有斐閣, 1989年, 第1章。
9) 拙著『地方分権——どう実現するか』丸善, 1996年, 47ページ。
10) 都丸泰助『地方自治制度史論』新日本出版社, 1982年, 60ページ。
11) 遠藤宏一『現代地域政策論』大月書店, 1999年, 229ページ。
12) Robert J. Bennett (ed), *Decentralization Local Governments and Markets,* Clarendon Press, Oxford, 1990.
13) *ibid.*
14) 丸山高満, 前掲書。
15) 都丸泰助, 前掲書, 32ページ。
16) 『日本経済新聞』1999年8月25日付。
17) Robert J. Bennett (ed), *Local Government in the New Europe,* Belhaven Press, London and New York, 1993.
18) 宮本憲一「島財政学の体系と地方自治擁護の論理」島恭彦先生追悼文集刊行会『時計の塔風雪に耐う』1989年, 所収。
19) 島恭彦「地方自治擁護の論理」(『経済論叢』第78巻第3号, 1956年)。
20) 鈴木武雄『日本公債論』金融財政事情研究会, 1976年。

第2部　財政分析

第6章　大震災と自治体財政

はじめに

　1995年1月17日，淡路島北東部を震源地とするマグニチュード7.2の大地震が発生し，5502名の命を奪った。死者の数はその後の震災関連死を含めると6400人を超える。震災による倒壊家屋は20万戸（40万世帯）に及び，日本では安全であると信じられていた高速道路や鉄道が倒壊し，港湾は麻痺状態に陥り，電気・ガス・水道等のライフラインが寸断された。学校の体育館や公園のテントなどに避難した人々は，ピーク時には32万人に達し，神戸市では1年たっても避難所から抜け出せない人々がいた。地震から3年たってもなお4万数千戸の仮設住宅で，多くの人々が不自由な生活を強いられていた。仮設住宅から最後の1人が引き払ったのは，5年目を迎える直前の1999年暮のことであった。本稿を執筆中の震災後5年目，街は一見復興したかのように見えるが，住宅再建にまでこぎつけられていない人も多く，商店街の復興はままならず，廃業に追い込まれている人々も少なくない。多くの人々が二重ローンの負担に苦しみ，心の傷は完全には癒えていない。やむなく他府県に逃れた人々も，住み慣れた土地への帰還を望みながら，厳しい毎日を送っている。まさに，大震災はいまだ終わっていない。

　今回の阪神・淡路大震災は，高度経済成長以後の日本の大都市圏を襲った最初の大規模震災であり，まちづくり，情報システム，医療福祉制度，ボランティア活動などさまざまな問題について教訓を残した。わけても，自治体行政と自治体財政は，震災における救援・復旧・復興のそれぞれの過程で重要な役割を果たしたが，同時に，いろいろな問題と教訓を残すところとなった[1]。

　本章では，主に震災からの復旧・復興過程で自治体財政がどのような役割

を果たしたのか，どのような影響を受けたのか，これからどうなろうとしているのかを中心に分析し，災害復旧・復興という切り口から，分権型自治体財政のあり方について検討することにしたい。

I 復旧・復興のための財政支出

1 政府の震災関連支出

まず，政府および兵庫県，神戸市，西宮市などによる震災関連の財政支出がどれくらいであったのかを明らかにしておこう。

政府による震災関連支出は，「災害対策基本法」を中心とする200あまりにのぼる災害関係の法律にもとづき，さらに，災害発生直後の激甚災害の指定，および「阪神・淡路大震災に対処するための特別の財政援助及び助成に関する法律」(「特別財政援助法」)等16もの特別法の制定ないし改訂などによって行われた。

表6-1に示されるように，1994年度から99年度にいたるまで，6年度にわたる予算措置の合計額は，約5兆円にのぼる。公式発表によると，震災による被害総額は約10兆円であるから，その半分に相当する金額が国によって復旧・復興のために支出されたことになる。

表6-1によって，その内容を見ると，港湾機能や高速道路の復旧，その他各種のインフラ（ハードな施設・構築物）の復旧・復興が55％を占め，応急仮設住宅の建設やがれき処理などの応急災害援助が9％であり，市民生活支援のための施策はわずかに34％にすぎない。しかも，そのうち14％は公的住宅建設への補助であり，それを除くと「住民生活支援」の施策はわずか20％にすぎないということになる。

政府は個人の住宅・生活再建のための直接的な金銭的支援については，「自立・自助」が基本であり，私有財産への直接支援はできないとして，これをかたくなに拒否しつづけた。他方，港湾や高速道路などのインフラ整備は最優先で工事を進めた。その姿勢が，政府財政支出の内訳にもはっきりと示されている。

第6章　大震災と自治体財政　131

表 6-1　阪神・淡路大震災関係の政府財政支出（1994～99年度）　（単位：億円，%）

区　　分	金　額	構成比
(1) 応急災害援助		
① 応急仮設住宅の建設等	1,800	3.6
② がれき処理	1,700	3.4
③ 二次災害対策	1,000	2.0
小　　計	4,500	8.9
(2) 物的基盤の復旧・整備		
① 神戸港等の復旧・整備	6,700	13.3
② 阪神高速道路の復旧	2,100	4.2
③ その他各種インフラの復旧・整備	11,300	22.5
④ 橋梁等公共施設・官庁施設等の耐震性の向上	4,700	9.3
⑤ 復興土地区画整理事業等市街地の整備	2,800	5.6
小　　計	27,600	54.9
(3) 住民生活支援		
① 災害弔慰金の支給および災害援護資金の貸付	1,400	2.8
② 公的賃貸住宅等住宅再建	7,100	14.1
③ 保健・医療・福祉の充実	800	1.6
④ 文教施設の復旧・児童生徒への支援	1,500	3.0
⑤ 中小企業対策等経済の復興	2,200	4.4
⑥ その他	4,300	8.5
うち雇用の維持・失業の防止	100	0.2
うち農林水産関係施設の復旧	900	1.8
うち地方交付税措置	300	0.6
小　　計	17,300	34.4
不　　明	900	1.8
総　　計	50,300	100.0

（資料）　兵庫県財政課提供資料により作成。
（注）　これらの額は，1994年度予備費，1994年度第2次補正予算，1995年度公共事業予算の配分重点化による措置，1995年度第1次・第2次補正予算，1996年度当初予算および補正予算，1997年度当初および補正予算，1998年度当初予算および第1次・第2次補正予算，1999年度予算および第2次補正予算において措置された阪神・淡路大震災関係経費の合計である。

　かつて，関東大震災の復旧・復興にかんして，福田徳三博士は，政府の対策は「有形物の回復」に重点がおかれ，「人民の営生」が後回しにされていると批判し，次のように述べている。

　「災害は単に，物の破壊（マテリアル・ハーム）を齎らしたに過ぎない，其の或ものは，経済的損害（エコノミック・ダメーヂ）であつたに相違ないが，其全部は必ずしも然るのではない。乍去，我々の経済生活（向後の）

に取つて,最も重大の意義を有することは,経済的損失(エコノミツク・ロツス)であつて,経済的損害(エコノミツク・ダメーヂ)ではない」[2]と。

大震災による経済的損失(エコノミツク・ロス)は建物等有形物の被害にあるのではなく,震災によって失われた生活の利便,労働の機会等にある。なぜなら,建物・道路等の有形物は再生産可能であり,再生産された場合は従前に増して利用可能となりうるかもしれないが,人間の日々の生活や労働などの「営生」は,いちど失われれば再び再生産することは不可能だからである。

ところが,当時の為政者たちは,有形物の損害とその復旧ばかりに目を奪われて,経済的損失の意味を知らず,被災者の生活を取り戻すことこそが真の復興であることを見失っていると,福田博士は批判した。

「復興は決して復興院のみの仕事ではない,否真の復興者は罹災者自らを措いて外にない。……中略……

　然るに今日迄の救護は,災後数日のやり方を其の侭継続しているに過ぎない。罹災者に復興営生の機会を与ふると云ふことに就て何をも為して居らぬ。有形物の物的被害の大なるに驚かされて,大災の為に人民の営生の機会が滅ぼされたと云ふ無形の損害の甚大なることに気が付かず,物の恢復ばかりを念として,此の無形なる損害を恢復し,一日も早く人人皆生産活動を始め,各人に自らの営生機会を獲得せしむることの急務なるを知らないのである」[3]。

震災復興と財政にかんして検討する場合,まず,震災による被害とはなにか,「経済的損失」とはなにかを明らかにし,復旧・復興過程のどのような課題に向けて資金が使われたのか,あるいは使われなかったのかを,「人民の営生」,今日流に言えば「住民生活」の視点で解明する必要がある。

ところが今回の阪神・淡路大震災においても,被害の認識および復旧・復興における重点の置き方という点において,政府は関東大震災の場合と基本的に変わらない対応をしたといえる。

震災後の自治体側からの強い要請は,震災復興のための権限を国から県・

市に移すこと，財政にかんしては「特別会計」の設置，ないしそれができない場合は一般会計予算の中に「特別枠」を設けることであった。しかし，執行体制については，特別の行政府をつくるまでにはいたらず，総理大臣を本部長とする「阪神・淡路復興対策本部」が設けられ，それにたいして意見・提言を行う「阪神・淡路復興委員会」がつくられた。しかし，「復興委員会」は1995年の10月には活動を事実上停止し，震災特命大臣はそれより早く8月の内閣改造で姿を消した。1996年度予算編成に向けて要請された「特別会計」の設置も「特別枠」の設定もついに見送られ，阪神・淡路大震災からの復旧・復興の課題は，従来どおりの各省庁による積み上げ方式で行われることになった。

　こうして，政府による震災対策関連の財政支出は，①国庫補助負担金の補助率のかさ上げと対象の拡大，②地方債の発行枠の拡大，③地方交付税の基準財政需要額への算入というかたちの，財政措置の3点セットによって行われることになった。これらはすべて，国から地方への財源移転をとおして，各省庁が自治体を統制誘導する手段であり，自治体財政にさまざまな制約をもたらした。

　たとえば，「被災市街地復興推進地域」(16地区，255ヘクタール)における土地区画整理事業・市街地再開発事業などの都市計画決定が，住民不在の最中に一方的・早期に決定された背景のひとつには，国からの補助金を確保しようとする自治体側のあせりがあったとされている。その内容がきわめて硬直的で住民の要望を採り入れにくいものになっているのも，補助金交付の条件が（一部緩和されたとはいえ）厳しく制限されているためである。

　また，港湾施設や高速道路の復旧には例外的な高率補助が与えられながら，公営住宅建設にかんする土地確保については法律の枠に縛られて補助金が出せないといった矛盾も生じた。とりわけ，個人の住宅等の生活再建に向けて自治体の財政支出ができなかったのは，ひとえに国の財政支援に頼らざるをえない現在の財政構造に原因があると言わざるをえない。

2 兵庫県の震災関連支出

　兵庫県による震災関連の財政支出は，表6-2に示されるように1994年度および95年度の約1兆9000億円と，1996年度から99年度までの合計2兆円，あわせて総計3兆9000億円にのぼっている。兵庫県の1993年度の普通会計歳出合計が8400億円程度であったから，合計でその4.6年分，平均するとほぼ毎年，通常の普通会計に相当する規模の支出が震災復旧・復興のために行われたことになる。

　その内訳は，表6-2に見られるとおり，最初の2年間では生活救護対策が19％，公共施設の復旧が13％，復興対策が68％となっている。このうち復興対策の比重が高くなっているのは，阪神・淡路大震災復興基金への最初の4000億円の出資金がはいっているためである。1996年度から99年度までの4年間で見ると，「生活支援」的部分が20％，「産業振興」と「都市基盤整備」等にかかわるところが80％となっている。「生活支援」的部分のうち半分が阪神・淡路大震災復興基金への出資金，半分が復興公営住宅の建設等である。

　兵庫県の場合，目立つのは，産業復興関連が7800億円あまりにのぼり，全体の4割近くに達していることである。中小企業向けの「緊急災害復旧資金」の貸付や，政府系中小企業金融機関からの融資の利率軽減のための基金財源の貸付などがその主な内容である。また，この中には，ケミカルシューズや機械・金属関係の企業にたいする仮設工場・貸工場建設のための「災害復旧高度化資金」の貸付も含まれている。

　なお，表6-2の中で，1995年度の「復興対策」には，「阪神・淡路大震災復興基金」への出捐および貸付金4000億円（当初分），96年度の「復興の総合的推進」には，その追加分2000億円が含まれている。この基金への神戸市の出捐・貸付は当初が2000億円，追加が1000億円の合計3000億円であり，総計9000億円（出捐金200億円，貸付金8800億円）の基金がつくられた。

　この「阪神・淡路大震災復興基金」は，雲仙普賢岳災害の際の「災害復興基金」を参考に，兵庫県と神戸市の共同出資で設けられ，その運用益を被災救援事業に回すとともに，出資のための起債の一定部分（7000億円）の利子負担の95％を地方交付税で補てんするという制度である。ところが，この

表6-2 兵庫県の震災関連予算の推移
(単位：億円, %)

	1994年度	1995年度	小　計	構成比
(1) 生活救護対策	2,188	1,392	3,580	18.9
(2) 公共施設の復旧	960	1,535	2,496	13.2
(3) 復興対策	620	12,224	12,844	67.9
合　計	3,769	15,152	18,921	100.0

(資料) 兵庫県財政課資料より作成。
(注) (1) 生活救護対策：応急仮設住宅建設・災害救護資金貸付・災害弔慰金給付等
　　 (2) 公共施設の復旧：鉄道施設災害復旧事業補助・公共施設災害復旧等
　　 (3) 復興対策：(財)阪神・淡路大震災復興基金 (4000億円)・災害公営住宅建設
　　　　・中小企業災害復旧貸付金・仮設工場・貸工場建設事業費・区画整理事業費等

	1996年度	1997年度	1998年度	1999年度	合　計	構成比
(1) 復興の総合的推進	2,027	7	6	6	2,047	10.1
(2) 住宅建設等	338	460	574	694	2,067	10.2
(3) 文化振興	10	21	10	33	75	0.4
小　計	2,375	488	590	733	4,187	20.8
(4) 産業振興	2,122	1,998	2,073	1,622	7,817	38.7
(5) 市街地整備等	791	370	319	383	1,865	9.2
(6) 都市基盤整備	1,444	1,493	1,685	1,552	6,174	30.6
小　計	4,357	3,861	4,077	3,557	15,856	78.6
その他	103	24	2	0	131	0.6
合　計	6,839	4,375	4,671	4,293	20,174	100.0

(資料) 同上。
(注) (1) 復興の総合的推進 (1996年度)：(財)阪神・淡路大震災復興基金貸付補助金 (2000億円)
　　 (2) 住宅建設等：災害復旧公営住宅建設費・生活復興資金貸付事業・応急仮設住宅対策事業等
　　 (3) 文化振興：文化財復旧修理補助・芸術の館整備費等
　　 (4) 産業振興：体質強化資金貸付・災害復旧高度化貸付基金・新産業想像キャピタル事業等
　　 (5) 市街地整備等：市街地再開発事業・土地区画整理事業・公共事業 (治山・公園事業) 等
　　 (6) 都市基盤整備：公共事業費・下水道事業費・緊急地方道路整備費等

「阪神・淡路大震災復興基金」は，雲仙普賢岳の「基金」に比べてきわめて規模が小さい。災害の規模は阪神・淡路大震災の場合，雲仙普賢岳の100倍以上であるから，単純に計算しても10兆円は必要ということになるが，実際にはその10分の1にも満たない。それだけでなく，雲仙普賢岳の場合には期間が当初は5年間，さらに延長して10年間と長いのにたいして，「阪神・淡路大震災復興基金」の場合はそのほとんどが3年間の計画になっていた。また，支援内容も利子補給が主で，資金力の乏しい被災者には利用しにくいも

のとなっていた。当初，各種の見舞金・支援金等の合計は最高でも55万円程度であり，雲仙岳の場合1世帯当たりの住宅再建支援のための支給額が最高1300万円に達していたのに比べると，あまりにも貧弱であった。

そのため，助成事業の執行率はきわめて低く，1997年4月現在の金額ベースで，住宅関係12.3％，産業関係46.0％，生活関係11.6％，教育関係64.0％でしかなかった。助成事業全体（93事業）約3000億円のうち執行されたのはわずかに630億円足らず（執行率20.3％）であり，実に8割が使い残されていた。1999年7月でもなお，住宅対策の件数ベースの執行率は71％，産業対策で62％，生活対策95％，教育その他で84％にとどまった。

3 神戸市および西宮市の財政支出と財源内訳

阪神・淡路大震災による被害が最も大きかった神戸市では，1994年度から98年度の決算までで，2兆1600億円にのぼる震災関連支出が行われた。1993年度の神戸市一般会計の歳出総額が約9300億円であったから，その2.3倍の支出が震災復旧・復興のために向けられたことになる。1994年度から98年度までの一般会計・特別会計・企業会計を合わせた全支出の19％に相当する。しかし，1994年度から97年度までに，組まれた震災関連予算の総額は2兆4860億円であったが，決算額は1兆9500億円にとどまっていた。約5000億円（20％）が支出しきれなかったことになる。

震災関連の歳出がどのような目的で行われたのか，私なりの分類による内訳が表6-3に示されている。それによると，「市民生活支援」が9％，「住宅復興」が12％，「産業復興」が2％，「都市基盤の復旧・復興」が61％ということになる。「市民生活支援」の比重が小さいことは，政府や兵庫県の場合と同様であるが，神戸市の場合は，都市再開発関連を中心とする「都市基盤の復旧・復興」の比重がきわめて高くなっている。中小企業にたいする支援をはじめ，産業復興のための予算の割合は，兵庫県の場合と比べてきわめて小さい。

その財源別内訳を表6-4で見ると，全事業レベルで，国庫支出金が35％（県支出金の大部分は国からの補助金の配分である），市債が46％，その他

表 6-3 神戸市の震災関連支出の目的別内訳（1994〜98年度合計）（単位：百万円，%）

		一般会計		特別・企業会計		合 計	
		金 額	構成比	金 額	構成比	金 額	構成比
(1)	市民生活関連	173,160	10.1	20,664	4.6	193,824	8.9
(2)	住宅復興	253,954	14.8	1,334	0.3	255,288	11.8
(3)	産業復興	38,816	2.3	8,466	1.9	47,282	2.2
(4)	都市基盤整備	896,756	52.4	415,200	93.1	1,311,956	60.8
(5)	その他	348,747	20.4	0	0	348,747	16.2
	合 計	1,711,441	100.0	445,671	100.0	2,157,112	100.0

（資料）　前表に同じ。
（注）（1）市民生活関連：一般会計（民生費・教育費・環境費など）
　　　　　　　　　　　特別会計（国保事業費・老人保健医療事業費等）
　　　（2）住宅復興：一般会計（住宅費）
　　　　　　　　　　特別会計（住宅新築資金貸付事業費等）
　　　（3）産業復興：一般会計（商工費・農政費）
　　　　　　　　　　特別会計（市場事業費）
　　　（4）都市基盤整備：一般会計（土木費・都市計画費・災害復旧費等）
　　　　　　　　　　　　特別・企業会計（市街地再開発事業費・港湾整備事業費・水道事業費等）
　　　（5）その他：一般会計（諸支出金）

表 6-4 神戸市の震災関連事業費の財源内訳（1994〜98年度合計）　（単位：億円，%）

	事 業 費	国庫支出金	県支出金	市　債	その他	一般財源
生活支援	1,722(100.0)	158(9.2)	571(33.1)	781(45.3)	86(4.9)	124(7.2)
災害復旧	8,321(100.0)	4,691(56.3)	31(0.4)	2,778(33.4)	659(7.9)	160(1.9)
復興対策	11,527(100.0)	2,741(23.8)	12(0.1)	6,355(55.1)	1,220(10.6)	1,196(10.4)
合　計	21,571(100.0)	7,591(35.1)	614(2.8)	9,916(45.9)	1,966(9.1)	1,482(6.9)

（資料）　前表に同じ。

（市が銀行に預託した融資資金の回収金など）が9％，一般財源が7％となっている。震災復旧・復興事業の84％が国庫補助金と地方債によってまかなわれた。

　政府は，今回の阪神・淡路大震災における公共施設の復旧にかんして，道路・港湾・河川などの公共土木事業については，通常災害の場合の国庫補助率6/10〜8/10，激甚災害の場合の7/10〜9/10にたいして，一律8/10の補助率を認め，福祉・教育関連施設の場合の補助率を通常災害の1/2にたいして，一律2/3にかさ上げした。さらに，残りの地方負担分2割および1/3

のうち95％までが普通交付税で措置されることになった。また，阪神高速道路，民間・公営・第三セクターによる鉄道，神戸港埠頭公社などにも国庫補助金の対象が拡大された。その結果，とくに「災害復旧」において国庫支出金の比重が高くなっている。

また，地方債についても，将来の元利償還を普通交付税の基準財政需要額に算入する対象と比率が拡大された。

まず，①災害清掃費（がれき処理）の場合は，1/2は国庫補助，残りの1/2の地方負担を災害対策債によった場合，その元利償還の95％が特別交付税で措置される。

次に，②災害復旧事業費については，補助・直轄事業費の場合は元利償還の95％，一般単独災害復旧事業費の場合は元利償還の47.5～85.5％が，普通交付税措置される。市の財政担当者によると，災害復旧費については公営住宅復旧分が交付税措置されていないこと，一般単独事業費の場合，元利償還時の財政状況によって算入率が異なってくることなどを勘案すると，平均して75％程度が交付税措置されると見込まれる。

さらに，③復興対策債（復興事業に充当される一般公共事業債）の場合は，0～80％の算入率であるが，予定発行額をベースに加重平均するとおよそ30％が地方交付税措置されると見込まれる。

これら全体を加重平均すると，地方債の元利償還のうちほぼ1/2が地方交付税で措置されると想定されている。

わが国の国・地方の財政関係においては，国庫補助金，地方債，地方交付税の3点セットが，中央統制と地方誘導の手段とされてきたが，今回の震災復旧・復興過程においても，そのシステムがフルに活用されたといえよう。

西宮市における震災関連支出は1994～98年度の合計で3600億円であり，その額は，1993年度普通会計歳出額1500億円の2.4倍となる。

その内訳は，「災害救助費」約1割，「災害復旧費」3割，「災害復興費」6割となっている。「災害復興費」の割合が神戸市よりやや高くなっているが，その構造はそれほど大きくは異なっていない。財源内訳を見ても，国県支出金41％，地方債42％，その他9％，一般財源6％であり，一般財源の比

重がやや高いものの，基本的な構造は神戸市の場合と変わらない。

II 震災と歳入の変化

1 兵庫県の歳入変化

　震災によって自治体財政はどのような影響を被ったのであろうか。一般会計における歳入および歳出の変化を中心に見ていくことにしよう。

　まず，兵庫県の歳入構造の変化を見てみよう。県民税は，震災以前の1993年度決算に比べて94年度は5.2％の減少，さらに95年度には7.6％減少した。それにたいして，1993年度に比べて94年度・95年度ともに増大したのが，地方交付税（1993年度と95年度の決算額を比較すると800億円，34.2％の増加），国庫支出金（同1200億円，36.0％の増加），県債（同5600億円，約4倍化），基金等からの繰入（同1000億円，増加率77.9％）等であった。

　歳入構成は，県債の比重が1993年度の11.6％から95年度決算では30.0％へとあまりにも大きく変化したために，地方交付税や国庫支出金の比重はむしろ低下するかたちになっている。一般財源と特定財源の割合は，1993年度にはほぼ1対1であったが，95年度には1対2に変わった。また，自主財源と依存財源の割合を見ると，1993年度ではやや自主財源が上回っていたが，95年度には逆転してほぼ4対6の割合となっている。

　県税収入の落ち込みの原因としては，①震災被害による個人および法人所得の低下，②各種減免措置による減少，③一般的な景気後退等による低下などが考えられる。ただ，兵庫県の場合，現在までのところそれぞれの要因による税収の落ち込みがどの程度かということは明らかにされていない。そこで，それに少しでも迫るために，税目別および財務事務所別税収の変化を見てみることにしよう。

　まず，税目別に見ると，県民税の落ち込みは大きく，1993年度から95年度にかけては17.0％の減少である。そのうちとくに個人県民税の減少が大きく，マイナス21.6％，それにたいして法人県民税はマイナス6.4％にとどまっている。ただし，事業税の減少は大きく，16.0％のマイナスである。これらに比

べて，自動車税，自動車取得税，揮発油税などの自動車関連の税収はむしろ増加した。

次に，兵庫県下に17ある財務事務所別の税収の変化を見ると，1993年度から95年度にかけての落ち込みの最も大きかったのが西宮の18.5％，次いで神戸の14.4％，尼崎の12.4％，兵庫の9.8％等となっており，被災地9事務所の平均では14.6％の減収となっている。ただ，その他の財務事務所でも，増加しているところもあるが，そうでないところもあり，全体としては7.6％の減少となっている。もし，震災がなければどのような経済状態となっていたかはなんとも言えないが，被災地の多くが県内の他の地域に比べて成長力の強い地域であったことを想定すると，この15％程度の県税収入の低下は，そのほとんどが震災によるものであったと考えられる。

ただし，1996年度の決算によると，兵庫県の県税収入はようやく93年度を上回り，前年度比12.8％の増加，5979億円となった。これは，とくに法人関係税の36.1％の伸びによるものであり，その他の税は依然として伸び悩み，わずか1.3％の増加にすぎない。その後の兵庫県税収入は，1997年度が6028億円，98年度が6198億円と，停滞状態にある。

2　神戸市および西宮市の歳入変化

神戸市の市税収入は，1993年度の2950億円から94年度は2700億円へ，さらに95年度の2400億円へと大幅に減少した。1993年度にたいする95年度の減少率は17.6％で，歳入全体に占める市税収入の割合は，93年度の31.3％から95年度には14.4％へと低下した。

これにたいして，地方交付税は1993年度の440億円から94年度には600億円へ，さらに95年度には680億円へと増大した。国庫支出金は，1993年度および94年度は1000億円程度であったが，95年度には一挙に3倍の3000億円となった。さらに，市債の発行高は，1993年度の1100億円，94年度の1300億円程度から，95年度には6000億円に膨張した。1993年度には1/3を自主財源でまかない，地方交付税，国庫支出金，地方債等の割合は3割にも満たなかったが，震災後の1995年度には，歳入の6割を地方交付税，国庫支出金，地方

債などに依存する構造に変わった。

　ここで，注目しなければならないのは，歳入の「収入率」の低さである。予算額にたいする決算額の比率を示す収入率は，1994年度は74％，95年度は71％と，通常の場合に比べて異常に低い。それは，国庫支出金（1994年度＝46％，95年度＝41％）と市債（1994年度＝46％，95年度＝72％）の収入率がきわめて低かったためである。前項で見たように，神戸市はそれぞれの年度の当初予算，補正予算などで多額の震災対策予算を組んだが，実際にはその半分程度しか事業実施できなかったことがここに示されている。

　これにたいして，地方交付税の場合は，1994年度は113.5％，95年度101.7％と予算を上回る措置がとられている。さらに，1996年度の場合は，地方交付税額は，当初予算の730億円にたいして決算額は1107億円であり，380億円も多い。これは，災害復旧に関連した特別交付税の交付があったこと，さらに震災特例として，基準財政需要額の算定の基準となる「人口」を，震災前の人口とするなどの特例措置がとられたためである。

　市税収入の内訳を見ると，市民税の落ち込みは1993年度にたいして95年度はマイナス31.5％に達する。とりわけ個人市民税の落ち込みは大きく，35.7％ものマイナスである。これにたいして固定資産税の減収率は小さく，わずかに5.4％であった。

　市民税および固定資産税の収入状況を各区別に見ると，市民税では，長田区（▼45.6％），灘区（▼41.3％），兵庫区（▼36.7％），東灘区（▼36.1％）など，被害の大きかった地域の落ち込みが大きい。固定資産税についても，長田区（▼19.9％），灘区（▼13.5％），中央区（▼13.4％）など被災地域での減収は決して小さくない。逆に北区や西区など被害の少なかったところでは，若干ながら増えている。このため，市全体での固定資産税の落ち込みは小さくなったといえる。

　なお，市税等における震災特例として，個人住民税における「雑損控除」や災害減免，固定資産税の災害減免・評価替えの特例・特別減免などの措置がとられた。神戸市の場合，それらの特例による減収額は，1994年度で26億円，95年度で491億円，96年度で194億円，97年度で84億円，98年度で61億円

などとなっている。震災特例による減収が最も多かった1995年度の場合，その減収額は，市税全体の20％であった。

神戸市における法人市民税の比重は，他の大都市に比較して小さい。震災以前の1993年度においても，法人市民税の市税収入全体に占める割合はわずかに10％程度であり，個人市民税の3割ほどしかなかった。表6-5に示されるように，その法人市民税はピークの1990年度には379億円あったが，93年度には3割減の271億円に落ち込み，さらに94年度には4割減の233億円となり，それが95年度には半分近くの211億円にまで低下した。バブル崩壊後の神戸市地域経済の衰退傾向に，震災が追い打ちをかけたと言ってよいであろう。

法人市民税収入の業種別の変化を見ると，1990年度から94年度にかけて，最も落ち込みの激しかったのは鉄鋼・非鉄金属のマイナス80％（10億円→1億円），次いで金融保険業のマイナス67％（63億円→28億円），不動産業のマイナス56％（28億円→12億円）などである。すでに震災以前に，これらの分野ではバブルの崩壊や，大手企業の大規模なリストラによる神戸からの撤退の影響で，法人市民税収の大幅な減少が生じていた。

震災後の1995年度には，卸売・小売業（▼53％，76億円→36億円），運輸通信業（▼57％，30億円→13億円），電気・ガス・水道業（▼32％，5億円→3.5億円）などの不振がこれに加わった。逆に，建設業（1990年度＝100として，1996年度＝117），化学工業（同，1998年度＝145）などでは上向いた。しかし，建設業においてはその後，落ち込みが激しく，1998年度には90年度の半分に低下している。こうして，1996年度にはいちど8割程度に回復したものの，98年度の法人市民税収入は，ピーク時の6割の水準に低迷している。地域経済の復興は未だ成らずというところである。

西宮市の場合，市税収入は1993年度の855億円から95年度には683億円へとほぼ20％の減少であった。そのうち市民税は469億円から306億円へ，34.8％も減少した。1994年度の市税収入795億円にたいして95年度は683億円へと，112億円減少した。この減収の原因は，課税人口が震災以前の17万5400人から14万8000人へ3万人近くも減少したことに加えて，災害減免措置による51

表6-5 神戸市法人市民税（法人税割）の産業別調定額の推移　　（単位：百万円）

	1985年度	1990年度	1993年度	1994年度	1995年度	1996年度	1997年度	1998年度
建設業	1,158 (33)	3,469 (100)	3,049 (87)	2,571 (74)	3,121 (89)	4,090 (117)	2,795 (79)	1,751 (50)
製造業	7,036 (70)	9,959 (100)	8,560 (85)	6,728 (67)	6,397 (64)	8,503 (85)	8,191 (82)	5,601 (56)
食料品	1,162 (82)	1,417 (100)	1,398 (98)	1,512 (106)	971 (68)	1,144 (80)	1,187 (83)	988 (69)
繊維	24 (70)	34 (100)	50 (147)	23 (67)	37 (108)	21 (61)	26 (76)	8 (23)
化学工業	616 (68)	898 (100)	1,110 (123)	1,130 (125)	1,248 (138)	1,306 (145)	1,138 (126)	1,311 (145)
ゴム製品	382 (60)	632 (100)	444 (70)	279 (44)	228 (36)	315 (49)	320 (50)	253 (40)
鉄鋼・非鉄金属	956 (94)	1,007 (100)	866 (85)	204 (20)	124 (12)	197 (19)	222 (22)	225 (22)
金属・一般機械	805 (60)	1,331 (100)	864 (64)	729 (54)	612 (45)	831 (62)	849 (63)	670 (50)
電気機械	941 (64)	1,468 (100)	623 (42)	731 (49)	779 (53)	1,082 (73)	1,044 (71)	612 (41)
輸送機械	1,130 (91)	1,241 (100)	1,597 (128)	953 (76)	1,046 (84)	2,059 (165)	2,035 (163)	674 (54)
その他	1,017 (52)	1,928 (100)	1,604 (83)	1,163 (60)	1,349 (69)	1,544 (80)	1,365 (70)	855 (44)
卸小売業	6,121 (79)	7,654 (100)	5,287 (69)	4,771 (62)	3,645 (47)	5,213 (68)	4,191 (54)	2,936 (38)
サービス業	2,384 (56)	4,191 (100)	3,241 (77)	2,936 (70)	2,363 (56)	3,159 (75)	2,817 (67)	2,550 (60)
金融保険業	5,228 (82)	6,306 (100)	2,806 (44)	2,099 (33)	2,607 (41)	4,945 (78)	2,684 (42)	5,319 (84)
不動産業	862 (30)	2,834 (100)	1,405 (49)	1,270 (44)	1,317 (46)	1,348 (47)	1,532 (54)	1,283 (45)
運輸通信業	1,530 (50)	3,017 (100)	2,270 (75)	2,444 (81)	1,320 (43)	2,575 (85)	2,423 (80)	2,032 (67)
電気・ガス・水道業	739 (144)	510 (100)	528 (103)	491 (96)	350 (68)	686 (134)	673 (131)	590 (115)
合　　計	25,061 (66)	37,934 (100)	27,150 (71)	23,313 (61)	21,123 (55)	30,560 (80)	25,309 (66)	22,066 (58)

（資料）　神戸市理財局資料より作成。（　）内は，1990年度＝100とした指数。

億円の減収および雑損控除による92億円の減収にある。被災特別措置による減収は合わせて143億円，前年度の市税収入の18％に相当する規模である。

III　震災と歳出構造の変化

　大震災以後，兵庫県も神戸市もそれぞれの全財政規模に匹敵する予算を組んで復旧・復興に取り組んできた。その結果，歳出構造はどのように変化したのであろうか。簡単に確認しておこう。

　まず，兵庫県の場合，一般会計歳出のうち，1993年度にたいして95年度増加率の大きかったのは，当然のことながらまず第1に災害復旧費の8.8倍（構成比0.4％→4.3％），つづいて総務費の3.5倍（構成比9.9％→22.7％），民生費の2.2倍（構成比6.2％→9.2％），商工費の71.6％増（構成比5.7％→8.2％），土木費の26.7％増（構成比20.9％→17.7％へ低下）などである。他方，公債費は23.2％の減少で構成比も9.1％から4.7％へと低下した。また，議会費，衛生費，教育費，警察費，労働費などは抑制気味に推移した。財政支出の主力を震災復旧・復興に集中し，それ以外の費目についてはできるだけ切り詰めるという運営が行われたことが窺える。

　神戸市の場合もほぼ同様の歳出構造の変化を示している。まず，災害復旧費は，1993年度はわずかに2億円にすぎなかったから，95年度の2950億円はほぼ全増といえる。災害復旧費の構成比は一挙に18.0％に達した。そのほか，増加率の大きかったのは，諸支出金の2.3倍（構成比18.0％→23.6％），住宅費の1.9倍（構成比7.9％→8.6％），商工費の1.7倍（構成比4.1％→4.0％），民生費の1.5倍（構成比16.9％→14.4％），都市計画費の1.3倍（構成比12.1％→9.2％）などである。逆に，衛生費，市民費，環境費，教育費，農政費などは減少している。

　ここで，注意しておかなければならないことは，歳出執行率が1994年度，95年度ともに7割近くできわめて低いことである。とくに1995年度の場合，執行率は，住宅費で39.1％，都市計画費で50.1％，災害復旧費で56.2％，商工費で76.5％と，異例の低さを示しており，逆にこれらの費目での繰越率がきわめて高くなっている。公営住宅の建設，土地区画整理事業や都市再開発事業などの進展の遅れが示されている。さきに歳入についても国庫支出金や

表 6-6　兵庫県の普通会計財政諸指標の推移　　　　　　　（単位：億円，％）

	1993年度	1994年度	1995年度	1996年度	1997年度	1998年度
普通会計歳入	17,391	19,826	26,669	23,425	20,835	21,106
普通会計歳出(a)	8,437	9,104	26,313	22,712	20,612	20,851
うち投資的経費(b)	4,790	4,818	7,505	6,916	6,074	5,245
b／a×100	56.8	52.9	28.5	30.5	29.5	25.2
実質収支	36	10	12	18	25	23
地方債現在高(c)	12,672	14,249	22,133	26,921	29,266	31,597
基金現在高	3,225	2,902	2,569	2,468	2,357	1,975
標準財政規模(d)	8,142	8,059	8,071	8,453	8,899	9,073
c／d	1.6	1.8	2.7	3.2	3.3	3.5
実質収支比率(%)	0.4	0.1	0.2	0.2	0.3	0.3
経常収支比率(%)	82.7	88.8	87.1	83.4	92.6	94.1
公債費負担比率(%)	11.5	11.3	11.5	14.3	16.5	16.5
財政力指数	0.705	0.678	0.640	0.610	0.608	0.618

市債の収入率がきわめて低いことを見たが，せっかく予算が組まれても，住宅建設や都市計画にかんして，土地購入の困難，執行体制の不備，住民との合意の遅れ等からその執行が大幅に遅れたこと，ここに復旧・復興財政運営上の最大の問題のひとつがある。

Ⅳ　決算状況と財政見通し

　以上，政府・兵庫県・神戸市等による震災関連の財政支出，各自治体の歳入の変化および歳出構造の変化等について見てきた。これらの結果として，各自治体の収支決算はどうなったのであろうか。また，今後の財政運営の見通しはどうなのであろうか。

1　兵庫県の決算状況と財政見通し

　兵庫県の普通会計の財政諸指標の推移は，表6-6に示されるとおりである。兵庫県の実質収支は，1977年度以来一貫して黒字であり，震災前の93年度の実質収支は36億円の黒字，積立金取り崩しを含む実質単年度収支（一般会計）は4億3000万円の黒字であった。それが，1994年度は実質収支では10億円の

黒字にとどまり，積立金の取り崩しを含む実質単年度収支（一般会計）では104億円の赤字を計上した。また，1995年度の決算においては，実質収支で12億円の黒字，実質単年度収支（一般会計）では90億円の赤字と，2年連続の赤字となった。ただし，普通会計の実質収支黒字はその後も維持されており，震災復旧・復興の中でも比較的安定した財政運営が行われてきたことがうかがえる。

兵庫県の県債依存度は1995年度では27.8％ときわめて高かったが，96年度は9.5％，97年度は9.6％と，以前よりはやや高いものの，ほぼ通常の水準に戻ってきた（ただし，阪神・淡路大震災復興基金への貸付金債の1995年度＝4000億円，96年度＝2000億円を加えると，決算ベースで1995年度の県債依存度は30.0％，96年度は21.7％となる）。しかも，1996年度の県債発行額1800億円のうち，地方交付税の対象となるものは1500億円（82％），そのうち交付税算入額は880億円で，約1/2が地方交付税によって措置されることになっている。

一方，基金にかんしては，5年連続の取り崩しが行われ，さらに1997年度当初予算では621億円の取り崩しがなされた。その結果，ピーク時（1993年度末）には3200億円あった基金も，97年度末には2400億円に，98年度には2000億円に減少した。

兵庫県の場合，当初，財政見通しについて詳しいデータは公表されなかった。知事による公式の説明では，当初（1995年段階），これから10年間の復旧・復興にかんする財政需要は17兆円（最初の5年間で12兆円）に達し，財源不足は5800億円にのぼるとされていた。ところが，1996年12月の知事説明では，95年度および96年度の両年度において，①行政経費の抑制，単独事業の進度調整，基金の取り崩しなどの自己努力によって約1000億円，②政府の財政支援についても，補正予算債として約700億円，減収補てん債，財源対策債，特別交付税等により400億円，合わせて1100億円程度の措置が行われたため，3000億〜4000億円の財源不足の見通しとなったとされた。

2000年2月の「行財政改革推進方策」の「収支見通し」（試算）によると，2000年度には950億円の財源不足，その後1050億〜1350億円の財源不足が続

表 6-7　神戸市の財政諸指標の推移　　　　　　　　　　　　（単位：億円，％）

	1993年度	1994年度	1995年度	1996年度	1997年度	1998年度
一般会計歳入	9,420	9,715	16,894	14,013	11,231	10,188
一般会計歳出(a)	9,298	9,361	16,421	13,388	10,853	9,886
うち投資的経費(b)	2,733	2,222	5,222	5,104	3,784	2,801
b／a×100	29.4	23.7	31.8	38.1	34.9	28.3
実質収支	1	−18	−37	1	1	−7
市債残高（一般会計）	8,056	8,800	14,475	17,161	17,994	18,553
市債残高（全会計）	17,775	18,520	24,727	27,948	28,931	29,651
基金残高（一般・特別）	2,480	2,082	1,887	1,830	1,822	1,692
起債制限比率	15.6	17.0	18.0	19.2	19.8	21.4
経常収支比率（普通会計）	87.9	97.4	106.0	91.0	94.3	99.7

くとされている。起債制限比率は，2000年度が12.5％，2003年度には16.2％になるとされている。大都市圏を中心に地方財政の悪化が進む中で，厳しい震災復旧・復興を進めてきたにしては，財政収支の見通しは次第に改善されつつあるといえよう。兵庫県は，行財政構造改革の推進によって収支不足額をゼロにし，2003年度の起債制限比率を15.5％にまで下げるとしている。

2　神戸市の決算状況と財政見通し

　神戸市の状況は，表6-7に示されるように，兵庫県の場合よりも深刻である。神戸市の一般会計は，1975年度以来実質収支の黒字を続けてきたが，震災のあった94年度決算では18億円の赤字，基金取り崩しを含む実質単年度収支では387億円の赤字を計上した。1995年度の実質収支の赤字はさらに拡大して37億円，実質単年度収支は370億円の赤字となった。1996年度の決算見込みでは，やや好転のきざしが見え，実質収支はわずか1億円ながら黒字，実質単年度収支は256億円の赤字となった。しかし，実質収支は黒字ではあっても，それは，財源確保のために，地方交付税1107億円の措置，基金取り崩し257億円，舞子ゴルフ場など市有地の売却153億円，企業会計資金の活用136億円などの苦肉の策をとった結果であり，決して楽観できる状況ではない（1994〜97年度の財源対策は，基金取り崩し・財産収入・企業会計資金等の合計が1851億円，地方交付税および減税補てん債・歳入欠陥債等の特例債

の合計が1227億円, 総計3000億円にのぼる)。

　1996年度の決算では, 市税収入は2761億円で, 当初予算2571億円に比べて190億円の増加となった。しかし, 震災以前の1993年度の市税収入2951億円にはまだ回復していない。1997年度の市税収入は2929億円, 98年度は2891億円であり, 依然として93年度水準を回復するにはいたっていない。

　これにたいして, 市債残高は増加の一途をたどり, 1998年度には, 一般会計で1兆8553億円(市税収入の6.4倍), 特別会計・企業会計を含む全会計では2兆9651億円に達している。その結果, 起債制限比率は, 1995年度ですでに18.0%となり, 98年度には20%を突破して21.4%に達した。本来であれば, 一般単独事業債と厚生福祉施設整備事業債の発行が許可されないところであるが, 「震災復興に支障がないように」ということで, 特別に150億円の一般単独事業債の発行が認められたところである。これらは, 「防災公園」や土地区画整理地区内の公園整備事業に充てられる。

　神戸市の場合注意しなければならないのは, その独特の都市経営政策によって設けられた企業会計の存在である。これらの企業会計もまた震災によって大きなダメージを受けた。8つの企業会計の決算(収益的収支)の合計は, 1993年度には33億円の赤字であったが, その赤字額は94年度には一挙に8倍の266億円に増加し, 95年度にはさらに318億円にのぼった。累積欠損額も1993年度の898億円から95年度には1600億円へと2倍近くに増大した。その結果, 一般会計からの繰入額も1993年度の400億円が, 95年度には548億円に増えている。なかでも, 赤字の拡大した企業会計は, 1994年度では高速鉄道(▼89億円), 港湾事業(▼84億円), 病院事業(▼72億円), 水道事業(▼42億円)などであり, 95年度では港湾(▼181億円), 高速鉄道(▼62億円), 水道事業(▼39億円), 病院事業(▼36億円)などである。一般会計からの繰入額の大きい企業会計は, 1995年度で見ると, 下水道がトップで150億円, つづいて港湾事業の122億円, 病院事業の96億円, 高速鉄道の93億円などとなっている。

　他方, 神戸市都市経営のもうひとつの特徴である「基金主義」によって蓄積されてきた基金は, この間, 歳入欠陥の穴埋めのためにかなり取り崩され

たとはいえ，依然として相当の額を残している。神戸市の基金は，一般会計・特別会計分で1993年度2480億円あったが，97年度末には1822億円へ660億円近く減少した。しかし，企業会計分で1993年度の3082億円から97年度には2763億円へ320億円ほど減少したとはいえ，97年度末でまだ4250億円が残されている。この金額は，兵庫県の基金の1997年度末の残高2400億円の1.8倍に相当する。ただし，これらの基金は一般会計および特別会計の38基金と，企業会計の6基金に分散しており，財源不足の穴埋めのために利用できる財政調整基金は，すでに1994年度で底をついている。

神戸市は，1996年5月，財政収支試算を発表し，今後10年間（1996～2005年度）の財源不足が6300億円になるとの見通しを示した（主な前提条件：名目GDP伸び率3％，市税伸び率3.3％，地方交付税伸び率3.6％，投資的経費のうち災害復旧分は1996年度で収束，それ以降は2800億円で据え置き）。しかし，その後，1997年度予算編成時において，①市税収入の増加（150億円×1.033×10＝1800億円），②市税増加による地方交付税減マイナス1350億円，③事務事業見直し270億円，④1997年度財源対策600億円，⑤1996年度補正予算債360億円などによって，約1700億円の財源不足解消が見込まれ，10年後の財源不足額は4600億円程度になると修正された。その後，1996年度の決算見込みによると市税収入の伸び率は13.5％と想定よりかなり大幅であり，また，地方交付税の伸び率も前年度の682億円にたいして1107億円へと6割以上の大幅な増額となって，財源不足の見通しはさらに小さくなるものと予想された。

ところで，このような財源不足は，かならずしもそのすべてが震災とその後の復旧・復興対策によるものとはいえない。というのは，震災が起きる直前の1994年10月，「神戸市行財政調査委員会」は「行政需要の変化に対応した行政サービスのあり方」についての「中間報告」を発表し，その付属資料として示された「一般会計財政収支試算」の中で，1995年度の累積財源不足が614億円，96年度が1392億円などと年々増加していき，2000年度には4544億円に達するという見通しを示していたからである（主な前提条件：市税収入等の伸び率は1996年度以降名目成長率5％にそれぞれ弾性値を掛けて算出）。

人件費伸び率3％，物件費伸び率2％，扶助費伸び率5％，投資的経費伸び率5％等を想定）。つまり，震災がなくとも神戸市の財政は，数年後には4500億円の財源不足が生じると予測されていたのである。これまでにも見てきたように，震災関連の支出については，補助率のかさ上げ，起債枠の拡大およびその元利償還の地方交付税基準財政需要額への算入等によって，かなり手厚く財政措置されており，市の一般財源の負担部分はきわめて小さい。当初6300億円，修正されて4600億円の「財源不足額」のどこまでが震災によるものなのか，どこまでが神戸型「都市経営」の破綻によるものなのか，今後慎重な分析を要するところである。

なお，1999年8月に発表された「財政収支試算」によると，2000年度以降毎年度500億〜600億円の実質収支赤字となり，2003年度までの累積財源不足額は2195億円となり，起債制限比率は24.3％に達する。

3 西宮市の決算状況と財政見通し

西宮市の一般会計の実質収支は，1993年度は16億5600万円の黒字，財政基金の積み立てと取り崩しを含む実質単年度収支では2億6000万円の黒字であった。震災後の1994年度においても実質収支はなお10億5000万円の黒字，実質単年度収支も2億1000万円の黒字を計上している。ところが，震災対策の本格化した1995年度の決算では，実質収支は8億5000万円の黒字となったものの，57億円もの財政基金の取り崩しが行われたために，実質単年度収支は53億1000万円の赤字となった。

財政当局の1995年10月段階での財政収支試算によると，1996〜98年度の財源不足額の合計は717億円（基金取り崩し後は655億円），2005年度までの10年間の財源不足額は2300億円（同2200億円）になるとされていた。また，起債制限比率は，1998年度で16.8％，2005年度には28.2％に達すると予測された。しかし，その後，1996年11月の試算では，主に災害復旧・復興費の減額修正などによって，財源不足の見通しは，98年度までの合計で327億円（基金取り崩し後は170億円），起債制限比率は15.0％の予想となった。実際には，表6-8に見られるように，1998年度の実質収支はわずかではあるが7500万円

表6-8 西宮市普通会計の財政諸指標の推移　　　　　　　　　（単位：百万円，％）

	1993年度	1994年度	1995年度	1996年度	1997年度	1998年度
普通会計歳入	150,785	174,235	293,946	252,548	197,782	172,066
普通会計歳出(a)	148,401	170,007	287,078	242,339	192,681	167,534
うち投資的経費(b)	34,092	43,924	118,034	109,988	71,190	42,101
b／a×100	23.0	25.8	41.1	45.4	36.9	25.1
実質収支	1,736	960	548	602	248	75
市債残高(c)	96,838	121,711	220,425	285,363	305,902	313,274
積立金残高	20,771	21,188	18,253	17,376	18,733	17,926
標準財政規模(d)	85,248	85,409	84,322	76,700	80,022	86,769
c／d	1.13	1.42	2.61	3.72	3.82	3.61
経常収支比率	78.7	87.1	105.1	96.5	95.3	100.7
公債費比率	8.6	9.0	9.2	14.0	16.6	16.9
起債制限比率	6.9	6.8	7.0	8.5	10.5	12.6
財政力指数	1.22	1.18	1.17	1.06	0.995	0.972

（資料）　西宮市財政課資料より作成。

の黒字，起債制限比率は12.6％にとどまっている。

しかし，市債残高は1998年度末で3132億円（標準財政規模の3.6倍）に達している。さらに，今後10年間，通常事業分950億円，震災関連分1900億円，合計2900億円近くの市債の発行が見込まれ，元利償還のための公債費は，2001年度以降には320億円から380億円に達する。この公債費のうち，通常事業分が150億〜190億円，震災関連部分が170億〜190億円である。現在の市税収入が約800億円，これが1000億円程度になればなんとかなるが，そうでないならば国からの支援を仰がなければならない。1998年度でもなお，市税収入は840億円程度にとどまっている。このまま推移すれば，2005年度には起債制限比率は20％を突破すると予測されている。震災関連の公債の元利償還について，政府がどの程度の財政措置をするかが，健全な財政運営に復帰できるかどうかの分かれ目になるであろう。

V　震災財政改革の課題

震災から5年間，国家財政では5兆円，兵庫県財政としては4兆円，神戸

市の場合は 2 兆円という巨額の財政支出が行われ，復旧・復興に向けての対策が行われてきた[4]。しかし，高速道路，港湾施設，鉄道などのインフラの復旧はほぼ完了したものの，被災者は 5 年間にわたって仮設住宅で不自由な生活を強いられ，「孤独死」は200人を超えた。商店街の再建は 8 割近くに達したとされるが，経営は苦しく，廃業に追い込まれるケースも少なくない。神戸市の法人住民税収入の状況に見られるように，地域経済の復興は，直前の1993年度と比較して 8 割，ピーク時の1990年度と比較すると 6 割程度にとどまっている。

　このような状況が生まれたのはなぜか。その原因を財政の視点から見ると，政府が首相を長とする「阪神・淡路大震災対策本部」を設けたものの，財政的には「特別会計」や「特別枠」の設置をすることなく，通常の各省庁ごとの予算措置にゆだねるという消極的姿勢に終始したこと，その結果，震災復旧・復興に向けた財政措置は，国庫補助金・地方債・地方交付税の 3 点セットの組み合わせによる財源保障が中心となり，大規模で長期化する震災の実態にあわない現行システムの欠陥をそのまま引きずるものとなったことがあげられる。

　復旧・復興のための都市計画決定や災害復旧事業の多くは，いわゆる機関委任事務であった。そのために，地元の自治体は，国からの指示と財政支援を待ちながら仕事を進めなければならない。このような，きわめて中央集権的なシステムの欠陥が，震災という緊急事態の中で集中的に現れた。

　さらに，政府が，個人の住宅や生活再建のための直接的財政的支援について一貫してこれを否定し，道路・港湾・公共施設など物的被害からの回復を優先する姿勢をとってきたことが，このような生活再建の遅れをもたらした最大の原因である。これは，関東大震災以来の日本の国家官僚の基本的姿勢であり，高度経済成長期以来のわが国の財政運営の姿を象徴的に示すものであった。

　以上のような震災財政の状況をふまえ，今後の復旧・復興財政のあり方として，以下の 3 点を最後に提言しておきたい。

　第 1 に，震災復旧・復興における政府責任を明確にし，地域の実態にあわ

せた総合的な対策を進めるためには,「特別会計」などを設け,一元的な財政運営を行う必要があるということである。

　もちろん,あとで述べるように,災害復旧・復興の事業は,原則として地元自治体の責任において,地方自治の原則にもとづいて行われるべきである。しかし,このような災害時にはどうしても中央政府の財政的支援が必要となる。その財政的支援を,被害の実態,住民の要望等にあわせて,適切かつ柔軟に行うためには,通常の枠内での予算措置ではなく,特別の体制をとる必要がある。かつての関東大震災の際には「復興院」という国家的組織がつくられた。それはおそらく震災の被害が首都圏であったからであろう。日本の一地域で甚大な被害が生じた場合,政府はどのような責任をとり,いかなる体制で臨むべきなのか,検討の余地が残されている。

　また,政府財政において「特別会計」のような措置がとられた場合は,現地自治体においても,一般会計とは異なる震災復旧・復興のための「特別会計」を設け,そこで一元的・総合的運営をしたほうがよいのではないか。神戸市の例に見られるように,災害復旧・復興の予算が組まれても,その執行は半分ほどしかないといった状況が生まれた。復旧・復興事業の全体の姿とその進捗状況を財政的に明らかにするためにも,「復旧・復興特別会計」の設置があったほうがよいと思われる。

　第2に,復旧・復興における政府の財政的責任を明確にしつつも,復旧・復興事業の計画と執行は地方自治の原則にもとづいて,自治体と住民を主体として行われるべきである。

　災害救助や災害復旧事業は,基礎的自治体の自治事務として位置づけられるべきである。そのうえで,国からの補助金についても,1件ごとの細分化されたものではなく,「災害復旧補助金」のような簡素なかたちに統合化し,一般財源的性格の強いものに変える必要がある。とくに,道路,河川,港湾などの公共施設の補助率が8/10で,教育,福祉などの公共施設の補助率が2/3であるといった,転倒した,根拠のない格差づけなどはやめるべきである。

　災害復旧・復興事業が自治事務に位置づけられた場合,国からの補助金は

残るとしても、その比重は当然小さくならざるをえないであろう。自治体による復旧・復興事業は、基本的には地方債の発行によってまかなわれることになる。起債許可制度が廃止された場合、復旧・復興財政における自治体の責任はいっそう重くなる。ただし、今回の震災復旧・復興財政においても活用されているように、その元利償還の一定部分を将来の地方交付税の基準財政需要額に算定することによって、地元の負担を実質的に軽くすることができる。地方分権化に向けた税財政システムの改革が進むならば、災害復旧・復興財政のあり方は、これまでのような細分化された国庫補助負担金およびそれと連動した地方債・地方交付税という組み合わせではなく、包括的な「災害復旧補助金」と、地方債の自主的発行、そして一般財源である地方交付税による補てんを基本とするかたちに変わることになるであろう。

　第3に、大規模な「災害復旧・復興基金」設置の必要性である。

　これまでに述べてきたように、政府の財政責任、地方自治の原則による自治体の復旧・復興事業の計画と執行が基本であるとしても、それだけですべての復旧・復興需要に対応できるかどうかは疑問である。どうしても第3の財政措置として、「災害復旧・復興基金」のようなものを創設しておく必要がある。

　われわれは、すでに1995年10月、「大震災と地方自治研究会」の「第2次提言」において、恒久的な災害復興基金の設置を提案した。その内容は、国と各自治体の共同出資により恒久的な基金として制度化し、平時にあっては積立基金の運用益で自治体や個人の防災事業を支援し、災害時にはその運用益と基金の一部を被災自治体に包括補助金として交付して、自治体レベルの復興資金として役立てるというものであった。

　その後、震災から2年半がたって、ようやく全国知事会において、「災害相互支援基金」の創設が決議された（1997年7月）。これは、兵庫県と神戸市など被災10市が提唱した「被災者生活緊急支援基金制度」（1997年4月）をふまえたもので、国と都道府県の出資によって3000億円の基金をつくり、住宅が全壊した世帯にたいして100万円の給付を行うという内容であった。こうした動きを受けて、のちに「被災者生活再建支援法」が成立し、1998年11月

から施行されることになった。それは，都道府県の資金拠出とその基金にたいする国の2分の1の補助によって，「被災者生活再建支援基金」をつくり，年収500万円以下ないし800万円以下の高齢者・障害者世帯などにたいして，100万円から50万円の「支援金」を支給しようというものである。阪神・淡路大震災には遡及して適用されないこととされたが，実際には，阪神・淡路大震災復興基金で同等の支援金が支給されることになった。当初の「阪神・淡路大震災復興基金」における住宅損壊見舞金（10万円），住宅助成金（30万円），生活支援金（15万円）等の義援金合計額が55万円であったのと比較して，やや前進したとはいえるが，生活・住宅再建への必要からすればきわめて不十分なものと言わざるをえない。

われわれの試算では，さきに触れたように，阪神・淡路大震災規模の災害に対応するためには，少なくとも10兆円の基金が必要である。「被災者生活再建支援法」は，これまで困難とみなされてきた個人住宅再建や生活支援への直接的資金支給に道をひらいた。今後はこの基金の規模をさらに大きくするとともに，災害時における基金の運用については，生活再建を可能にするような直接的・金銭的支援を保障するとともに，その運営責任体制を明確にし，議会によるコントロールや市民参加のシステムを組み込む必要がある。こうした「災害復旧・復興基金」の創設は，災害の多い日本，いつ何時，阪神・淡路大震災規模の災害が起こるかもしれない日本で，いかなる状況においても一人ひとりの生存権を保障するための不可欠の課題である[5]。

1) 震災の復旧・復興政策にかんしては，さしあたって次の文献を参照。
　　大震災と地方自治研究会編『大震災と地方自治』自治体研究社，1996年。
　　重森曉編『都市に未来はあるか——大震災と復興政策』法律文化社，1997年。
　　重森曉著『地方分権——どう実現するか』丸善ライブラリー，1996年。
　　なお，公式記録として，神戸市『阪神・淡路大震災・神戸復興誌』2000年，がある。
2) 福田徳三『復興経済の原理及び若干問題』東京同文舘，1925年。
3) 同上。
4) 安田拡・内河友規・永松伸吾らの研究によると，1994年度から1999年度までの，国，兵庫県，大阪府，被災自治体の各年度予算と阪神・淡路大震災復興基金

における震災復興関係歳出の純計は，総計9兆7000億円にのぼる。ただし，この中からは，国庫支出金・県支出金の重複は除かれているが，地方交付税措置による歳出の二重計算は除かれていない。また，兵庫県と神戸市については1994～1998年度までが予算額であるのにたいして，その他の被災自治体（15市10町）と大阪府は，1994～1997年度の決算額と1998年度の当初予算である。1999年度はすべて当初予算である。本文で触れたように，予算と決算ではかなりの開きがあり，実際に震災復興のために使われた財政支出の純計を確定するには，なお今後の正確な調査が必要である（安田拡・内河友規・永松伸吾「阪神・淡路大震災からの復興と公的資金──政府・自治体からの『復興資金』はどのように投入されてきたか」『都市問題』第91巻第1号，2000年1月）。

5) 永松伸吾・赤井伸郎らは，「完全なリスクシェアー達成に向けたリスクシェアーファンドの創設」を主張し，特別地方交付税を本来の目的であるリスクシェアーに特化させるとともに，そのファンドの規模を少なくともGDP比0.3～0.5％にすべきであるとしている（永松伸吾・赤井伸郎「震災復興財源の課題とそのあり方」日本財政学会第57回大会報告，2001年10月）。

第7章　沖縄の自立的発展と県財政

はじめに

　本土復帰から4分の1世紀を経て，沖縄は大きな転換点に立たされた。
　本土復帰後,「沖縄振興開発特別措置法」にもとづいて公共土木事業に総額5兆円もの財政資金が投入され，道路，空港，港湾その他のインフラ整備はほぼ本土並みの水準に達した。県人口は復帰時の97万人から127万人に増え，就業人口も36万人から54万人へと約20万人も増加した。1人当たり県民所得の本土との格差は，復帰時の60％から現在では70％台半ばにまで縮まった。復帰後の沖縄経済は決してミゼラブルなものではなかった。
　しかし，他方では，全国の75％の米軍基地が沖縄本島の20％の土地を占有し，県経済の財政依存度は30％と高く，第一次産業の低迷，第二次産業とくに製造業の伸び悩みが続いている。
　1995年秋以来，沖縄県は，2015年までに米軍基地の撤去を求める「基地返還アクションプログラム」，普天間基地の返還と移設問題，その跡地利用のための「国際都市形成構想」，さらにその具体化のための「全県フリー・トレイド・ゾーン（FTZ）化構想」などをめぐって賛否両論の議論で沸き立った。当初は，これまでの公共土木事業依存，中央政府依存の地域振興政策から脱却して，基地の計画的撤去と沖縄の自立的発展への方策を探るという主張が主流を占めるかに見えた。しかし，最近では，本島北部地域への開発援助と引き替えに，普天間基地の県内移設を認めるといった事態が生じている[1]。
　復帰後最初の10年間には,「格差是正」と「本土並み」の実現が目標とされた。次の10年間では，沖縄独自の文化とアイデンティティの確立がテーマとなった。これらの歴史的経過をふまえて，どのようにすれば基地の撤去と，

沖縄の真の内発的・自立的な社会形成が可能となるのか，その方策への模索が続いている。

　私は，第1章で，地域の内発的発展と人間発達について論じ，第2章では，内発的発展のための分権型インフラストラクチャー整備のあり方，第3章では，インフラストラクチャーを形成・維持・管理する労働としての公務労働の役割について検討した。

　このようなインフラストラクチャー整備については，国や地方自治体等の公的機関，なかでも，自治体行財政とそれを担う人々の果たすべき役割はきわめて大きい。その自治体行財政が，地域経済の内発的ないし自立的発展に向けて役割を果たすためには，より具体的には，次のような条件が必要となろう。

(1)　課税権・起債権・予算編成権等の財政自主権が確立していること。
(2)　地方税等の自主財源，もしくは全国的財政調整による一般財源が確保されていること。
(3)　狭義および広義のインフラストラクチャー整備のための公共投資システムがつくられていること。
(4)　自治体職員の企画・政策能力が蓄積され，財政運営への市民参加が保障されていること。

　戦後の沖縄財政を振り返って見るとき，はたしてそれは，地域経済の内発的・自立的発展のためのインフラストラクチャー整備の役割を果たしてきたと言えるのであろうか。また，今後果たしうるのであろうか。

　今日，沖縄県財政は日本における47都道府県財政の一環に組み込まれている。しかし戦前については，いまあえて問わないとしても，少なくとも戦後において，沖縄は「自治体財政」としてきわめて特異な状況のもとにおかれてきた。

　第1に，沖縄戦の結果，地域は壊滅的打撃を受け，県も市町村もいったんは消滅したに等しかった。米軍の直接占領下で，1945年に沖縄諮詢会（宮古支庁・八重山支庁等），1946年に沖縄民政府（宮古民政府・八重山民政府等），1950年に沖縄群島政府（宮古群島政府・八重山群島政府等）がつくられ，

1952年に琉球政府がつくられるが、これらの「自治組織」は米軍政府ないし米国民政府の統治下にあり、そこには日本国憲法第8章の「地方自治」にかんする規定も「地方自治法」の規定も及ばなかった。その財政自主権はきわめて限定されたものでしかなかった。

　第2に、戦後日本の地方財政の枠組みをつくった「シャウプ税制勧告」は、沖縄には適用されなかった。「シャウプ勧告」による自主財源確保のための地方税制度と、一般財源保障のための地方財政平衡交付金（のちに地方交付税）制度は、沖縄では実施されなかった。1953年に市町村財政調整交付金制度が制定され、1958年にはそれが地方交付税特別会計になったが、同じ地方交付税とはいえ、沖縄のそれは琉球政府と市町村の間の財政調整を行うものでしかなかった。群島政府も琉球政府も一面では国家の役割を果たし、同時に県としての役割、さらに「教育区」など市町村の役割の一部をも果たさなければならなかった。事実上の自主財源はきわめて乏しく、米軍政府（のちに米国民政府）および日本政府からの援助、しかもきわめて貧弱な財政援助に頼らざるをえないという状況が続いた。

　第3に、本土においては、第2の予算といわれる「財政投融資計画」が1953年度以来作成され、社会資本整備のために大きな役割を果たしたが、沖縄において財政投融資らしき制度が本格的に動き出したのは1969年度からのことであった。琉球政府の一般会計において、公債発行が認められるのは1967年度以降のことである。つまり、沖縄においては本土復帰の直前まで、インフラ整備のための公共投資システムがきわめて不備であり、本土に比べて15年から20年遅れた。

　このような特殊な状況におかれた沖縄財政については、これまであまり本格的な研究はなされてこなかった[2]。しかし、わが国における地域の内発的発展と分権的税財政システムのあり方を検討するうえで、沖縄財政の問題は欠かすことのできないテーマだと思われる。そこで、本章では、沖縄における内発的・自立的社会の形成という視点から沖縄県の財政に焦点をあて、その改革課題について検討することとしたい。その際、沖縄財政のこのような歴史的特質について十分にふまえることが必要となろう。そこで、やや迂遠

と思われるかもしれないが，琉球政府以前および琉球政府時代の沖縄財政を概観するところから始めることとしたい。

I 琉球政府以前の財政

沖縄の戦後は，1945年4月のアメリカ合衆国海軍軍政府の設置に始まる。ここで日本の行政権・司法権は停止された。1945年8月，沖縄本島を統轄する執行機関として「臨時沖縄民政諮詢委員会」が設立され，その専門部局のひとつとして「財政部」がおかれた。さらに，1946年3月，軍政府指令「沖縄財政部設置に関する件」によって，財政部の機構が整備され，軍政府経済部の直接監督下で運営されることになった。しかし，諮詢委員会では実際の行政運営はほとんどなされず，単に明文上の規定があったにすぎなかった。1945年から1946年にわたるこの時期は，まさに「財政以前の時期」であった[3]。

戦後沖縄の財政が具体的に動き出すのは，1946年4月，特別布告によるB型軍票および新発行の日本銀行券が琉球法貨として認定され，同年5月の賃金制導入，官営酒造廠の設置と酒類の専売開始，沖縄民政府金庫規則の制定，同年7月の沖縄中央銀行の活動開始，売上税および所得税法案の立案などが行われた時期からであった。この税法案は，1947年3月の指令第7号「沖縄群島における課税手続きの設定及び実施の件」の基礎となった。この指令第7号によって，所得税，法人税，売上税，酒造税等の沖縄民政府の税制の骨格がつくられた。

沖縄民政府および宮古・八重山・奄美大島民政府の一般会計歳入予算を，まとまった資料の入手できる1949年度で見ると，表7-1のとおりである。総額約1億円のうち，租税収入が約半分，配給物資納付金を中心とする官業収入が約3割，その他が2割となっている。

これにたいして，1946年4月，通貨経済の復活とともに，ガリオア援助物資販売代金の運用組織として設けられた「軍円予算」は，同年度で3億5000万円，全民政府予算の3.5倍である。なかでも，第1種支払の軍労務賃金だ

表7-1 各民政府一般会計歳入予算（1949年度：1948年4月～49年3月）

（単位：千円，％）

	沖縄		宮古		八重山		大島		合計	
	金額	構成比	金額	構成比	金額	構成比	金額	構成比	金額	構成比
租税収入	23,592	65.4	4,046	30.5	3,806	46.0	12,772	35.1	44,216	47.0
所得税	9,962	27.6	700	5.3	1,230	14.9	6,098	16.8	17,990	19.1
法人税	172	0.5	22	0.2	6	0.1	14	0.0	214	0.2
営業税	675	1.9	50	0.4	45	0.5	231	0.6	1,001	1.1
地租家屋税	2,284	6.3	80	0.6	54	0.6	49	0.1	2,467	2.6
酒税	—	—	2,100	15.8	950	11.5	1,699	4.7	4,749	5.1
専売収入（酒）	3,576	9.9	—	—	—	—	—	—	3,576	3.8
砂糖消費税	—	—	300	2.2	100	1.2	2,412	6.6	2,812	3.0
物品税	—	—	400	3.0	850	10.2	—	—	1,250	1.3
売上税	6,695	18.5	—	—	—	—	—	—	6,695	7.1
遊興飲食税	—	—	150	1.1	360	4.3	679	1.9	1,189	1.2
その他	228	0.6	244	1.8	211	2.5	1,590	4.4	2,273	2.4
官業官有財産収入	3,500	9.7	5,573	42.1	1,750	21.2	19,106	52.5	29,929	31.8
配給物資納付金	—	—	5,573	42.1	1,750	21.2	19,106	52.5	26,429	28.1
煙草専売収入	3,500	9.7	—	—	—	—	—	—	3,500	3.7
その他	9,001	24.9	3,629	27.4	2,712	32.8	4,509	12.4	19,851	21.1
総収入	36,093	100.0	13,248	100.0	8,268	100.0	36,387	100.0	93,996	100.0

（資料）『琉球銀行十年史』より作成。

けで2億3000万円もある。この時期，沖縄経済の米軍に依存する部分がいかに大きかったか，民政府の財政規模がいかに零細なものであったかがわかる。

ところが，1950年度になると，各民政府予算にも，軍円予算にも大きな変化が見られた。各民政府予算においては，所得税，酒造税を中心に税収が大きく伸び，歳入全体に占める割合もほぼ4分の3に達した。これは，公務員給与や軍関係雇用者の大幅な引き上げと，それにともなう所得税法の改正，および酒造税の税率改正によるものである。他方，軍円予算もガリオア物資援助の増大によって12億4000万円へと増加した。軍円予算において特徴的なことは，第1種支払（軍労務賃金）の比重が低下し，第3種支払，すなわち各民政府にたいする復興予算援助の比重が4分の3に増大していることである。その規模は，全民政府予算の4倍に達している。

1950年秋には知事公選が行われ，各民政府は各群島政府に変わった。また，

表7-2 群島政府一般会計歳入決算 (1951年度)　　　　　　　　　　(単位:千円, %)

	臨時中央政府	沖縄群島政府	宮古群島政府	八重山群島政府	小　計	大島群島政府	合　計
租税及官業収入	—	210,024	16,469	15,017	241,510	42,458	283,968
（構成比）		(34.1)	(22.4)	(41.3)	(21.9)	(32.1)	(23.0)
民政府援助	375,668	405,415	56,987	21,366	859,436	89,804	949,240
（構成比）		(65.9)	(77.6)	(58.7)	(78.1)	(67.9)	(77.0)
合　計	375,668	615,439	73,456	36,383	1,100,946	132,262	1,233,208
（構成比）		(100.0)	(100.0)	(100.0)	(100.0)	(100.0)	(100.0)

(資料)『琉球銀行十年史』。原資料は,米国民政府 Bulletin, No.15, 1952.

　同年末には米軍政府は米国民政府に転換された。沖縄群島政府の1951年度決算によると,歳入では,所得税・酒税を中心とする税収入が6割程度を占め,厚生部・法務部・通信課などの税外収入が1割強,軍政府補助金が4分の1強となっている。歳出については,組織別,性質別,目的別の分類項目が混在しており,予算管理の整備がいまだ行われていない様子が窺える。また,群島政府の財政権はきわめて制約されており,群島議会が所得税率の引き下げを決定したのにたいして,米国民政府が承認せず据え置きになるといった事態も起きている。

　1951年度の財政はかなり変則的なものとなった。というのは,表7-2に示されるように,この時期には臨時中央政府と4群島政府の行政権が並行して施行されていたからである。ここでも,歳入の8割近くが米民政府からの援助であり,租税および官業収入は2割強にしかすぎない。1952年度には,米民政府からの補助金は5割に低下し,租税収入の割合は4割程度に上昇するが,群島政府の米国依存構造に根本的変化はなかったといってよい。

　このように,1946年以来の沖縄財政は,諮詢会,民政府,群島政府へと変化する中で,次第に自治組織としての権限を強め,独自の課税権を行使して,ある程度の自主財源を確保することもできた。しかし,それは,あくまでも米政府の軍事占領政策が許す枠内のものでしかなかったし,また,ガリオア援助資金による軍円予算や米民政府の援助に比較して,あまりにも規模の小さなものでしかなかった。

II 琉球政府時代の財政

1 財政自主権の制約

1952年4月，沖縄の統一的中央政府として琉球政府が発足した。琉球政府は「琉球における政治の全権をおこなう」ことを保証された。しかし，それは琉球列島米国民政府（USCAR）の「布告・布令及び指令に従う」かぎりのことであった。琉球政府には，課税権・予算編成権を含む財政権が一応認められたが，実際には，「（権限は）すべて琉球政府財政行為の客体たる住民の手中にはなく常に第三者の掌中にあって，必ずしも住民の総意と一致しない」[4]ものであった。また，群島政府時代に実現した知事公選制も破棄され，琉球政府の知事は米軍による任命制となった。

琉球政府時代における公共部門の財政は，琉球政府一般会計，琉球政府特別会計，琉球政府公共企業，市町村一般会計，教育区，米国民政府公共企業，米国民政府一般基金，米国政府支出基金の8部門から構成された[5]。このうち，琉球政府の公共企業としては，琉球電信電話公社，琉球海外移住公社，大衆金融公庫の3公社があり，米国民政府公共企業としては，琉球電力公社，琉球水道公社，琉球開発金融公社があり，その他に，島内の石油の輸入・販売を独占的に行う石油事業があった。これらの米国民政府公共事業から上がる収益が，米国民政府一般基金に集められ，それが琉球政府一般会計などに支出された。琉球政府の特別会計の中では，市町村交付税特別会計，アメリカ合衆国使用土地の借賃等に関する特別会計，郵政事業特別会計などの金額が大きい。

これら8部門の財政規模は，表7-3に示されるとおりである。たとえば，1966年度の公共部門の財政規模は約2億ドル，重複分を差し引くと純計は1億2000万ドルとなるが，そのうち琉球政府一般会計は44％の5400万ドルにすぎない。琉球政府時代の公共部門全体のうち，特別会計，公共事業，市町村，教育区を含む琉球政府関係の財政規模は約7割であり，残りの3割を米国民政府が占めていた。しかも，地域経済にとって最も重要な石油・電力・水・

表 7-3　琉球政府時代の公共部門会計別純収入

(単位：千ドル，％)

	1961年度		1966年度	
	金　額	構成比	金　額	構成比
総　　計	75,654		188,474	
重 複 分	−29,207		−67,106	
差 引 計	46,447	100.0	121,324	100.0
琉球政府一般会計	20,412	44.0	53,858	44.4
琉球政府特別会計	3,603	7.8	7,905	6.5
琉球政府公共企業	4,358	9.4	11,257	9.3
市町村一般会計	5,399	11.6	10,604	8.7
教育区	1,461	3.2	3,538	2.9
米政府援助	3,551	7.7	11,454	9.4
米国民政府一般基金	359	0.8	234	0.2
米国民政府公共企業	7,227	15.7	22,467	18.5

(資料)　琉球米国民政府／琉球政府開発合同委員会『琉球・経済開発に関する調査報告書』1972年より作成。

開発金融といったインフラの経営は米国民政府が独占し，琉球政府はその収益の一部を分配されるにすぎなかった。

　もっとも，琉球政府一般会計および特別会計の純計は，1960年代の後半以降，日本政府からの援助が拡大するにしたがって飛躍的にその規模が増大する。歳入ベースでみると，1955年度から1960年度にかけては，1700万ドルから3600万ドルへと約2倍の増加にすぎなかったが，1960年度から1972年度にかけては，4億2000万ドルへと12倍近くの増加を見せた。

2　歳入構造の特質

(1) 琉球政府の半国家・半自治体的性格

　琉球政府一般会計の歳入面での特徴のひとつは，いわゆる自主財源の比率がきわめて高かったことである。日本政府からの援助が本格化する1960年代後半以前においては，租税収入を中心とする自主財源は，歳入全体の8割から9割を占めた。もし，これが，本土の都道府県における自主財源比率と同様の意味をもつならば，琉球政府の自治的財政基盤はきわめて強かったとい

表7-4 琉球政府時代の沖縄財政規模（1966年度予算と1965年度本土法適用数値との比較）

（単位：千ドル，％）

	沖縄の財政規模			本土法適用の場合	
国政事務担当経費	18,218	(27.2)	(22.7)		
県政事務担当経費	33,862	(50.6)	(42.2)		
教育区援助費	14,860	(22.2)	(18.5)		
琉球政府財政　小計	66,940	(100.0)	(83.4)	県財政	63,584(72.4)
市町村経費	17,540				
教育区費	17,080				
重複部分	21,320				
市町村財政　小計	13,300		(16.6)	市町村財政	24,268(27.6)
合　　計	80,240		(100.0)	合計	87,852(100.0)

（資料）沖縄市町村会
（出所）福丸馨一「沖縄県の地方財政問題(1)」（『高知論叢』第40号，1991年3月）第1表および付表より作成。
（注）　教育区援助費＝教育区費×0.87＝17,080×0.87
　　　市町村財政の重複部分は，福丸論文第2表により計算。

表7-5 琉球政府税収と日本法適用の場合の比較（1965年度）　（単位：千ドル，％）

	琉球政府(a)		日本法適用の場合(b)		比　較	
	金　額	構成比	金　額	構成比	a－b	a／b
国税相当分	40,695	87.0	35,849	71.8	4,846	113.5
直接税	18,842	40.3	11,036	22.1	7,806	170.7
間接税等	21,852	46.7	24,812	49.7	△ 2,959	88.1
県税相当分	2,580	5.5	8,016	16.0	△ 5,436	32.2
市町村税相当分	3,525	7.5	6,048	12.1	△ 2,559	58.3
総　計	46,800	100.0	49,950	100.0	△ 3,149	93.7

（資料）琉球政府税制課資料。久場政彦『戦後沖縄経済の軌跡』（ひるぎ社，1995年）所収より作成。

うことになる。

　しかし，そうではなかった。というのは，琉球政府の仕事の中には本来国が担当すべき国政事務が約3割，本来市町村が担当すべき教育区への援助が2割含まれており，本来の県政事務は5割にすぎなかった（表7-4）。琉球政府は，まさしく半ば国家，半ば地方自治体という複雑な性格をもたされていた[6]。

　さらに，税収の税源別内訳を見ると，税収全体の87.0％が国税相当分，市

町村税相当分が7.5%, 県税相当分は5.5%にすぎなかった（表7-5）。すなわち, 琉球政府税収のうち9割は国税に相当する部分にほかならなかったのである。

とくに, 国税相当部分のうち所得税を中心とする直接税の負担は, 本土法を適用した場合に比べて1.7倍であり, これが住民の肩に重くのしかかっていた。琉球政府一般会計において自主財源比率が高かったのは, 琉球政府が一地方の行政機関でありながら, 国政相当の業務をあわせて行わなければならず, そのための負担を住民に強いざるをえなかったからにほかならない。

(2) 基地依存型輸入経済と間接税

琉球政府一般会計の歳入にかんするもうひとつの特徴は, 税収に占める間接税の比重が高かったことである。琉球政府の税収における間接税の比率は, 1953年度は65%, 1958年度は58%であった。日本の間接税比率は1953年度が44%, 1958年度が48%であったから, 琉球政府が約10%ポイント間接税の比重が高かったことになる。この傾向は, 1950年代だけでなく, 復帰直前の1970年代にまで継続し, 間接税の割合はほぼ一貫して6割程度という状況であった。

なぜ, 琉球政府の税収の中で, 間接税の比重が高かったのか。久場政彦は, 次のような諸点を指摘している[7]。

第1に, 米国は, 日本におけると同じようにシャウプ勧告を基本とした直接税中心の税体系をつくろうとしたが, 所得の低位平準化のもとでは, 所得税は大衆累進課税的性格を帯びざるをえず, 住民の負担能力および徴税技術上の限界があったこと。

第2に, アメリカによる占領という特殊条件のもとで, 琉球住民の消費性向, とくに奢侈的・嗜好的物資の消費性向が高く, それを抑制するためには間接税の強化が求められたこと。

第3に, 琉球の工業生産力は弱く, 消費物資の大部分を輸入に依存せざるをえなかったが, 輸入による資金の流出を防ぐためにも, 消費税等の間接税の効果が求められたこと。

第4に, 琉球政府時代には関税制度は存在しなかったが, その代替措置と

して，島内産業の保護育成のために，種々の消費税の強化が必要であったこと．

『戦後沖縄経済史』(琉球銀行調査部編，1984年)では，この最後の点がとくに強調され，「間接税の多く，すなわち物品税や石油税，葉煙草輸入税，酒類消費税，砂糖消費税等は輸入品を課税対象とする一種の関税であった」としている[8]。これらの事実上の「関税」が税収全体に占める割合は，1960年代では2割から3割，1970年代には4割に達した。琉球政府における間接税依存の租税構造は，「基地収入によって生活物資を輸入し，もって経済規模の拡大をはかっていくという基地依存型輸入経済のメカニズム」[9]の中から生まれたものであった．

3 米国援助・日本政府援助の特徴

一般会計歳入に占める自主財源の比重の高さに示されるように，琉球政府時代における米国民政府の援助は，群島政府時代ほどには大きなものではなかった．

ガリオア援助物資の販売代金を主な原資とする軍円予算は，1950年度をもって廃止され，51年度からは各民政府の一般会計予算に米軍(のちに米国民政府)補助金として計上されることになった。1951年度には，米国民政府援助額は約10億円という最高額に達した。しかし，1952年の琉球政府発足以降，米国政府からの直接援助は，1950年度の5000万ドルから1951年度の3700万ドルへ，さらに1952年度には1300万ドル，1953年度には900万ドル，そして1954年度には170万ドルへと，大幅に削減された(年度は米財政年度)．

琉球政府一般会計にたいする米国および日本政府の援助額の推移を見ると，1953年度から56年度までは，米国政府の援助は300万ドル台，歳入全体に占める割合も10%台を保っているが，それは，さきに触れた米国民政府一般基金からの支出があったからで，米本国からの援助はないか，ほとんどわずかでしかなかった。1960年7月に，「琉球列島における経済的・社会的発展に関する法律」(プライス法)が成立してのちは，米本国からの援助も若干増大し，歳入に占める割合も10%台を回復する。しかし，このプライス法とて

も，米本国からの援助を当初は600万ドルに，63年度からは1200万ドル，68年度からは1750万ドルに限定しようというものであり，現実の米国政府援助はたえずその枠を下回っていた。

日本政府援助は，琉球政府発足とともに始まっているが，当初は，教員の本土研修や学生の本土進学への援助といった教育関係が主で，金額もごくわずかなものであった。1960年代に入って，産業開発，社会福祉，医療関係が援助内容として加わり，1964年4月の日米交換公文，「琉球諸島に対する経済援助に関する協議委員会及び技術委員会の設置に関する交換公文」の締結以来，日本政府援助は飛躍的に増大した。1960年代の後半には，日本政府の援助額は，歳入全体の2割から3割を占め，復帰の年となる1972年度には4割に達している。その結果，琉球政府時代の日本政府の援助累計額は2億8000万ドル，アメリカ政府の援助累計額1億2000万ドルの2倍以上となった。

しかし，このような日本政府援助も，決して十分なものではなかった。というのは，同じ時期の本土府県の場合，地方交付税や国庫支出金のかたちで，歳入の5割から6割の「援助」を日本政府から受けていた。とくに財政力の小さい県の場合は，7割から8割の「援助」を受け続けていた。このことと比較した場合，沖縄にたいする日本政府の「援助」は，時期的に立ち遅れており，いかにも小規模で，不十分なものでしかなかった。

福丸馨一の試算によると，1970年度琉球政府一般会計1億7000万ドルのうち，5000万ドルの国政事務負担部分のすべて，県政事務負担部分の32.1%の3500万ドル，そして，市町村財政の54.5%の600万ドル，合計9100万ドルが本来日本政府が負担すべき経費であったが，実際の日本政府援助は4700万ドルにしかすぎなかった[10]。ごく控えめに見積もって，琉球政府歳入の50%が本来日本政府による財政調整の対象であったとすれば，歳入累積額13億7000万ドルにたいして，6億8500万ドルの「援助」があっても当然であったはずである。しかし，実際の日本政府援助額2億8000万ドルは，その半分以下にすぎない。

4 琉球政府時代におけるインフラ整備の立ち遅れ

米国政府援助の目的別内訳を見ると，その援助の対象は教育関係費と国土開発費に集中している。国土開発費の比重が高いのは，米国民政府一般基金の大部分が，その資金を生み出した電力・水道をはじめとする「国土開発」事業に再投資されたからである。この「一般基金」の使途は，米国民政府（USCAR）によって最終決定されていた。琉球政府は，島内のインフラ整備にかんする独自の権限をほとんど奪われていたといってよい。

日本政府の援助内容は，教育関係費が3割を占め，社会保障費が2割，その他が2割となっている。国土開発関係は13％程度，産業経済費は4％程度にしかすぎない。この段階では，日本政府による本格的なインフラ整備への支援，すなわち公共土木事業の展開は見られなかった。

そのことは，琉球政府一般会計の歳出構成にも示されている。琉球政府財政は，その全期間の累計で，教育文化費に3分の1，地方行政費および政府機関費に3分の1が費やされており，さらに15％が社会保障関係費に支出され，国土開発費にはわずかに12％程度，産業経済費にはわずかに8％程度が向けられたにすぎない。このうち国土開発費の内訳を1965年度予算の数字で見ると，659万ドルのうち27％が道路工事費，21％が農業基盤整備費，15％が都市計画費などとなっている。また，産業経済費489万ドルのほとんどは農水産業関連であり，商工業はわずかに3％，観光事業費は2％にすぎなかった。

高度経済成長のこの時期，本土の各都道府県は，社会資本の整備と地域開発に向けて，財政支出の多くの部分を割いていたが，琉球政府は大きく立ち遅れていた。1970年度における性質別歳出の内訳を，本土類似5県（島根，徳島，高知，佐賀，宮崎）の平均値と比較すると，本土の類似5県では40％，全国平均でも35％が投資的経費に向けられていたが，琉球政府の投資的経費は歳出の17％でしかなかった。

琉球政府時代，1952年には農林漁業中央金庫，1959年には大衆金融金庫が設立され，本土の財政投融資に近い活動が行われてきた。しかし，それらはいずれも一般会計資金を原資とするものであり，また，一般会計における起

債は1966年度まで禁止されていた。郵便貯金，社会保険特別会計などの余裕金を活用する「資金運用部」が設立されるのは1966年，日本政府の資金運用部からの資金援助などを原資とする「産業投資特別会計」が発足するのは1968年，財政投融資計画が策定されるのは1969年度からのことである。琉球政府における財政投融資額は，1969年度3136万ドル，1970年度4273万ドルで，一般会計歳出の4分の1の規模となった。しかし，その使途は，住宅建設資金融資，農林漁業・中小企業への融資等が中心であり，産業基盤整備に向けた財政投融資のシステム確立にはほど遠いものであった。

このように，米国および日本政府の援助，琉球政府一般会計の歳出，財政投融資，いずれの側面から見ても，沖縄における経済発展のためのインフラ整備は，本土に比べて15年から20年の立ち遅れが生じたといえる。

III 本土復帰後の沖縄県財政

1 「基地経済」から「財政依存経済」へ？

1972年5月，沖縄は本土復帰した。敗戦から27年目にして，ようやく沖縄は，憲法・地方自治法にもとづく日本の一県として位置づけられることになった。機関委任事務の存在，地方税法による課税権の制限，地方交付税・国庫支出金・起債許可制による統制など，財政自主権が著しく制約されているとはいえ，沖縄県の自治体としての権限は一応「本土並み」に認められることになった。

そして，復帰後，沖縄経済に占める財政の比重は飛躍的に増大し，沖縄経済の動向を左右する重要な要素となった。復帰後の沖縄は「基地依存経済」から「財政依存経済」に転換したとされている。

表7-6に見られるように，沖縄の県民総支出に占める財政支出の割合は，1972年度の27％から1980年度には38％へと10％ポイントも増加した。1990年代にはいってその比率はやや下がったものの，依然として30％から33％の水準を維持している。他方，軍人消費・軍雇用所得・軍用地料を合計した「軍関係受取」は，復帰直後の15％から5％へ，3分の1に減少した。また，観

表 7-6　沖縄県民総支出の構成　　　　　　　　　　　　　　　　　（単位：％）

	1972年度	1975年度	1980年度	1985年度	1990年度	1995年度
民間最終消費支出	63.3	60.3	62.0	55.9	55.0	54.5
民間投資	30.6	23.2	20.6	21.5	20.8	18.0
財政最終消費支出	17.7	19.9	19.0	17.0	16.6	17.9
公的資本形成	8.8	15.8	18.7	17.7	12.4	15.5
財政支出合計	26.5	35.7	37.7	34.7	29.0	33.4
軍関係受取	15.4	10.2	7.2	6.6	4.9	4.8
観光収入	8.1	12.7	11.5	10.2	10.8	10.7
移　　出	39.8	41.9	39.8	26.2	24.5	23.3
移　　入	58.7	64.7	68.3	42.8	35.8	32.7
移出－移入	△ 18.9	△ 22.8	△ 28.5	△ 16.6	△ 11.3	△ 9.4
合　　計	100.0	100.0	100.0	100.0	100.0	100.0

（資料）　沖縄県企画開発部統計課編『県民所得統計』，沖縄県基地対策室編『沖縄の米軍及び自衛隊基地』より作成。

光収入は復帰時の8％から一時は13％に増大し，その後もコンスタントに10％を維持している。このような指標を見るかぎり，本土復帰後の沖縄は，①基地が地域の物的生産基盤を弱め，②基地収入に依存する部分が大きく，③不安定で自立性が弱いという意味での「基地経済」[11]からは脱却し，財政や観光経済に依存する部分が拡大したといえる。

　しかし，「基地依存経済」から「財政依存経済」への内容はそれほど単純ではない。来間泰男は，沖縄の高い財政依存度は「他府県に比べて突出したものではなく，他府県と同様な依存度とみるべきである」[12]として，たとえば，1994年度の沖縄県の財政依存度33.1％という数値は，同年度の島根県の32.0％という数値とほとんど差がないことを強調している。

　たしかに，復帰後の沖縄県の財政依存度の高さが，本土における農村地域における財政依存度の高さと同様の性格をもっていることは否定できない。しかし，沖縄県の財政依存度の高さには，島根県と同様とは言えない特殊な要因が含まれている。

　表7-7に示されるように，1995年度の県民総支出に占める財政の比重は33.4％であるが，そのうち約4分の1の7.7％は基地関連財政支出と考えられ

表 7-7 沖縄経済に占める財政支出の比重 (1995年度)
(単位：億円, %)

		金額	構成費
県民総支出	(a)	34,217	100.0
財政支出	(b)	11,427	33.4
消費支出		6,124	17.9
① 国出先機関		1,679	4.9
② 県		2,569	7.5
③ 市町村		1,875	5.5
総固定資本形成		5,303	15.5
基地関連財政支出	(c)	2,636	7.7
① 防衛施設庁関係		1,565	4.5
② 自治省関係		61	0.2
③ 補助金かさ上げ		1,010	3.0
c／b×100			23.1

(資料) 前表に同じ。

る。ここにあげられている基地関連財政支出2636億円のうち，基地周辺対策事業・軍用地料・基地従業員対策など防衛施設庁関係費は1565億円，市町村助成交付金・調整交付金など自治省関係の交付金は61億円，さらに，「沖縄振興開発特別措置法」にもとづく補助金等のかさ上げが1010億円である。最後の補助金かさ上げ分を基地関連財政支出とするには異論があるかもしれないが，こうした補助率のかさ上げは，明らかに戦後27年に及ぶアメリカによる占領とその後の基地の存在という沖縄の特殊事情を考慮したものであると考えられ，事実上の基地関連財政支出であるといっても過言ではない。このように，沖縄における財政依存度の高さの背景に，基地が存在するがゆえの特殊な要因が存在することは，否定しがたい事実である。

　また，復帰後の沖縄における財政支出の比重の高さを生み出した背景として忘れてはならないのは，沖縄開発庁の存在である。沖縄開発庁は，「沖縄振興開発特別措置法」にもとづく沖縄振興開発計画を策定し，それに関連する事務を調整し，一体的に推進するためにつくられた国の機関である。沖縄の振興開発計画は，「地方自治を尊重する観点」から一応沖縄県知事が立案することになっているが，実際にそのための調査を行い，国の各省庁と調整

しながら計画を策定するのは沖縄開発庁であった。沖縄開発庁は，毎年各省庁が行う開発事業を調整して，「沖縄開発事業費」予算をとりまとめる役目を果たし，その実務は沖縄総合事務局が担当した。沖縄振興開発計画の立案と実施は，沖縄開発庁を中心に，関係各省庁と沖縄総合事務局の調整のもとに事実上進められてきたといってよい。

その「沖縄開発事業費」の1972年度から1996年度までの累計は4兆9571億円に達した。この25年間の沖縄県一般会計歳出の累積総額9兆1000億円の実に54％にあたる。「沖縄開発事業費」4兆9571億円のうち，4兆5727億円が道路・港湾・空港などをはじめとする公共事業関係費である。

防衛施設庁・自治省などによる基地関連の財政支出，沖縄開発庁という国の出先機関による公共土木事業の展開，これが「財政依存経済」の実態であった。

2　国庫補助金依存の歳入構造

前節で触れたように，琉球政府時代，「自主財源」は歳入全体の8～9割を占めた。しかし，それは，琉球政府の半国家的・半自治体的性格によるものあり，実際には，国税相当部分が87.0％，市町村税分が7.5％，県税部分は5.5％にすぎなかった。

本土復帰後，沖縄における税収の国・県・市町村への配分状況は，ほぼ本土並みになった。1973年度の税収配分は，国64.3％，県23.0％、市町村12.9％であり，全国平均（国68.4％，府県17.1％，市町村14.5％）に比べてやや国税の比率が小さく，県税部分が大きく，市町村部分が小さかった。1990年度では，国税が60.7％，県税が18.3％，市町村税が21.0％で，全国平均（国65.2％，府県16.1％，市町村18.6％）に比べて，国税部分が小さく，県および市町村部分が大きくなっている[13]。このように，琉球時代に比べると，県税および市町村税部分は大きくなった。

しかし，そのことが沖縄の自治的財政基盤を強化したことになったかどうかは，評価がむずかしいところである。というのも，琉球政府時代には，沖縄における税のすべてがまがりなりにも琉球政府によって課税・徴収され，

表 7-8　一般会計歳入の対類似県比較（1995年度予算）　　　（単位：百万円，%）

	類似県平均		沖　縄　県		全国平均
	予算額	構成比	予算額	構成比	構 成 比
（自主財源）	169,698	32.8	129,690	22.4	47.2
県税	72,876	14.1	70,508	12.2	29.3
分担金・負担金	7,481	1.4	3,870	0.7	1.6
使用料・手数料	8,078	1.6	14,700	2.5	2.1
財産収入	4,154	0.8	3,702	0.6	0.7
寄付金	100	0.0	―	0.0	0.0
繰入金	18,511	3.6	21,319	3.7	2.8
繰越金	240	0.0	―	0.0	1.5
諸収入	58,258	11.3	15,591	2.7	9.2
（依存財源）	347,322	67.2	449,347	77.6	52.8
地方譲与税	6,202	1.2	6,759	1.2	1.6
地方交付税	160,769	31.1	183,500	31.6	15.7
交通安全交付金	390	0.1	362	0.1	0.1
国庫支出金	118,044	22.8	207,896	35.9	18.5
県債	61,917	12.0	50,830	8.8	16.9
歳入合計	517,020	100.0	579,037	100.0	100.0

（資料）　前表に同じ。全国平均は1995年度決算。

運用されていたわけであるが，復帰後は，税収の約6割が国税として確実に日本の国庫に吸い上げられることになったからである。

　沖縄県一般会計における歳入構造を見ると，復帰後1981年度までの第1期では，自主財源比率は20%前後で推移している。オイル・ショック後の1970年代後半には自主財源比率は17%前後に低下した。第2期（1982〜91年度）には22〜23%に上昇したが，1990年代に入ると，バブル崩壊後の県税収入の低迷を反映して，再び20〜21%に低下する傾向が見られる。

　他方，地方交付税・国庫支出金を中心とする依存財源は，復帰後第1期（1972〜1981年度）では平均82%，第2期（1982〜1991年度）では78%を占めた。1990年代も，80年代とほぼ同様の傾向が続いている。第1期では国庫支出金の比重が平均42%にたいして地方交付税が35%，第2期では国庫支出金が36%にたいして地方交付税が32%へと，それぞれ比重をやや下げているが，国庫補助負担金や地方交付税に依存する歳入構造に基本的な変化はなか

表 7-9　人口1人当たりの地方税および一般財源の推移　　　（単位：円，%）

		1973年度	1975年度	1980年度	1985年度	1990年度	1995年度
1人当たり地方税	沖縄県	12,108	17,315	30,049	41,089	52,213	54,578
	Eグループ平均	15,900	19,273	38,138	47,593	63,946	71,926
	全国平均	27,993	29,712	55,722	74,067	103,820	94,753
指　数	沖縄県	43	58	54	55	50	58
	Eグループ平均	57	65	68	64	62	76
	全国平均	100	100	100	100	100	100
地方税／歳入合計	沖縄県	11.8	12.1	11.4	13.7	13.2	11.1
	Eグループ平均	13.3	11.0	12.3	13.1	13.9	12.2
	全国平均	31.5	24.2	27.1	30.6	32.3	23.5
1人当たり一般財源	沖縄県	49,868	65,910	111,177	132,877	191,561	207,750
	Eグループ平均	54,290	75,714	126,596	166,454	239,727	248,491
	全国平均	44,961	54,658	98,269	124,201	180,767	175,751
指　数	沖縄県	110	121	113	107	106	118
	Eグループ平均	121	139	129	134	133	141
	全国平均	100	100	100	100	100	100
一般財源／歳入合計	沖縄県	48.4	46.1	42.2	44.1	48.5	42.1
	Eグループ平均	45.2	43.2	42.5	45.8	52.1	42.1
	全国平均	50.6	44.5	47.8	51.2	56.3	43.6

（資料）『地方財政白書』各年版より作成。1975年度以降の全国平均値は東京都を除く数値。
（注）　Eグループとは，財政力指数が0.3以下の県平均。

った。また，1990年代においても80年代とほとんど変わらない構造が続いている。

　表7-8は，1995年度の歳入構造を，類似県（島根・徳島・高知・佐賀・宮崎）と比較してみたものである。沖縄県の自主財源比率は類似県を約10%ポイント下回っており，依存財源は10%ポイント上回っている。特徴的なことは，依存財源のうち地方交付税の比重はそれほど変わらないが，国庫支出金の比重が類似県に比べて10%ポイント以上高いことである。1980年代後半以降，いわゆる地方行革で自治体への補助金削減が進んだが，その中で，補助金の比重にかんする類似県と沖縄県の逆格差が広がっている。国庫補助負担金依存型の歳入構造は，復帰後沖縄県財政の最大の特徴のひとつである。

　人口1人当たりの地方税および一般財源という角度から見るとどうであろ

うか（表7-9）。沖縄の人口1人当たりの地方税は，全国平均を100として43という低い水準から出発し，1995年度には58まで成長した。しかし，財政力指数0.3未満の諸県（ここには類似県の多くが含まれる）と比較すると，その格差はかならずしも縮まっていない。歳入全体に占める地方税の割合も，この表では，1975年度と1985年度でEグループの平均を上回っているが，90年代に入ると再び下回る傾向を見せている。他方，地方税に地方交付税を加えた一般財源を見ると，沖縄県の人口1人当たり一般財源は，復帰直後の1973年度にすでに全国平均より1割多く，その後，全国平均を100として110～120の水準で推移している。Eグループが130～140の水準にあるのと比較すればやや低いながら，歳入全体に占める一般財源という点から見ても，ほぼ全国平均の水準を維持してきたといってよいであろう。

　以上，復帰後の沖縄県の歳入構造は，自主財源は2割前後で推移し，国からの依存財源が8割，とくに国庫補助負担金に4割近くを依存してきた。他方，人口1人当たりの地方税では全国最低の水準を脱するには至っていないが，地方交付税を含めた人口1人当たりの一般財源で見ると，全国平均をやや上回る水準を維持している。国に依存する部分がきわめて大きいとはいえ，一応本土府県並みの財政基盤が確保されてきたといえる。

3　間接税依存型からの脱却？

　前節で見たように，琉球政府時代の税収構造は，間接税とくに関税代替的な間接税の比重の高い，基地依存の輸入経済型構造であった。本土復帰後，その税収構造は直接税中心の本土並み構造に大きく転換した。復帰翌年の県税収入のうち直接税はまだ62％にすぎなかったが，それでも琉球政府時代の直間比率が6対4であったのにたいして，地方税法の適用とともに，沖縄県の直間比率は4対6に逆転した。直接税の比重は，その後次第に増加し，1980年代の後半には70％台になり，ピークの1991年度には77.5％に達している。

　沖縄県の税収構造を，類似県と比較すると，1981年度では，直接税の割合は全国平均の77％，類似県の71％にたいして，沖縄県は67％とまだ相対的に

第7章 沖縄の自立的発展と県財政　177

表7-10　県税収入の対類似県比較（1994年度予算）

(単位：百万円, %)

	類似県平均		沖縄県		全国平均
	決算額	構成比	決算額	構成比	構成比
県民税	21,297	29.1	19,802	27.2	32.6
個人	10,923	14.9	12,194	16.8	18.1
法人	3,876	5.3	3,461	4.8	5.5
利子割	6,497	8.9	4,146	5.7	9.0
事業税	21,566	29.4	18,628	25.6	32.7
個人	1,064	1.5	776	1.1	1.8
法人	20,501	28.0	17,851	24.5	30.9
（法人2税）	24,377	33.3	21,312	29.3	36.4
自動車税	9,881	13.5	14,588	20.1	11.2
（直接税）	52,744	72.0	53,018	72.9	76.5
不動産取得税	2,891	3.9	3,236	4.4	4.9
たばこ税	2,340	3.2	3,321	4.6	2.7
ゴルフ場利用税	627	0.9	1,248	1.7	0.7
特別地方消費税	614	0.8	632	0.9	1.0
自動車取得税	3,458	4.7	1,759	2.4	4.3
軽油引取税	9,906	15.4	8,647	11.9	9.6
県税合計	73,232	100.0	72,752	100.0	100.0

（資料）　沖縄県財政課『財政関係資料（平成8年度）』より作成。

低かった。沖縄県では自動車税の比重が高いにもかかわらず，個人県民税および法人2税の絶対額と比重が小さかったからである。とくに法人2税は，類似県の134億円にたいして，沖縄県は105億円と8割程度しかなく，県税収入における比重も全国平均の45％，類似県の34％に比べて，沖縄県は27％とかなり低かった。他方，間接税にかんしては，不動産取得税，たばこ消費税，娯楽施設利用税，料理飲食等消費税，軽油引取税などほとんどの税目において，絶対額で類似県を上回り，構成比で全国平均を上回っていた。

　表7-10に示されるように，1994年度決算では，沖縄県の個人県民税は122億円で，類似県の平均額109億円を1割以上も上回り，構成比も高くなっている。ところが，法人2税にかんしては，類似5県の平均244億円にたいして，沖縄県は213億円で，依然として少ない。しかし，その格差は1981年度の8割から1994年度には9割近くにまで縮まった。間接税では，不動産取得

税,たばこ税,ゴルフ場利用税,特別消費税などの税目にかんして,沖縄県は依然として類似県の平均額を上回る税収を上げている。とくに,ゴルフ場利用税については,類似県の2倍近い税収である。逆に,自動車取得税,軽油引取税では,類似県のほうが沖縄県を上回る結果となっている。

以上のように,沖縄県の税収構造は,琉球政府時代の間接税依存型から,復帰後には本土並みの直接税依存型に転換した。しかし,個人県民所得税では類似県平均を超える水準に達したものの,法人関係の税収は依然として相対的に低い水準にあり,観光消費を中心とする間接税に依存する部分が大きい。すなわち,琉球政府時代とは異なったかたちの間接税依存型が残っている。

ところで,このような税収構造の転換過程で役割を果たしたのが,「沖縄復帰特別措置法」とそれにもとづく税制関係の特別措置であった。復帰にともなう激変緩和措置は,①県民負担の急増,②物価上昇,③企業経営の困難を防止することを目的に実施された。税制にかんする措置のうち,国税および地方税の直接税関係では,たとえば県民税の均等割のみの納税については復帰年度の課税を免除するなど軽微なものにとどまり,法人税関係の青色申告者の減価償却にかんする経過措置や,特定業種の中小企業者にたいする機械等の減価償却にかんする経過措置などを除くと,激変緩和措置は間接税や関税に集中した。間接税関係には,県産酒類にかかる酒税の軽減措置,県産砂糖類にかかる砂糖消費税の軽減措置,揮発油税および地方道路税の軽減措置,県産物品税(モーターボート,三弦,家具類等)の減免措置などがあった。関税にかんしては,肉・くず肉,還元乳製造用バター,ビール製造用麦芽・ホップ,菓子製造用の豆,こんにゃんくいもなどの原料品にかかる関税の減免措置,発電用石油にかかる関税の免除,バナナ・オレンジ・ハム・ベーコン・ウーロン茶等の消費生活物資にかかる関税の減免,そして観光戻税などが主な内容であった。

これらの激変緩和措置のための減免額は,復帰年度から1990年度までの19年間で,間接税関係1000億円,関税関係530億円,合計1540億円にのぼる。これらの税収が琉球政府時代には沖縄の金庫にはいっていたことを考慮して,

これらの減免額を沖縄県の税収全体と比較してみると、この19年間の総県税収の2割に相当する。とりわけ、復帰後の数年間においては、これらの間接税・関税の減免額は、県税収入にたいしてその4割から6割の規模であった。琉球政府時代の関税的間接税依存型の税収構造から、本土並み直接税中心の税収構造への移行は、このような「復帰特別措置法」による減免措置によってはじめて可能になったといえる。ただし、これらの軽減措置のうち、間接税にかんしては、消費税の導入とともに、泡盛・ウィスキーなどの酒類および揮発油税を残して廃止され、関税にかんしても、還元乳製造用バター、こんにゃくいも、発電用石油などを除いて本則に戻されている。また、観光戻税制度も事実上ほとんど機能していない。これらの減免措置が、沖縄経済の自立的発展にどれほど貢献したかは定かでない。しかし、これらのタックス・エクスペンディチャー（税制による補助金）が、とくに復帰直後の沖縄財政にとって決して小さくなかったことは確かである。

4 公共事業中心の歳出構造

復帰後、沖縄県の歳出構造はどのように変化したのであろうか。まず、性質別歳出の構成比の推移を見ると、特徴的なことは、義務的経費のうちとくに人件費の比重が一貫して高いことである。とりわけ復帰直後の5年間は平均して45％ときわめて高い水準であった。琉球政府時代においても人件費の比重は大きく、1970年度の人件費構成比は44％であったが、復帰後もその水準が引き継がれたと言える。その後、1980年代には37～39％で推移し、90年代にようやく33～35％の水準に下がっている。

義務的経費のうち扶助費の割合は4％台で、ほとんど変化は見られない。ただ、1990年代に入って3％台へと低下傾向にある。公債費は、復帰後の10年間はきわめて小さく、1％以下ないしせいぜい1％台で推移した。琉球政府時代、1966年度まで起債を認められなかったことが反映していると思われる。しかし、その後次第に増大し、1980年代には5～6％に、90年代には一時12％の水準にまで上昇した。

復帰後の歳出構造の変化の中で最も顕著なことは、投資的経費の比重の増

表 7-11 一般会計性質別歳出構成比の対類似県比較 (1985年度・1995年度決算)

(単位：百万円, %)

	1985年度					1995年度				
	類似県平均		沖縄県		全国	類似県平均		沖縄県		全国
	決算額	構成比	決算額	構成比	構成比	決算額	構成比	決算額	構成比	構成比
義務的経費	156,375	44.7	172,162	47.9	49.2	201,617	34.8	272,555	43.1	38.5
人件費	105,866	30.2	135,867	37.8	36.7	137,763	23.8	209,676	33.1	28.9
扶助費	15,083	4.3	15,629	4.4	3.2	14,637	2.5	21,068	3.3	2.3
公債費	35,426	10.1	20,666	5.8	9.3	49,216	8.5	41,811	6.6	7.3
投資的経費	130,391	37.4	126,367	35.2	27.7	242,993	41.9	246,849	39.0	34.1
普通建設	117,152	33.5	124,487	34.7	26.2	235,793	40.7	244,931	38.7	33.2
補助	81,471	23.3	104,471	29.1	16.0	133,793	23.1	194,657	30.8	16.1
単独	27,433	7.8	18,561	5.2	8.1	83,160	14.3	46,759	7.4	14.4
災害復旧	13,820	3.9	1,880	0.5	1.4	7,201	1.2	1,918	0.3	0.9
その他										
物件費	9,264	2.6	18,353	5.1	3.4	16,226	2.8	33,891	5.4	3.4
維持補修費	2,161	0.6	1,403	0.4	0.8	3,551	0.6	2,354	0.4	0.8
補助費	20,515	5.9	22,799	6.3	10.1	43,086	7.4	47,106	7.4	12.1
積立金	3,220	0.9	7,349	2.0	1.2	14,488	2.5	3,698	0.6	1.0
投資・出資	734	0.2	297	0.1	0.4	2,183	0.4	1,220	0.2	0.7
貸付金	24,375	7.0	7,815	2.2	6.6	52,306	9.0	22,505	3.6	8.9
繰越金	1,840	0.5	2,471	0.7	0.5	2,372	0.4	2,518	0.4	0.4
歳出合計	350,026	100.0	359,077	100.0	100.0	579,644	100.0	632,853	100.0	100.0

(資料) 地方財務協会『地方財政統計年報』各年版より作成。

大である。そのうち普通建設事業費の比重は，復帰直後の5年間は30％前後であったが，1970年代の後半から80年代の前半にかけては40％前後に上昇した。琉球政府時代，たとえば1970年度の普通建設事業費の比率がわずか16％でしかなかったことと比較すると，きわめて大きな変化である。この普通建設事業費のうち，その大半は補助事業である。補助事業と単独事業の関係は，1970年代ではほぼ6対1，80年代では5対1，90年代では4対1と，次第に単独事業の比重が高まってはいるが，補助事業中心の投資的経費という基本構造に変化はなかったといえる。

　性質別歳出構造を，類似県および全国平均と比較してみよう（表7-11）。人件費の比重にかんしていえば，沖縄県は，類似県平均に比較して，1985年

度で7.6ポイント，95年度で9.3ポイント高い。とくに1995年度では全国の平均値がかなり下がったために，沖縄県の人件費の高さが目立っている。

　投資的経費にかんして見れば，沖縄県の普通建設事業費の比重が琉球政府時代に比べて飛躍的に増大したとはいえ，類似県平均の構成比とそれほど違いがあるわけではない。とくに，1995年度では，沖縄県の普通建設事業費の構成比は類似県平均値をむしろ下回っている。ただし，絶対額では，1995年度の沖縄県の普通建設事業費2450億円は類似県平均の2360億円を上回り，とくに補助事業費は1950億円で，類似県平均の1340億円を610億円も上回っている。普通建設事業費に占める補助事業の割合は，類似県が単独事業の比重を高めて6割程度となっているのにたいして，沖縄県は8割程度であり，依然として高い。

　このような復帰後の沖縄における高い比重の普通建設事業費（補助事業）の背景には，いうまでもなく「沖縄振興開発特別措置法」とそれにもとづく沖縄開発庁の存在，そして，そのもとでの沖縄振興開発予算の執行があった。1972年度から96年度までの25年間で，その総額は4兆9600億円にのぼり，さきにも触れたように，この金額はこの期間の沖縄県一般会計歳出累計額の54％に匹敵する。しかも，このうち大部分の4兆5400億円がいわゆる公共事業関係費であった。公共事業のうち，道路が35.4％，下水道・環境衛生が16.9％，港湾・漁港・空港関係が16.1％，農業農村整備が11.7％等となっている。これらの公共投資の結果，道路整備，港湾・空港整備，住宅数，上下水道，教育施設，医療施設等の基本的なインフラストラクチャー整備において，今日の沖縄はほぼ全国平均並みの水準に達したといって過言ではない。

　次に，目的別歳出構成比を類似県および全国平均と比較してみよう。最大の特徴は，沖縄県の場合，教育費が絶対額においても構成比においても類似県を大きく上回っていることである。1995年度決算で見ると，類似県の教育費は1102億円（構成比19.0％）であるのにたいして，沖縄県の教育費は1725億円（同27.3％）となっている。沖縄県では，学齢児童生徒数が類似県に比べて多く，また，公立高校の比重が高い。さらに多くの島々からなる地理的条件によって，過小規模校や過大規模校の割合が多い。こうした条件によっ

て教育費人件費が高くなっているのである。また，民生費や衛生費などでも，沖縄県は類似県を絶対額でも構成比でも上回っている。これにも，復帰後の特別措置で，本来，市町村が行うべき保健・医療・福祉の業務のうち，かなりの部分を県が代行したことに加えて，沖縄県の地理的諸条件が反映していると思われる。

ところで，土木費は，絶対額においても構成比においても，類似県とそれほど大差はない。沖縄県の農林水産事業費は，絶対額および構成比で類似県をやや下回り，商工費ではさらに開きがある。1985年度の沖縄県の商工費は113億円，類似県平均の204億円に比較して90億円の開きがあった。1995年度では，類似県の420億円にたいして沖縄県は270億円で，150億円にその差が拡大している。産業振興に向けての直接的な財政支出は，類似県に比べても小さかったといわざるをえない。

5　人件費の高さと「特有事情」

最後に，若干の財政指標について見ておこう（表7-12）。まず，沖縄県の財政力指数は，復帰当初は0.15ときわめて低かったが，その後ほぼ0.25前後で推移している。一時的には類似県平均を上回ることもあったが，全国平均の0.5前後に比べるとその約半分程度という状態からは脱却できていない。

公債費比率は，全国平均や類似県平均に比べて一貫して下回っていたが，1980年代の後半から90年代にかけて，全国平均に接近しつつある。

財政指標の中で最も大きな問題は，経常収支比率が一貫して類似県や全国平均に比べて高いことである。1996年度の沖縄県の経常収支比率は91.2で，全国ワースト5位である。ワースト5位以内の府県は，大阪府，神奈川県，愛知県，福岡県であり，沖縄県はいまや大都市圏並みの財政硬直化をきたしているといえる。沖縄県の場合，公債費や扶助費，補助費等の比重はそれほど高くない。したがって，その最大の原因は人件費の大きさにある。1995年度の数値で見ると，経常収支比率の全国平均88.1のうち人件費部分は49.9であったのにたいして，沖縄県の経常収支比率は92.2，そのうち人件費部分は58.2であり，10ポイント近く高くなっている。

表7-12 財政諸指標の推移

	1973年度	1975年度	1980年度	1985年度	1990年度	1995年度
財政力指数						
沖縄県	0.154	0.248	0.221	0.278	0.244	0.257
類似県平均	0.271	0.279	0.274	0.270	0.241	0.272
全国平均	0.528	0.510	0.473	0.502	0.509	0.479
経常収支比率(%)						
沖縄県	75.0	92.1	84.2	89.8	82.5	92.2
類似県平均	70.7	82.4	75.1	80.4	65.4	78.1
全国平均	68.7	89.3	75.8	82.2	70.7	88.1
公債費比率(%)						
沖縄県	1.7	1.9	4.2	9.6	9.6	10.8
類似県平均	3.5	4.7	7.9	12.0	10.5	13.9
全国平均	3.4	4.9	6.3	10.5	9.6	12.5

(資料) 沖縄県『財政関係資料』より作成。

　この沖縄県財政における人件費の高さの背景には，沖縄固有の歴史的事情があることを忘れてはならない[14]。本土復帰と同時に，半国家・半自治体の性格をおびた旧琉球政府の職員約2万6500人のうち，6400人が沖縄在駐の各省庁機関に，約100名が本土在駐の国家機関・公共機関および市町村に，残りの約2万人が沖縄県に引き継がれた。沖縄県に引き継がれた職員の中には，教育区に属していた公立小中学校の教員8380人が含まれる。また，このほか，米国民政府の琉球水道公社320名が沖縄県の企業局に，同じく米国民政府下の沖縄下水道公社97人が知事部局の下水道特別会計の職員として引き継がれた。このように，琉球政府から沖縄県に移行する過程で，沖縄県は，国家業務や市町村業務の一部を担当していた旧琉球政府の職員をそのまま引き継がざるをえず，また，基地の維持にも関連した米国民政府経営の上下水道事業を引き継がなければならなかった。沖縄県が多くの職員数をかかえなければならなかった背景には，このような歴史的事情があった。

　さらに，このほかに，沖縄県には多くの職員数を抱えなければならない特有の事情がある。沖縄県総務部行政管理室の業務調査によると，特有業務のための職員数は，1972年度では知事部局職員定数5312人のうち1484人（28％），1975年度では6112人のうち1796人（29％）であった。つまり，一般行政職員

の3割が,「①特殊事情,②戦後処理,③特別措置法,④復帰処理」等の特別事情による職員配置であった。このうち,①特殊事情とは,軍用地・軍雇用など米軍基地関係の渉外業務,②戦後処理とは,沖縄戦による土地台帳等の復元業務等,③特別措置法とは,本来市町村が行うべき保健所の治療業務・病院業務・老人福祉施設・福祉事務所などの「復帰特別措置法」にもとづく代行,④復帰処理とは,米軍による人身事故・財産損害にたいする補償請求,軍用地復元補償,旧琉球政府の債権債務処理などである。

沖縄県職員の定数は,1972年度の2万570人が1990年度には2万5353人に,1995年度には2万5778人へと増加した。1988年度以来,沖縄県の知事部局の職員定数は7000人に,職員定数条例による定数は7883人に,警察職員定数は2547人に押さえられてきた。しかし,下水道特別会計職員,企業局(上水道業務),病院事業,知事一般事務部局の規模等,復帰後の沖縄県における職員配置の構造は基本的に変化していない。人件費の比重の高さをもたらす沖縄県の歴史的特有事情は,いまだ清算されていない。

Ⅳ 沖縄県財政改革の課題

以上見てきたように,本土復帰後,沖縄経済に占める財政の比重は飛躍的に高まった。しかし,それは,かならずしも沖縄県における財政自治が確立したことを意味したわけではない。

というのは,財政支出の拡大を主導したのは,沖縄県の財政自主権にもとづくものではなく,市町村にあっては基地の存在にかかわる防衛施設庁・自治省関連の財政支出,県については「沖縄振興開発特別措置法」にもとづく沖縄開発庁による財政支出が主だったからである。琉球政府時代に比べて,沖縄県の財政自主権は大幅に拡大したとはいえ,実質的にはきわめて制約されたものであった。

沖縄県は,1998年度の予算編成に際して,従来のシーリング方式に変えて,ゼロ・ベース型の予算見直しを行うために,義務的経費(A経費),義務的事業(B経費),政策的事業(C経費),経常的事業(D経費),標準的経費

(E経費) という5つの経費区分を行い，それぞれに削減目標を定めることにした。そのうち，「A経費」の義務的経費には，①人件費，②公債費，③扶助費のほかに，④沖縄開発庁一括計上事業（各省庁沖縄特例分を含む）という項目が含まれている。これは，事前の算定段階での調整があるとはいえ，沖縄県側から見るとまさに「義務的経費」であり，削減も変更もきかない経費である。

　1999年度予算で見ると，沖縄開発庁概算決定額は3282億円であるが，そのうち県計上分は1479億円，沖縄県側の裏負担額は432億円，合計1911億円となる。これは一般会計当初予算総額6311億円の30％にあたる。1999年度予算のうち，人件費・扶助費・公債費などのいわゆる義務的経費が48％であるから，これに「A経費」④を加えると，「A経費」は歳出総額の78％となる。

　この沖縄開発庁一括計上予算が義務的経費（A経費）に含められるのは，これらの経費にかんする予算編成作業が4月から始まり，8月末の開発庁による概算要求を経て，県の次年度予算編成作業が本格的に始まる11月頃には，国の次年度予算の一部としてほぼ確定しているためである。開発庁一括計上分については，概算要求作成過程で県各部局との折衝，県財政課や三役による調整が行われるとはいえ，県予算の編成過程では，もはや動かすことのできない「義務的経費」として意識されることになる。県独自の予算編成は，歳出全体の2割の範囲で行われるのである。

　このように財政自主権を制約されたもとで，復帰後の沖縄県財政は，国庫補助金に依存する公共事業の展開を軸に運営されてきた。税収構造としては，琉球政府時代の関税の間接税依存型から，本土並みの直接税依存型の構造に転換したが，本土の類似県に比較すると，法人2税収入の比重は小さく，観光消費にかかる間接税に依存する部分が大きい。沖縄の特有事情を反映して，歳出に占める人件費の比重が高く，財政の硬直度を示す経常収支比率は，本土の大都市圏並みに悪化している。「はじめに」で提起した地域の内発的・自立的発展へのインフラとしての自治体財政の条件に照らして見るとき，沖縄県財政はきわめて限定された状況におかれているといわざるをえない。

　では，どのようにすれば，沖縄県財政は，沖縄の内発的・自立的な社会形

成に貢献するシステムとして機能しうるのであろうか。最後に，沖縄県財政のあり方について若干の提言をしておきたい。

　第1に，沖縄の内発的・自立的発展に向けて財政自主権の確立を図るには，沖縄開発庁の存在そのものについて再検討すべきである。

　復帰後4分の1世紀，「沖縄振興開発特別措置法」にもとづいて，本土より15～20年立ち遅れていた社会資本整備を行うという沖縄開発庁の役割はすでに果たされた。沖縄では，これ以上ハードなインフラ整備を続けても，もはや地域の内発的発展にはつながらないという時点まで立ちいたっている。これまでの沖縄振興政策の最大の弱点は，道路・港湾・空港等のハードなインフラ整備に目を奪われ，それらの基盤が整備されさえすれば，あとは自ずから地域産業が成長すると誤認したこと，否，地域産業の内発的発展を意識することなく，こうしたインフラ整備のための公共土木事業そのものが自己目的化されたところにある。これからは，まさに「本土並み」に，否，それ以上に沖縄独自の開発政策を展開する必要がある。

　そのためには，財政規模の3割を占める「開発庁一括計上分」を県独自の予算編成権のもとにおくための改革を行い，沖縄県の財政自主権を文字通り確立すべきであろう。沖縄にかんする各省庁の施策の調整については，沖縄開発庁および沖縄総合事務局が担当してきたところであるが，これからはその役割を沖縄県自身が担うべきではなかろうか。

　第2に，それと同時に，「沖縄振興開発特別措置法」にもとづく国庫補助金のかさ上げ措置についても見直しが必要である。10/10あるいは8/10といった高率による国庫補助金の支出は，たしかに，沖縄における産業・生活基盤の整備を促進するのに役立った。しかし，他方では，本土並みの画一的な補助金制度が，亜熱帯性気候と島嶼性などの固有の生態系の無視，環境への悪影響，沖縄の文化的伝統の無視，無駄と非効率，そしてなによりも自発的で創造的なインフラ整備への意欲と能力の欠落を生み出したこともたしかである。自発的・創造的インフラ整備に転換するためには，補助金のかさ上げ方式を廃止する時期にきているのではないか。ただし，これらの国庫資金を一挙に削減することが困難であるとすれば，時期を区切った当面の移行措

置として，地方交付税措置による一般財源化を図ることも考えられる。

　第3に，このようにして，インフラ整備の基本を，道路・港湾・諸施設等のハード中心から，人材育成・技術開発・経営指導・情報ネットワークづくりなどのソフトなインフラ整備中心に転換する必要がある。モノづくりの振興に向けた産業基盤づくりと，教育・文化・健康・環境・福祉といった分野の生活基盤づくりとを結合することも重要である。

　沖縄地域の自立的発展のためには，ハードなインフラ整備と，ソフトなインフラ整備を独自の戦略にもとづいて調整していく必要がある。ところが現状では，ハードなインフラ整備を中心とする沖縄開発庁一括部分の計上は8月で終了し，県予算編成は11月以降に始まるというタイムラグがあり，整合性を欠きやすいという問題がある。インフラ整備のあり方を転換するためにも，沖縄開発庁の廃止を含む縮小・再編が必要となろう。

　第4に，軍用地料や助成・調整交付金など基地に関連した財政支出を，個々の地主や市町村・地区だけのものとするのではなく，沖縄全体の内発的・自立的発展のためにどう活用するかを検討すべきである。

　基地の撤去がなければ沖縄経済の自立的発展はありえないのか，それとも基地の存在と沖縄経済の自立的発展とは相対的に別個の問題なのか，意見は分かれるところである。いずれにせよ，基地の存在が，それぞれの地域の最も貴重な土地を独占しており，高い軍用地料に引きずられた高地価を生み出し，県民生活にさまざまな人的・物的・心的被害をもたらすことによって，沖縄の自立的発展の障害になっていることは疑いもない事実である。基地撤去と沖縄の自立的発展とは密接にかかわっている。基地の縮小・撤去に向けた沖縄の決意を示すためにも，軍用地料や助成・調整交付金の一部を「基金」として積み立て，沖縄の自立的発展のために活用するといったシステムをつくる必要があるのではないだろうか。

　このようなシステムの改革を通して，沖縄県が真の意味の財政自主権を確立し，自らの意思にもとづいて予算編成を行うための自主財源・一般財源を拡充し，独自の文化と歴史に根ざした企画・政策能力および市民参加型の財政運営能力を高めていくこと，このことが沖縄の内発的・自立的な社会形成

にとってなによりも望まれることである。

1) さしあたって,牧野浩隆『再考・沖縄経済』(沖縄タイムス社,1996年),来間泰男『沖縄経済の幻想と現実』(日本経済評論社,1998年),宮城弘岩『沖縄自由貿易論』(琉球出版社,1998年),真栄城守定・牧野浩隆・高良倉吉『沖縄の自己検証』(ひるぎ社,1998年)などを参照。なお,宮本憲一・佐々木雅幸編『沖縄——21世紀への挑戦』(岩波書店,2000年)を参照。
2) ただし,福丸馨一「沖縄復帰後の行財政構造」(宮本憲一編『開発と自治の展望』筑摩書房,1979年,第8章)をはじめ,『高知論叢』および『九州国際大学論集』に書かれた一連の業績がある。本章は,福丸馨一のこれらの業績に多くを負っている。
3) 群島政府時代の財政については,主に,琉球銀行『琉球銀行十年史』1962年,琉球銀行調査部編『戦後沖縄経済史』1984年,を参照した。
4) 久場政彦『戦後沖縄経済の軌跡——脱基地・自立経済を求めて』ひるぎ社,1995年。
5) 琉球米国民政府/琉球政府経済開発合同委員会「琉球経済開発計画に関する調査報告書」1972年,による。
6) 福丸,前掲「沖縄復帰後の行財政構造」参照。
7) 久場,前掲書。
8) 琉球銀行調査部編,前掲『戦後沖縄経済史』1203ページ。
9) 同上。
10) 福丸馨一「沖縄県の地方財政問題(1)本土復帰と『一体化』の推移」(『高知論叢』第40号,1991年3月)。
11) 「基地経済」のこのような定義については,来間,前掲書,および同『沖縄経済論批判』日本経済評論社,1990年,を参照。
12) 来間,前掲『沖縄経済の幻想と現実』。
13) 福丸馨一「現代沖縄地方財政論(2)」(『九州国際大学社会文化研究所紀要』第34号,1994年3月)。
14) 福丸馨一「沖縄県の地方財政問題(6)」(『高知論叢』第45号,1992年11月)および「本土復帰は沖縄の地方行財政をどのように変えたか(1)」(『都市問題』1992年8月号)など。

付記 本章は,トヨタ財団助成による「沖縄の持続的・内発的発展に関する研究」(代表・宮本憲一)の最終報告書の筆者担当部分に,加筆修正したものである。

第8章　大都市圏の自治体財政危機

I　戦後3回目の地方財政危機

　1998年の秋以来，大阪府，東京都，神奈川県，愛知県など大都市圏の都府県を中心に，次々に「財政非常事態宣言」が出され，福祉・教育・医療等にかかわる公共サービスの削減，受益者負担の増加，職員定数の大幅削減と給与の抑制などの「再建方策」が打ち出された。
　「実質収支など財政指標が悪化し，公共サービスの水準を維持することができず，地方自治体としての本来の役割が果たせない状態にあり，それを打開する展望が見えない状況」を地方財政危機と定義するならば，これらの都府県はまさに地方財政危機に陥っている。また，その他の多くの府県および市町村も潜在的な危機状態にある。
　1998年度の決算によると，実質収支（形式収支から翌年度への繰り越し財源を差し引いたもの）が，東京都（1067億円），神奈川県（302億円），愛知県（227億円），大阪府（120億円）の4都府県で赤字となった。1981年度以来17年ぶりのことである。大阪府の場合は，「財政健全化債」の発行や積立基金の架空の取り崩しなどのやりくりの結果であり，実質的には2167億円の赤字だといわれている。このように，実質収支の赤字は4都府県に限られているが，実質単年度収支（実質収支から前年度の実質収支を引いた単年度収支から，さらに積立金の取り崩し額等を差し引いたもの）で見ると，47都道府県のうち32都道府県が赤字であり，潜在的な危機がしのび寄っている。
　また，実質収支が赤字の市町村は14市・9町村にすぎないが，多くの自治体で，公債費負担比率や経常収支比率などの財政諸指標の悪化が進行している。とりわけ，大阪府下の衛星都市の財政状態が悪く，全国の赤字団体14市のうち8市までが大阪府下の都市である。豊中市，枚方市，吹田市，岸和田

市など，これまで比較的裕福で，安定した財政運営が行われてきたと思われてきた自治体で，「財政再建団体」転落の危機を理由に「財政非常事態宣言」が出され，都府県同様の「緊急方策」や「財政健全化計画」が発表されている。

戦後，わが国は，2度にわたる地方財政危機を経験した。

第1回目は，1953〜55年度にかけて，ドッジ・ライン後の超均衡財政政策のもとで起きた。ピークの1954年度には，34の都道府県が赤字決算となり，全国6000近い市町村のうち4割の自治体が赤字を出した。この地方財政危機を背景に，「地方財政再建促進特別措置法」(1955年)が制定され，いわゆる「財政再建団体」(政府管理下での財政再建措置)の仕組みがつくられた。

第2回目は，1973年のオイル・ショックとその後の不況の影響で生じた，1974〜75年度を中心とする地方財政危機である。1975年度には，27都道府県が赤字となり，3300近い市町村のうち200あまりの自治体が赤字決算となった。

今回の，1990年代の後半に深刻化した地方財政危機は，このような過去2回の地方財政危機につぐ，戦後3回目の危機である。

II 地方財政危機の特徴

今回の地方財政危機の特徴は，次のような諸点にある。

第1は，国家財政の危機と同時並行的に進行しているということである。

2000年度予算の見込みでは，国・地方を合わせた財政赤字は47兆円，GDPの9.4％に達する。そのうち国の財政赤字が39兆円（対GDP比7.8％），地方の財政赤字が12.5兆円（同2.5％）である。また，国・地方の長期債務残高は645兆円（同129.3％）に達する。

このように，持続可能性が危ぶまれるような国家財政危機と並行して，地方財政危機が進行しているところに，今回の最大の特徴がある。

第2は，このように，国家財政危機と地方財政危機が同時進行しているが，国際比較で見ると，日本の地方財政赤字のGDPに占める比率がきわめて高

いということである。

　1995年度における一般政府（中央政府＋地方政府＋社会保障基金）の貯蓄投資差額の対GDP比を見ると，日本は，中央政府が4.1％の赤字，地方政府が2.7％の赤字，社会保障基金が2.8％の黒字であった。この年度の地方政府の赤字は，アメリカが0.5％，イギリスが0.2％，ドイツが1.7％，フランスが0.2％，イタリアが0.2％等であり，日本における地方政府財政赤字の国民経済に占める比重は特別に大きい。

　第3は，地方財政危機が，大都市圏の都府県において最も深刻化していることである。

　最初に見たように，大規模な実質収支の赤字が，東京都，大阪府，神奈川県，愛知県などでまず発生した。さらに，これらの都府県においては，経常収支比率（経常的一般財源に占める，人件費・扶助費・公債費・物件費・補助費等の経常的経費の比率）という財政の硬直化を示す指標が，大阪府でワースト1の117.4，神奈川県で115.1，愛知県で110.6，福岡県で97.0，東京都で94.9（1998年度）というように，全国的に見て最も悪い状態にある。これらの自治体の財政力指数（基準財政収入額／基準財政需要額 の3年間の平均値）は0.9ないし1.0以上で，地方交付税の配分額が小さいか，東京都のように不交付団体となっている。いわゆる財政力の強い，「富裕団体」のはずである。にもかかわらず，これらの地方自治体において，財政危機が最も深刻に現れている。これは，今回の地方財政危機が，景気後退による循環性のものであるだけでなく，構造的な要因によって引き起こされていることを窺わせるものである。

　第4に，地方財政全体で見ても，借金依存体質と累積債務の増大という状態が続いており，多くの県や市町村において，基金の取り崩し等で実質収支の黒字を維持しているものの，潜行型の財政危機が進行しているということである。

　この10年間，地方財政の借金は増え続け，2000年度末で，地方財政の借入金残高は184兆円（GDPの36.8％）に達する。1991年度に比べると2.6倍，114兆円の増加である。借入金増加のうち，減税補てん債，財源対策債，減

収補てん債，地方交付税特別会計借入金などといった，地方財政の財源不足を補うための特例的な借入金が51兆円と4割以上を占めている。

このような借金漬けの状態の中で，借金返済のための財政負担が重くのしかかりつつある。公債費負担比率（公債元利償還に充当される一般財源／一般財源総額）は7年連続上昇中であり，1998年度決算では全体で16.4％に達した。通常15％が警戒ラインとされているが，このラインを超えた団体は，都道府県で4分の3の35団体，市町村では6割の1939団体に達している。

この結果，経常収支比率は都道府県全体で1990年度の70.7から1998年には94.2へ，市町村では1990年度の69.7から1998年度には85.3に上昇した。財政の硬直化が着実に進行し，財政運営の自由裁量度を失う自治体が増えつつある。

III 地方財政危機の原因——大阪府の事例から

なぜ，このような地方財政危機が生じたのであろうか。その原因は，1990年代におけるバブル経済の崩壊と長期の不況にある。しかし，それだけではなく，バブル時代に計画された大規模開発プロジェクトを継続し，公共土木事業を拡大し続けてきた財政運営や，国・地方間の税源配分や地方財政調整制度のあり方などにも原因がある。これを，最も深刻な財政危機状態にある大阪府の事例を中心に見てみよう。

はじめに触れたように，1998年秋，東京都，神奈川県，愛知県，大阪府など大都市圏自治体が次々に「財政非常事態」を宣言し，「財政再建方策」を打ち出した。その中で財政状況の悪化が最も著しいのが大阪府である。大阪府が1998年9月に公表した「財政再建プログラム（案）」によると，99年度には4950億円もの財源不足が見込まれ，その不足額は2002年度には6250億円に達すると予測されていた。財政規模の実に4分の1近い財源が不足することになる。また，財政の硬直度を示す経常収支比率は，大阪府が過去数年間，全国ワースト1の数値を続け，1998年度には実に117.4にまで上昇した。

大阪府は，すでに1996年の秋の「財政健全化方策（案）」以来，福祉・教

第8章　大都市圏の自治体財政危機　193

表8-1　大阪府一般会計主要歳出決算額（性質別）　　　　　　　（単位：億円，%）

	1970年度(a)	1975年度(b)	b－a	1990年度(a)	1995年度(b)	b－a
歳出総額	3,578(100.0)	7,986(100.0)	4,408	22,509(100.0)	27,022(100.0)	4,513
人件費	1,244(34.8)	3,481(43.6)	2,237	8,475(37.7)	9,612(35.6)	1,137
扶助費	51(1.4)	148(1.8)	97	483(2.1)	654(2.4)	171
公債費	90(2.5)	343(4.3)	253	1,771(7.9)	1,805(6.7)	34
普通建設事業費	1,168(32.7)	2,184(27.3)	1,016	4,327(19.2)	7,328(27.1)	3,001

（資料）　大阪府『財政ノート』より作成。

育・医療を中心とする経費の削減，人員削減と人件費の抑制，使用料・手数料など住民負担の増加といった「財政再建方策」を打ち出した。それでも，財源不足額は次々に予想を上回ってふくらみ，ついに1998年度決算は実質収支120億円の赤字（実際には2167億円の財源不足）に陥ったのである。

全国有数の大都市圏自治体である大阪府がなぜこのような財政危機に陥ったのであろうか。

1　民間活力活用型大規模プロジェクトと公共事業の拡大

大阪府の「財政再建プログラム（案）」（1998年9月）は，財政赤字の原因を，人件費・公債費・扶助費など，いわゆる義務的経費の増大に求め，なかでも総額で1兆円に達する人件費の増大が，赤字の最大の原因であるかのように主張した。義務的経費の伸びを大きく見せるために，人件費・扶助費・公債費のほかに，地方消費税の清算等のための経費を「準義務的経費」に加えるなどのトリックさえ行った。しかし，この間の経費の推移を分析すれば，問題が人件費をはじめとする義務的経費にではなく，公共土木事業費などの投資的経費にあることは明瞭であった。

大阪府一般会計の性質別歳出の動きを，1970年代の財政危機の際と比較しながら見ると（表8-1），1970年度から75年度にかけてと同じように，90年度から95年度にかけても4500億円ほどの歳出の増加があった。そのうち，人件費は，1970年代には，1200億円から3400億円へ2200億円増加したのにたいして，90年代には，8500億円から9600億円へ，1100億円の増加であり，その

増加額は70年代の半分にすぎない。1970年代の赤字が人件費の急増にある程度起因したことは否定できないかもしれないが，今回の危機の原因をそこに求めるのはかならずしも妥当ではない。扶助費や公債費の増加額もわずかである。

　最大の問題はむしろ普通建設事業費（公共土木事業向けの投資的経費）の急増にある。大阪府の普通建設事業費は，1990年度の4300億円から95年度には7300億円に膨張した。この増加額は，1970年代が1000億円程度であったのにたいして，90年代には3000億円にのぼっている。なかでも増大したのは，「補助事業費」ではなく，府の自主財源や起債によってまかなわれる「単独事業費」である。その単独事業の財源内訳も，地方税などの一般財源の比率がしだいに下がり，7～8割を地方債に依存するようになった。

　このような投資的経費の増大には2つの側面があった。

　ひとつは，バブル経済の崩壊と国家財政危機の進行という状況のもとで，景気対策のための公共投資の拡大が国によって誘導されたが，その誘導政策に大阪府が追随したということである。

　国は，臨調行革路線のもとで，とりわけ1980年代の後半以降「地方行革」を推し進めるため，国庫負担金や国庫補助金の削減を行ってきた。1990年代にはいり，このような国庫支出金の削減を続けながら，地方自治体を「景気対策」の公共事業に向かわせるために採用されたのが，地方単独事業の拡大である。すなわち，政府は，「まちづくり特別対策事業」や「ふるさとづくり事業」といった地方単独事業を地方債によって進めることを許可し，将来の元利償還の一部を地方交付税で財政措置することとした。財源難にあえぐ自治体は，わずかな一般財源（地方税や地方交付税）の負担で，大部分を借金に依存して公共事業を起こすことが容易となった。また，将来の元利償還を地方交付税の増額によってまかなってもらえるというわけで，このような国の誘導策に乗って，すすんで地方単独事業を拡大したのである。大阪府もこれに追随して，道路を中心とする公共土木事業を拡大した。

　もうひとつの側面は，国際的・国内的な「都市間競争」を口実に，各自治体が競って民間活力活用型の大規模プロジェクトを推進したということで

ある。

　大阪府の関西国際新空港をはじめとするベイエリア開発事業などがその典型であった。関西国際新空港，りんくうタウン，国際文化公園都市などの事業の多くは，第三セクター方式によって行われ，自治体は出資等のわずかな財政負担で巨大な事業を動かすことができるはずであった。ところが，実際には，それらの事業に関連した都市基盤や広域的な交通インフラの整備のために，自治体の財政負担は次々に膨張していった。

　たとえば，北摂の丘陵地域を開発する「国際文化公園都市」計画の本体事業費は4200億円で，「財政再建プログラム」では，一般財源の負担はゼロとなっていた。しかし，実際には，周辺の道路整備や，公園建設，治山治水対策のために，周辺整備事業として1700億円が必要とされている。

　また，バブル経済の崩壊によって各事業が失敗すると，その処理のための負担を各自治体がまず負う結果となっている。たとえば，大阪府企業局が事業主体となり，関西国際新空港の対岸を埋め立てて建設された「りんくうタウン」は，当初（1986年）の事業計画が1400億円（14万m^2），これがのち（1990年）に5500億円（160万m^2）にふくらんだ。ところが，バブルの崩壊によって，進出予定の企業がいっせいに撤退し，企業債という名の借金が増大する一方となった。その結果，利息返済の増額等によって，事業費は7403億円にふくらみ（1995年），さらに1999年に見直しが行われて6432億円となっている。1999年度末のりんくうタウン事業の分譲状況を見ると，「商業業務ゾーン」17%，「工場団地ゾーン」39%，「空港関連産業ゾーン」35%，「住宅関連ゾーン」57%などにたいして，「公共施設ゾーン」は100%である。公園や道路などの「分譲」を公的部門がまず引き受け，財政負担を強いられている。これらの未分譲地が全部売却されたとしても，最近行われた外部監査の結果によれば，500億〜800億円の損失が発生するとされている。

　大阪府全体で見ると，関西国際新空港，りんくうタウン，和泉コスモポリス，国際文化公園都市など主要な13の第三セクターと，大阪府道路公社，土地開発公社，住宅供給公社の3公社がかかえている長期借入金・社債等の借金は1兆7400億円にのぼり，累積欠損額は1160億円に達している（1998年度

表 8-2　大阪府主要歳入決算額（普通会計）　　　　　　　　　（単位：億円，％）

	1970年度(a)	1975年度(b)	b－a	1990年度(a)	1995年度(b)	b－a
歳入総額	3,996(100.0)	8,090(100.0)	4,094	22,649(100.0)	26,740(100.0)	4,091
府　税	2,410(60.3)	3,778(46.8)	1,368	14,731(65.0)	10,930(40.9)	－3,801
うち法人2税	1,468(36.7)	2,059(25.4)	591	7,982(35.2)	4,554(17.0)	－3,428
国庫支出金	597(14.9)	1,365(16.9)	768	2,714(12.0)	3,770(14.1)	1,056
府　債	204(5.1)	1,569(19.4)	1,365	1,007(4.5)	5,634(21.8)	4,627

（資料）　表8-1に同じ。

決算）。

　泉佐野コスモポリスの破綻処理のために，大阪府の一般会計から270億円が支払われたが，今後の推移によっては，これらの事業の破綻処理のために巨額の財政負担が生じないともかぎらない状態である。

2　バブル経済の崩壊と税収の激減

　大阪府財政が危機に陥ったもうひとつの大きな要因は，バブル経済の崩壊とそれによる地方税収の激減である。

　表8-2に示されるように，1970年度から75年度にかけては，伸びが小さかったとはいえ，府税収入は名目で1400億円の増加であった。しかし，1990年代では，ピーク時の90年度の税収1兆4700億円が，95年度には1兆930億円へと，3800億円も減少している。さらにこの減収傾向は続き，1998年度決算では，1兆円を割り込み，9600億円にまで落ち込んだ。

　税収減3800億円のうち，法人2税（法人住民税と法人事業税）の減少が3400億円であり，これが府税収入減少の最大の要因であった。1990年度から95年度にかけて，法人2税収入の落ち込みは大都市圏を中心に全国的に見られたが，東京都（39.9％減），神奈川県（41.2％減），愛知県（39.4％減）などに比べて，大阪府の減少率は42.9％で最も大きかった。1990年度の法人2税は7980億円あったが，95年度には4550億円に減少し，さらに99年度決算では3950億円程度になる見込みである。1990年度と比較すると，法人2税収入の落ち込みは4030億円にもなる。

表 8-3 大阪府における法人事業税収の産業別内訳の推移　　（単位：百万円，%）

	1980年度			1989年度			1995年度			
	税額	構成比	80/74	税額	構成比	89/80	税額	構成比	95－89	95/89
農林・水産・鉱業	342	0.1	190	358	0.1	105	391	0.1	33	109
建設業	17,463	5.4	129	47,593	6.6	273	38,913	10.1	－8,680	82
製造業	141,691	44.0	126	234,841	32.7	166	133,966	34.8	－100,875	57
食品	7,272	2.3	155	11,688	1.6	161	8,476	2.2	－3,212	73
繊維	9,302	2.9	145	14,210	2.0	153	6,489	1.7	－7,721	46
化学	28,431	8.8	153	43,564	6.1	153	37,557	9.8	－6,007	86
鉄鋼	11,940	3.7	85	21,215	3.0	178	5,575	1.5	－15,640	26
機械・金属	28,431	8.8	92	50,056	7.0	176	23,634	6.1	－26,442	47
電機	29,814	9.3	214	45,416	6.3	152	21,250	5.5	－24,166	47
輸送機	3,839	1.2	107	4,968	0.7	129	4,453	1.2	－515	90
その他	22,698	7.0	109	43,725	6.1	193	26,534	6.9	－17,191	61
非製造業	174,722	54.2	132	470,877	65.5	270	240,384	62.4	－230,493	51
卸売業	56,808	17.6	112	84,171	11.7	148	43,928	11.4	－40,243	52
小売業	23,978	7.4	141	53,910	7.5	225	36,950	9.6	－16,960	69
金融業	21,299	6.6	99	103,205	14.4	485	18,713	4.9	－84,492	18
証券業	4,108	1.3	481	38,701	5.4	942	920	0.2	－37,781	2
保険業	4,556	1.4	390	11,614	1.6	255	10,659	2.8	－955	92
不動産業	10,574	3.3	145	41,324	5.8	391	17,335	4.5	－23,989	42
運輸・通信業	10,457	3.2	153	25,182	3.5	241	16,806	4.4	－8,376	67
電気・ガス業	7,008	2.2	203	7,160	1.0	102	10,342	2.7	3,182	144
サービス業その他	13,810	4.3	200	44,943	6.3	325	36,635	9.5	－8,308	82
特別法人等	4,319	1.3	154	12,716	1.8	294	8,791	2.3	－3,925	69
現事業年度分合計	316,413	98.2	129	705,718	98.2	223	374,350	97.2	－331,368	53
過事業年度分	5,864	1.8		12,708	1.8		10,764	2.8		
合計	322,277	100.0		718,426	100.0	223	385,114	100.0	－333,312	54

（出所）　大阪府財政課資料より作成。

　オイル・ショック後の法人2税収入の回復状況を見ても，大阪府は日本の大都市圏の中で最も遅れていた。1974年度を100とする1980年度の法人2税収入の指数は，東京都151，神奈川県190，愛知県177，全国平均151であったのにたいして，大阪府は124にすぎなかった。なぜ，このように大阪府の法人税関係の税収の回復が遅れたのか。

　表8-3に見られるように，大阪府下の基幹産業の成長は立ち遅れ，1980年度の段階では，鉄鋼や機械・金属部門の法人事業税収入は，依然としてオイ

ル・ショック以前の水準を回復していなかった。これにかわって大きく伸びたのが，証券業（4.8倍），保険業（3.9倍），それにサービス業（2倍）などである。大阪府下の地域経済は，臨海部重化学コンビナートの衰退，輸送機械（自動車生産）部門の基盤の弱さ，家電を中心とする電機部門への依存といった，大都市圏経済としての構造的弱点をかかえたまま，サービス経済化，ファイナンス部門の肥大化への道を歩み始めていた。

　このような地域経済の構造変化は，バブル経済がピークに達した1989年度の法人税収内訳に端的に反映している。1989年度の製造業の法人事業税は全体の33％にすぎず，80年度の44％から10％ポイントも低下した。それにかわって法人事業税収の主力となったのが，金融業（対1980年度4.9倍），証券業（9.4倍），保険業（2.6倍），不動産業（3.9倍）などである。これらのいわゆるFIRE（Finance, Insurance and Real Estate）部門の税収は，1980年度では405億円（構成比12.6％）にすぎなかったが，89年度には1948億円（27.2％）に増大した。1543億円，実に4.8倍の増加である。

　ところが，バブル経済の崩壊とともに，金融・証券・保険・不動産業の税収はマイナスに転じ，1995年度には476億円にまで低下した。その減収額は1472億円，ほぼバブル期の膨張に匹敵するだけの税収額が失われた。この減収額は，法人事業税の全減収額3300億円の45％にあたる。また，製造業の税収額も大きく1000億円にのぼった。

　以上のように，大阪府税収入減の最大の要因は，バブル経済の崩壊による金融・証券・保険・不動産部門の税収減，そして，鉄鋼，機械・金属，電機部門など地域経済の基幹的部分をなす製造業の不振にあった。

　経常収支比率が100を超えるという超硬直的財政状態は，まさにこのような劇的な税収減によって引き起こされた。このような状況にもかかわらず，さきに触れたような公共事業への投資が，地方債に依存しながら継続された。その結果，府債発行額は，1990年度の1000億円から95年度には5600億円へと，実に5.6倍に増加した。バブル経済の崩壊と地域経済の基幹的部門の不振による税収減の中で，国の「景気対策」に追随し，バブル型の大規模プロジェクトを推進し続けたこと，ここに財政危機を引き起こす最大の原因があった

といわなければならない。

3 地域間財政調整と税源配分の矛盾

　大阪府財政危機の原因は，このような地域経済の衰退と大阪府自身の財政運営の失敗に原因がある。しかし，その背景には，日本の中央集権的税財政システムという構造的問題があることも忘れてはならない。

　よく知られているように，わが国における国・地方間の税収配分は，国2対地方1の割合となっている。それにたいして，最終的な歳出の配分は国1対地方2と逆転している。このような逆転が生じるのは，地方交付税・国庫支出金・地方債などによって，国から地方への財源再配分が行われているためである。とりわけ地方交付税は，支出目的を特定しない一般財源であり，国から地方への財源配分を通じた財政調整制度として重要な役割を果たしている。

　地方交付税は，各自治体の基準財政需要額と基準財政収入額を計算して，前者が後者を上回る分，すなわちその自治体の税収不足分を，国から地方への税収の移転によって補う仕組みである。その財源としては，所得税・法人税・酒税収入の32％（法人税については1999年度は32.5％，2000年度は35.8％に引き上げられた），消費税の29.5％，たばこ税収入の25％が充てられている。このような財源再配分によって，地域間の財源の格差が調整され，税源の乏しい自治体に財源が保障されているのである。しかし，それだけでなく，地方交付税は，国（具体的には自治省）による地方誘導の手段となっており，また，大都市圏の「富裕団体」に不利に作用しているという問題がある。

　日本の中央集権的税財政システムの矛盾は，とりわけ大都市圏の都府県財政に集中的に現れている。たとえば，1995年度の決算で見ると，人口1人当たりの都道府県税額では，全国平均を100とした指数で，東京都は187，大阪府は122，愛知県は133というように，高い数値を示している。財政力指数が0.3以下の青森県，島根県，高知県などでは，7割から8割台にとどまっている。ところが，地方税に地方交付税を加えた1人当たりの一般財源で見る

表 8-4　人口1人当たり地方税と一般財源

	1人当たり地方税			1人当たり一般財源		
	1990年度	1995年度	1998年度	1990年度	1995年度	1998年度
東京都	231	187	180	138	107	98
大阪府	146	122	99	87	74	59
愛知県	148	133	137	88	78	76
青森県	59	75	79	134	132	138
島根県	72	86	97	177	184	200
高知県	64	73	79	166	172	182

(資料)　『地方財政白書』各年度版より作成。
(注)　数値は全国平均(東京都を除く)を100とした各都道府県の指数。

と，東京都は107でかろうじて全国平均を維持しているが，大阪府は74，愛知県は78と全国平均を大幅に下回り，逆に，高知県が172，島根県が184，青森県が132と，1人当たりの税収の少ないところが全国平均を大きく上回っている。表8-4に示されるように，1990年度から98年度への変化を見ると，1人当たり地方税額では格差は縮まっているが，1人当たり一般財源における逆格差はさらに拡大している。

　このようなことになるのは，国税として徴収された税源(所得税，法人税，酒税，消費税，たばこ税)の一部が地方交付税として財源の乏しい自治体に再配分されるという，地方財政調整制度があるからである。この地方財政調整制度の恩恵を受けるのは主に地方農村圏の自治体であり，財政的に豊かであると見なされる大都市圏の自治体は，もっぱら税源の提供者の役割を果たしてきた。ちなみに1995年度の大阪府下税収の配分状況を見ると，総額9兆2000億円の全税収のうち，67％が国税，市町村税が20％であり，府税は13％にすぎない。この配分割合は，全国平均では国62％，府県16％，市町村22％となっており，大阪府下の税収配分は国への割合がより高く，府への配分がより小さくなっている。このように国に吸い上げられた税収が地方に再配分されることによって，1人当たり一般財源額における逆転現象が生じているのである。

　しかも，問題は，最も富裕であるはずの大都市圏自治体が，東京都を除いて1993年度以来，地方交付税の交付団体となっていることである。とくに大

阪府の交付額は大きく，1998年度では1000億円，99年度には3050億円もの地方交付税の交付を受けている。ちなみに，1999年度の地方交付税交付額は，神奈川県が2398億円，愛知県が1476億円であった。大阪府などの大都市圏自治体が，一方で全国水準以上の税収を国に吸い上げられながら，他方で国からの巨額の交付税の交付を受けなければならない，ここに，税源配分と地方財政調整制度にかかわる矛盾が端的に示されている。

Ⅳ 衛星都市財政危機とそのメカニズム

1 決算収支と主要財政指標

さきにも触れたように，1998年度の実質収支が赤字になったのは，全国3232の市町村のうち，わずかに14市・9町村であった。このうち8市が大阪府内に含まれている。交野市，枚方市，豊中市，池田市，羽曳野市，泉大津市，泉南市，四条畷市の8市である。

とくに赤字額が大きかったのは，枚方市の21億円である。枚方市では，1999年12月に，このままでは2001年度には170億円の赤字となり，「財政再建団体」に転落するおそれがあるとして，「財政再建緊急対策」を発表した。また，豊中市でも同様の「財政非常事態宣言」が出されている。現在は黒字でもいずれ赤字が拡大するとして，吹田市や岸和田市などでも「財政再建計画」が出されている。

大阪府下衛星都市の10年前の1988年度の決算では，実質収支赤字の団体は，東大阪市，寝屋川市，守口市，大東市，泉佐野市，交野市，四条畷市であり，泉佐野市を除いてすべて北河内地域に属し，「産業型」都市に集中していた。それに比べると，今回は，北河内でも裕福と見なされてきた枚方市をはじめ，府下でも財政力の高い都市の多い豊能地域（豊中市，池田市など），この間，開発が進んだ南河内地域の羽曳野市，泉州地域の泉大津市，泉南市など府下のあらゆる地域で財政悪化が進行している。

しかも，以上は実質収支の赤字であるが，実質単年度収支を見ると，府下32都市中22都市が赤字である。つまり，各自治体とも年度内の赤字を，積立

金の取り崩しによってなんとか糊塗している状態なのである。なかでも，財政調整基金がゼロの枚方市をはじめ，積立金額の小さな豊中市，池田市，交野市，羽曳野市などがまず実質収支赤字に転落した。しかし，1998年度決算では，実質収支が黒字でも，実質単年度収支では大きな赤字となっている堺市，岸和田市，守口市などは危険な状態にあるといえる。また，門真市，摂津市，東大阪市，高石市などの「産業型」都市も，実質単年度収支は赤字であるが，これまでの比較的大きな積立金にかろうじて助けられている。

次に，財政力指数，経常収支比率，公債費比率など，主要な財政諸指標を見てみる。

府下衛星都市の財政力指数は，平均で0.864であり，全国都市の平均0.70よりも高い。1998年度では，箕面市，豊中市，吹田市，茨木市，泉佐野市，摂津市，高石市などが財政力指数1以上の地方交付税不交付団体であった。不交付団体から交付団体に変わった池田市，門真市に加えて，枚方市，高槻市，八尾市，堺市，東大阪市などが0.9以上の財政力指数のきわめて高い団体となっている。このように，地方交付税の不交付団体や財政力指数の水準のきわめて高い豊中市，泉佐野市，枚方市，池田市などで，実質収支の赤字が生じ，財政状況が悪化しているところに，今回の財政危機の特徴がある。

公債費負担比率は，1998年度の府下衛星都市の平均が13.4であり，全国都市平均の14.5をやや下回っている。しかし，枚方市，八尾市，富田林市，泉佐野市，摂津市，守口市などでは，いわゆる警戒ラインの15.0を突破しており，貝塚市では20.0を超え，交野市では19.7と20.0に近づいている。

大阪府下の衛星都市の財政指標の中で，とくに目立つのが経常収支比率の悪化である。1988年度では府下平均で85.6だったが，98年度では99.3にまで上昇した。全国都市平均値が86.7であるから，いかに大阪府下衛星都市の経常収支比率が高いかがわかる。とくに，池田市，豊中市，寝屋川市，泉佐野市，貝塚市，門真市，摂津市，守口市，東大阪市などでは，経常収支比率が100を超えている（ただし，この数値は減税補てん債を一般財源に加える前の数値である）。このうち，この10年間の上昇率が高いのが，豊中市，池田市，枚方市，泉佐野市などであり，財政状況悪化の厳しい自治体が含まれて

いる。また，産業型都市のすべてにおいて，経常収支比率の上昇が著しく，1998年度では高石市を除いて100を突破しているのが特徴的である。

2　衛星都市財政悪化のメカニズム

では，このような財政状況の悪化はどのようにして起きたのであろうか。地方税収の変化，経常収支比率悪化の要因，投資的経費の推移，「財政危機宣言」にいたるメカニズム等に焦点を据えて，以下分析することにしたい。

(1) 法人住民税の激減と市税収入の停滞

まず最大の要因は，都府県の場合と同様，法人住民税の激減と市税収入の停滞にある。

府下市町村全体の推移を見ると，1988年度の市町村税収入は1兆4760億円であったが，92年度にはピークの1兆7436億円に達した。その後，バブルの崩壊とともに減少し，1994年度にはボトムの1兆6364億円に低下した。しかし，大阪府の場合と異なり，その後再び持ち直して，1998年度には1兆7491億円と，ほぼ92年度の水準に戻っている。ただし，この間，市町村民税はピークの9114億円（1991年度）から1998年度には7020億円へ，23％も減少している。これを補ったのが固定資産税であり，1991年度の5732億円から，98年度には7668億円へ，33.8％の増加である。市町村の場合は，固定資産税によって市町村民税の減収が補完されてはいるが，税収の伸び悩みが続いている。

次に，衛星都市類型ごとの市税収入の動向を見てみよう（表8-5）。

ここでの衛星都市の類型化は，次のような基準（府下32都市中の順位）によっている。

　　居住型都市　　（個人住民税10位以上・法人住民税10位以下）
　　混合型都市A　（　〃　　10位以上・　〃　10位以上）
　　混合型都市B　（　〃　　10位以下・　〃　10位以下）
　　混合型都市C　（　〃　　20位以下・　〃　10位以下）
　　産業型都市　　（　〃　　10位以下・　〃　10位以上）

つまり，市税収入を主に個人住民税に依存する割合が高く，法人住民税の比重が相対的に小さい都市を「居住型都市」とし，逆に，法人住民税に依存

表 8-5 市税収入とその内訳（1988～98年度の比較）

	市　税			個人住民税			法人市民税		
	1988年度	1998年度	増減率	1988年度	1998年度	増減率	1988年度	1998年度	増減率
居住型									
箕面市	18,535	24,882	34.2	9,314	11,923	28.0	1,447	1,003	−30.7
交野市	6,590	9,898	50.2	3,706	5,069	36.8	457	351	−23.2
枚方市	49,956	62,314	24.7	21,675	26,182	20.8	5,284	3,116	−41.0
高槻市	45,833	55,464	21.0	19,173	22,127	15.4	6,196	3,102	−49.9
混合型A									
豊中市	61,934	72,550	17.1	29,121	32,316	11.0	8,611	5,088	−40.9
吹田市	53,137	69,725	31.2	23,624	27,523	16.5	7,148	6,216	−13.0
池田市	15,731	18,087	15.0	6,914	7,597	9.9	2,302	1,339	−41.8
茨木市	38,992	48,364	24.0	14,520	17,645	21.5	7,276	4,361	−40.1
混合型B									
藤井寺市	7,587	9,082	19.7	3,460	3,621	6.4	952	633	−33.5
八尾市	35,297	44,229	25.3	13,093	15,325	17.0	4,956	3,438	−30.6
羽曳野市	11,067	15,992	44.5	5,438	6,382	17.4	965	758	−21.5
富田林市	10,677	14,149	32.5	4,929	7,124	44.5	762	584	−23.4
堺市	112,776	134,221	19.0	37,118	43,196	16.4	13,893	8,870	−36.2
寝屋川市	25,962	32,470	25.1	11,388	13,758	20.8	3,163	2,063	−35.6
混合型C									
岸和田市	21,251	27,751	30.6	7,502	9,420	25.6	3,178	1,916	−39.7
和泉市	13,325	20,430	53.3	5,762	8,236	42.9	946	817	−13.6
松原市	12,819	15,925	24.2	5,293	5,987	13.1	1,584	1,074	−32.2
泉佐野市	11,051	21,472	94.3	3,497	3,852	10.2	1,829	1,215	−33.6
貝塚市	7,596	11,659	53.5	2,727	3,733	36.9	861	654	−24.0
産業型									
門真市	22,724	23,551	3.6	5,529	6,234	12.8	7,450	3,332	−55.3
摂津市	14,315	19,787	38.2	3,895	4,739	21.7	2,975	2,434	−18.2
守口市	23,368	27,312	16.9	6,355	7,337	15.5	5,392	3,445	−36.2
東大阪市	73,591	88,281	20.0	23,160	26,242	13.3	12,194	7,403	−39.3
高石市	13,023	14,669	12.6	3,189	3,432	9.5	1,481	484	−67.3
全市合計	768,046	974,842	26.9	294,461	353,258	20.0	108,197	69,024	−36.2

（資料）　大阪府地方課『自治大阪』各年度版より作成。

する割合が高く，1人当たり個人住民税の額が比較的小さい都市を「産業型都市」とする。個人住民税の順位も高いが，法人住民税の比重も小さくない都市を「混合型A」とし，個人住民税も法人住民税も府下の中位レベルの都

(単位：百万円，%)

固定資産税		
1988年度	1998年度	増減率
5,043	8,472	68.0
1,626	3,306	103.3
15,002	23,665	57.7
13,481	21,983	63.1
15,417	24,687	60.1
14,850	26,138	76.0
4,381	2,419	55.2
11,950	20,062	67.9
2,047	3,411	66.6
11,650	19,061	63.6
2,999	5,068	69.0
3,366	6,185	83.7
41,140	59,762	45.3
7,363	11,871	61.2
7,108	12,077	69.9
4,279	8,315	94.3
3,860	6,423	66.4
3,865	13,503	249.4
2,554	5,252	105.6
6,703	10,515	56.9
5,263	9,989	89.8
7,396	11,755	58.9
23,782	38,852	63.4
6,308	8,250	30.8
241,956	405,210	67.5

市を「混合型B」とし，個人住民税も法人住民税も府下では相対的に低位にある都市を「混合型C」とした。「居住型」や「混合型A」の多くは豊能，三島などの北摂地域にあり，「混合型B」「混合型C」は河内，泉州地域にある。「産業型」都市のタイプはそれぞれ異なっており，高石市のような堺・泉北コンビナートの「企業城下型」，門真市のような松下電器関連企業の「企業城下型」にたいして，東大阪市は中小企業の「都市集積型」，守口市はその中間型といえる。

1988年度と98年度の状況を比較すると，類型化そのものにはほとんど変化がない。

府下衛星都市全体では，1988年度から98年度までの10年間で，27%程度の税収の増加があった。この中で，税収増加率の最も高いグループに属するのは，泉佐野市（94.3%増），貝塚市（53.5%増），和泉市（53.3%増），交野市（50.2%増），羽曳野市（44.5%増）などである。居住型の交野市を除いて，関西国際新空港がらみで開発の進んだ泉州地域の「混合型C」が多く含まれている。

これらの地域では，人口の増加率も高くなっている。たとえば，泉佐野市（5.0%増），貝塚市（10.2%増），和泉市（17.9%増），交野市（15.8%増），羽曳野市（4.9%増）といった具合である。

これにたいして，税収増加率の低かったのは，門真市（3.6%増），高石市（12.6%増），池田市（15.0%増），守口市（16.9%増），豊中市（17.1%増）な

どである。「産業型」都市や，「居住型」都市ないし「混合型A」において税収の伸びが小さかったといえる。

これらの都市では，この間，2％以上の人口減少が見られた。たとえば，門真市（2.5％減），高石市（3.2％減），池田市（2.1％減），守口市（3.8％減），豊中市（3.4％減）などである。

税収増加率の高い自治体の特徴は，固定資産税の伸びも大きかったということである。この10年間で，府下都市の固定資産税収入は68％増加した。ところが，地方税収の伸びの相対的に高かった都市では，固定資産税の伸びはさらに大きく，たとえば，関西国際新空港のある泉佐野市では（249.4％増＝3.5倍），貝塚市では（105.6％増＝2倍），交野市（103.3％増＝2倍），和泉市（94.3％増），摂津市（89.8％増）などとなっている。市税収入の伸びには，固定資産税の増加が大きく影響していることがわかる。逆に，市税収入の小さかったところは，固定資産税の伸びも相対的に小さく，高石市（30.8％増），堺市（45.3％増），池田市（55.2％増），門真市（56.9％増），枚方市（57.7％増）などとなっている。

さらに市税収入の伸びに格差を生じさせているのは，法人住民税の動向である。府下衛星都市の法人市民税収入は，この10年間で36％も減少した。減少率では，最大の高石市の67％から，最小の吹田市13％まで，かなりの開きがある。市税収入の伸びの小さいところは，法人市民税が大きく減少したところであり，高石市（67.3％減），門真市（55.3％減），高槻市（49.9％減），池田市（41.8％減），枚方市（41.0％減），豊中市（40.9％減）などである。「産業型」のうち，高石市の減少は堺・泉北コンビナートの重化学工業の衰退によるものであり，門真市の場合は，松下電器関連企業の不振と海外等への工場移転による減少が大半を占めている。

他方，市税収入の伸びが大きかった都市では，法人住民税の減少率は小さくなっており，吹田市（13.0％減），和泉市（13.6％減），摂津市（18.2％減），羽曳野市（21.5％減），交野市（23.2％減）などがそうである。

個人市民税にかんしては，最も伸びの大きかった富田林市が，市税の伸びでは中位であったり，市税収入の伸びがトップの泉佐野市では，個人市民税

の伸びでは下位にあるなど，市税収入の動向とはかならずしも符合しない。

このように，固定資産税の伸びと法人事業税の減少の程度によって，市税収入の状況に格差が出ている。ところが，財政の状況は，市税収入の高低とかならずしも相関しない。豊中市，池田市，守口市，高石市などでは，市税収入の伸びの鈍化が財政収支悪化の一因だといえるが，泉佐野市，交野市，羽曳野市などは，市税収入の伸びが相対的に高かったにもかかわらず，財政状況の悪化が生じているからである。あとに見るように，後者のグループの財政悪化の原因は，明らかに過剰な普通建設事業費の支出にある。

(2) 経常収支比率悪化の背景

さきにも触れたように，大阪府下衛星都市の財政諸指標のうち，きわだっているのが経常収支比率の悪化である。その背景に，この間の市税収入の停滞があることは言うまでもない。たとえば，1988年度から98年度にかけて，とくに経常収支比率が悪化した門真市（76.4→105.3），豊中市（76.9→105.1），高石市（71.3→93.5），池田市（95.1→112.0）などが，いずれも，市税収入の伸びが府下で最も鈍かったグループに属すことからも，それは言える。しかし，逆に，市税収入の伸びが大きければ，経常収支比率が低下するとはかならずしもいえない。たとえば，市税収入の伸びの最も大きかった泉佐野市の場合，悪化率こそ小さかったが，経常収支比率の水準そのものは104.4と高いレベルのままであるし，税収の伸びが第2位の貝塚市では，経常収支比率89.0から105.4へと16.4ポイントも上昇しているからである。

そこで，経常収支比率悪化の原因を探るために，表8-6の経常収支比率の内訳を見てみよう。

大阪府下衛星都市の平均では，経常収支比率は1988年度の84.8から99.3へ，14.5ポイントも上昇した。その内訳を見ると，人件費，扶助費，公債費などの狭義の義務的経費の上昇は比較的小さく，合計で4.6ポイントにとどまっている。これにたいして，物件費（11.0→14.6），補助金等（8.1→11.1），繰出金（5.0→7.9）などで上昇率が高くなっている。歳出面から見て，経常収支比率の悪化をもたらした要因はこのあたりにあると考えられる。

表8-6は，この間の上昇率の大きかったところ，経常収支比率が100を超

表 8-6　経常収支比率の内訳

		人件費	扶助費	公債費	小　計	物件費	維持補修費	補助金等	貸付金	繰出金	合　計
枚方市	1988	37.6	6.2	15.2	59.0	8.9	1.9	11.1	0.0	3.3	84.3
	1998	41.5	7.5	17.1	66.1	10.9	2.0	13.9	0.0	6.3	99.1
	増減	3.9	1.3	1.9	7.1	2.0	0.1	2.8	0.0	3.0	14.8
豊中市	1988	38.0	4.7	12.1	54.8	9.6	1.3	6.4	0.0	4.8	76.9
	1998	45.2	6.8	14.1	66.1	15.3	1.5	15.2	0.0	7.0	105.1
	増減	7.2	2.1	2.0	11.3	5.7	0.2	8.8	0.0	2.2	28.2
池田市	1988	47.9	3.9	19.8	71.6	9.3	1.4	4.1	0.0	8.6	95.1
	1998	50.8	5.4	16.9	73.1	18.8	1.7	9.3	0.0	9.1	112.0
	増減	2.9	1.5	−2.9	1.5	9.5	0.3	5.2	0.0	0.5	16.9
泉佐野市	1988	48.4	8.4	15.2	72.0	9.3	0.4	12.9	0.0	2.3	96.8
	1998	41.3	7.4	21.0	69.7	12.7	1.6	16.1	0.0	4.3	104.4
	増減	−7.1	−1.0	5.8	−2.3	3.4	1.2	3.2	0.0	2.0	7.6
貝塚市	1988	48.9	6.5	15.8	71.2	7.2	0.6	7.4	0.1	2.6	89.0
	1998	40.3	7.6	23.9	71.8	10.8	0.7	14.4	0.0	7.7	105.4
	増減	−8.6	1.1	8.1	0.6	3.6	0.1	7.0	−0.1	5.1	16.4
門真市	1988	39.3	5.8	11.1	56.2	6.2	1.1	8.7	0.0	4.3	76.4
	1998	48.8	8.0	13.4	70.1	13.4	1.2	11.3	0.0	9.3	105.3
	増減	9.5	2.2	2.3	13.9	7.2	0.1	2.6	0.0	5.0	28.9
摂津市	1988	36.5	3.6	18.4	58.5	12.0	1.5	6.2	0.0	8.8	87.0
	1998	37.7	5.0	20.3	63.0	17.1	1.7	6.1	0.0	15.9	103.7
	増減	1.2	1.4	1.9	4.5	5.1	0.2	−0.1	0.0	7.1	16.7
守口市	1988	44.6	5.8	13.4	63.8	7.9	0.6	8.9	0.4	10.1	91.8
	1998	48.5	7.3	17.4	73.2	11.0	0.9	10.3	0.0	11.1	106.6
	増減	3.9	1.5	4.0	9.4	3.1	0.3	1.4	−0.4	1.0	14.8
都市計	1988	39.6	5.8	14.0	59.4	11.0	1.2	8.1	0.0	5.0	84.8
	1998	41.2	7.6	15.5	64.3	14.6	1.4	11.1	0.0	7.9	99.3
	増減	1.6	1.8	1.5	4.9	3.6	0.2	3.0	0.0	2.9	14.5

(資料)　表 8-5 に同じ.

えるところなどから 8 都市を選んで，経常収支比率の内訳を比較したものである．これを見ると，義務的経費においては，扶助費ではほぼ共通して微増といえるものの，人件費や公債費ではばらつきがある．たとえば，人件費については，門真市，豊中市，枚方市では上昇しているが，泉佐野市，貝塚市では低下している．公債費については，府下都市平均15.5%にたいして，関

西国際新空港に関連した公共事業が多かった貝塚市（23.9），泉佐野市（21.0）などで20％を超え，その上昇率も高いのが目立っている。

このように，義務的経費についてはばらつきがあるものの，物件費，補助費，繰出金等については，どの都市においても顕著な上昇傾向が見られる。たとえば，物件費にかんしては，池田市（9.3→18.8），門真市（6.2→13.4），豊中市（9.6→15.3）をはじめ，すべての都市で上昇している。補助金等では，豊中市（6.4→15.2），貝塚市（7.4→14.4）をはじめ上昇が目立つ。摂津市では補助金等はわずかにマイナスであるが，繰出金が8.8から15.9へと上昇している。貝塚市（2.6→7.7），門真市（4.3→9.3）などでも繰出金の上昇が顕著である。

これら扶助費，物件費，補助金等，繰出金の中味はなんであろうか。府下市町村の1988年度から98年度にかけての伸びで見ると次の通りである。

まず，扶助費の中味を確認しておくと，この間，最も伸びが大きかったのは老人福祉費の2.9倍，次いで社会福祉費の2.5倍であった。人口の高齢化が進むにしたがって，今後も増加が予想される費目である。

次に，物件費では，委託料の伸びが最も高く2.3倍，賃金が2.2倍となっている。つまり，下請化・民間委託化やパート労働の採用が進めば進むほど，これらの物件費が増大しているわけである。介護保険の本格的実施が進むにしたがって，これら物件費に属する委託料や賃金が増加することが予想される。

補助費等の内訳を見ると，地方公営企業会計への補助金の伸びが大きく，なかでも病院事業会計への補助金が2倍の伸びを示している。市立病院を経営している都市では，今後とも高齢化が進むにしたがって増加が予想されるところである。

繰出金で大きな比重を占めているのは，国民健康保険事業会計への繰出金（2.5倍）と，老人医療事業会計（2倍）である。これらも，人口の高齢化にしたがって支出の拡大が予測される費目である。

このように，経常収支比率を押し上げる主要な原因となっているのは物件費，補助費，繰出金等であり，その内容を見ると，いずれも地域の高齢化が

進むにしたがって増大する，民間委託や特別会計で運営されている事業への支出，すなわち高齢者福祉や医療・保険にかかわる事業への持ち出しによるものである。

大阪府下の衛星都市財政は，いま大きな転換点に立たされているといえる。一方では，経済成長率の低下と人口の減少・高齢化による市税収入の停滞・減少傾向が続き，他方では，地域の成熟化と福祉・医療・保険等の財政需要の増大によって財政の硬直化が進むという状態，つまり，これまでのような経済成長と人口増加を前提とした財政運営を続けることが困難になっているということである。豊中市，枚方市，池田市といったこれまで裕福と見なされてきた諸都市にまず財政危機が発生しているのは，今回の財政危機が，これまでのような「成長型都市」の財政危機ではなく，まさに「成熟型都市」の財政危機であることをあらわしている。ところが，実際の財政運営や制度は，従来どおりの経済成長と人口増加を想定した「成長型」を抜け切っていない。このように，「成長型」から「成熟型」への転換が十分自覚されず，制度改革や財政運営の手法の転換が進んでいないところに，財政状況悪化の基本的原因があるといえよう。

(3) 地方債に依存した「ハコ物」建設の限界

このような「成長型」から「成熟型」への転換が自覚されず，地方財政制度と財政運営が依然として「成長型」になっていることをよくあらわしているのが，普通建設事業費の動きである。

大阪府下市町村の普通建設事業費は，1986年度には2180億円であった。1992年度には4646億円に倍増した。これに下水道事業費を加えると，3272億円から6659億円への増加である。その後，バブルの崩壊とともに，さすがに普通建設事業費は減少に転じたが，それでもなお1998年度では2935億円（下水道事業を加えると4875億円）で，ピーク直前の90年度の水準を上回っている。

普通建設事業費の目的別内訳を見ると，1988年度では，土木費が54％（うち都市計画費が32％），教育費が27％，総務費が5％，民生費が3％，衛生費が4％などであった。10年後の1998年度には，土木費が54％（うち都市計

画費が32%）と変わらず，教育費が17%に10%ポイント減少し，総務費7%，民生費7%，衛生費10%などが増加している。学校等の建設改良等が減少して，庁舎の新・改築，地域コミュニティセンター・総合福祉センターといった施設やゴミ焼却施設の建設などが増えている。しかし，依然として，駅前再開発や都市計画道路の整備，鉄道の高架化といった公共土木事業が中心であることに変わりはない。

また，普通建設事業費に占める用地費の割合は，1988年度には35%であったが，98年度には31%に下がっている。それでも，全国市町村平均の17%に比べると1.8倍の高さである。

各自治体における普通建設事業費は，年度によって大きく変動する。たとえば，ある年度に大規模な総合体育館を建設すれば一挙に普通建設事業費はふくらむが，翌年とりたてて大きな建設事業がなかった場合は，逆に縮小する。そこで，各自治体の傾向を見るためには，最低5年間程度の平均値をとって比較する必要がある。そこで，人口1人当たりの普通建設事業費額の，1989～93年度までの5年間の合計と，全体として普通建設事業費が抑制され始めた1994～98年度までの5年間の合計を出し，前後の変化とこの10年間の総額の順位等を調べてみた。

それによると，1990年代前半から後半にかけて，普通建設事業費を増やしたところは，1人当たり金額の大きい順に，泉佐野市，羽曳野市，高石市，茨木市，交野市などであった。逆に減らしたところは，貝塚市，富田林市，箕面市，守口市，高槻市などである。しかし，貝塚市，箕面市などは，前半の1人当たり普通建設事業費の規模が府下のトップクラスにあったものであり，1990年代全体で見ると，これらの都市では普通建設事業費の水準は決して低くない。ちなみに，前半と後半の合計，すなわち1990年代全体の1人当たり普通建設事業費を見ると，第1位が泉佐野市であり，その額も1人当たり164万円と群を抜いており，第2位の箕面市88万円の2倍近くとなっている。第3位は高石市（87万円），第4位が茨木市（84万円），第5位が摂津市（81万円）などであった。逆に，1人当たりの普通建設事業費が少なかったのは，寝屋川市（36万円），枚方市（40万円），池田市（42万円），藤井寺市

(42万円)，守口市（44万円）などである。

　大阪府下市町村の平均値で見ると，1990年代の普通建設事業費の7～8割が単独事業であり，補助事業は2～3割にすぎない。その財源内訳は，1989年度から1998年度までの10年間の平均で，国庫支出金8.5％，府支出金6.8％，地方債36.3％，一般財源等34.9％，その他財源13.6％となっている。国庫補助負担金の比重が下がり，地方債と一般財源の比重が高くなっている。とくに，バブル崩壊後の1992年度以降は，地方債の比重が40％前後に高まった。さきに都府県について述べたように，この間，地方単独事業の地方債元利償還にかんしてその一部を地方交付税措置することによって，地方自治体を「景気対策」のための公共事業に向けさせた政府の誘導政策，その誘導政策に乗って，借金に依存しながらハコ物建設を進めてきた財政運営の姿が反映されている。

　そこで，府下衛星都市の借金残高の大きさを，1998年度末の1人当たりの地方債残高で比較すると，多いところが，泉佐野市（80万円），摂津市（50万円），交野市（47万円），岸和田市（38万円），守口市（36万円）などとなっている。他方，1人当たりの地方債残高が比較的少ないところは，藤井寺市（20万円），茨木市（21万円），富田林市（21万円），高槻市（22万円），吹田市（22万円）などある。

　ここで，1人当たりの普通建設事業費と地方債残高に注目して都市を類型化すると，表8-7のようになる。

　　A　普通建設事業費が大きく，地方債残高が大きいところ
　　　　泉佐野市，摂津市，岸和田市，交野市
　　B　普通建設事業費が大きく，地方債残高が少ないところ
　　　　箕面市，高石市，茨木市，吹田市
　　C　普通建設事業費が小さく，地方債残高も少ないところ
　　　　寝屋川市，枚方市，池田市，藤井寺市，松原市

　Aグループは，この間，背景はそれぞれ異なるが，積極的な開発路線をとってきたところである。それぞれ，地方税収の伸びが府下平均に比べて小さかったわけではなく，むしろ泉佐野市，交野市，摂津市などはトップクラス

表 8-7　人口1人当たりの普通建設事業費と地方債残高　　　　（単位：千円）

		1人当たり普通建設事業費				地方債残高	
		1989～93年度	1994～98年度	1989～98年度	順位	金額	順位
成長型	泉佐野市	677	961	1,638	1	804	1
	摂津市	402	409	812	5	507	2
	岸和田市	328	360	689	7	381	6
	交野市	316	368	685	8	468	3
過渡型	箕面市	514	362	877	2	230	26
	高石市	402	468	871	3	289	16
	茨木市	391	451	843	4	208	30
	吹田市	393	241	634	9	223	27
成熟型	松原市	246	198	444	19	258	22
	藤井寺市	187	234	421	21	203	32
	池田市	214	205	419	22	278	19
	枚方市	209	193	402	23	285	17
	寝屋川市	213	149	362	24	262	21

（資料）　大阪府地方課『自治大阪』各年度版より作成。
（注）　普通建設事業費の順位は24市中，1人当たり地方債残高は32市中の順位。

であった。しかし，その税収の伸び以上の積極的な公共投資を，地方債に依存しながら展開してきた。いわば「成長型」財政運営が行われたところといえる。この中で，泉佐野市と交野市は実質収支が赤字となり，岸和田市と摂津市では実質単年度収支が大幅な赤字となっている。

　Bグループは，それぞれ積極的なハコ物建設を行ってきたが，税収の水準が高く，積立金の額も比較的大きかったために，地方債ではなく自主財源に依存してこれを行うことができたところである。しかし，これらの都市においても，税収の停滞や積立金の目減りのなかで，しだいに財政難がしのび寄っている。いわば「過渡期型」の財政状況だといえる。

　Cグループは，税収の伸びが府下平均を大きく下回る状況にあり，普通建設事業費の支出を抑制せざるをえなかったところである。その結果，1人当たりの地方債残高も相対的に少なくなっている。しかし，最初に見たように，枚方市や池田市では実質収支が赤字となり，「財政非常事態」が宣言される状況にある。まさに，「成熟型」都市の財政危機だといえる。

　このように，府下衛星都市の財政悪化には，3つのパターンがあると言え

よう。第1は、税収が比較的伸びている中で、地方債に依存した積極的開発を行った結果としての財政危機に陥っているところ(「成長型」)。第2は、税収水準の高さと積立金などに依拠して積極的なハコ物建設を行い、これまでのところ財政指標には現れていないが、近い将来の財政危機が予想されるところ(「過渡期型」)である。第3は、地域経済の停滞と人口の減少という都市の成熟化の中で、税収が伸び悩み、投資的経費が抑制的に推移しているにもかかわらず、深刻な財政危機に陥っているところ(「成熟型」)である。

この中で、第3の「成熟型」都市の財政悪化が、今回の都市財政危機の特徴を最もよくあらわしているといえる。では、なぜ、このような「成熟型」都市において財政状況の悪化が生じているのであろうか。そのメカニズムを、枚方市の「財政収支見通し」を参考にしながら分析してみよう。

(4) 財政赤字拡大のメカニズム

さきにも触れたように、枚方市の財政当局による「財政収支の見通し」によると、1998年度の21億円の実質収支赤字が、99年度には43億円へ、2001年度には170億円にふくらむとされている。

なぜ、このような事態が生じるのであろうか。1998年度から99年度への変化に注目してみると、歳出総額は、義務的経費が16億円の増加、補助費などその他の経費が10億円増加するが、投資的経費が29億円減少するので、増減なしの1062億円である。ところが、歳入は、1064億円から1019億円へと45億円のマイナスとなる。その原因は、7億円程度の市税収入の減少もさることながら、地方債が114億円から30億円へ、84億円も減少することにある。地方債が減少するのは、投資的経費が116億円から87億円に29億円減少し、その投資的経費に占める地方債の割合が62％から34％に低下するためである。$(116 \times 0.62) - (87 \times 0.34) = 72 - 30 = 42$ である。

1998年度の地方債の中には、減税補てん債27億円と減収補てん債15億円が含まれているから、それらを除いた一般単独事業債などの地方債は72億円ということになる。このうち、減税補てん債と減収補てん債の分は、1999年度では地方交付税でカバーされると考えられるから、実質的な地方債の減少は42億円である。この42億円の地方債の減少と、国庫補助金等の4億円の減少

表 8-8　財政赤字転落のモデル・ケース（A市の場合）
(単位：億円)

	t年度	(t+1)年度	(t+2)年度
歳入総額	1,020	940	940
経常一般財源	900	900	900
国庫補助金等	20	10	10
地方債	100	30	30
歳出総額	1,010	955	1,000
経常支出	810	855	900
投資的経費	200	100	100
収　　支	10	△15	△60
経常収支比率	90%	95%	100%
地方債／投資的経費	50%	30%	30%

が，実質収支43億円の赤字をもたらすことになるのである。

　このようなことが起きるのは，わが国の地方財政では，地方債が借金であるにもかかわらず，会計上は「収入」に計上されてきたからである。地方財政の運営上，地方債は，地方税・国庫補助金・地方交付税などと並ぶ「財源」のひとつと考えられてきた。それは，①地方債が「赤字公債」ではなく，「地方財政法」第5条等によって認められた「適債事業」によるものであり，②国等によって発行が許可されたものであり，③20%という起債制限比率はあるものの，逆にその水準までは発行が認められていると考えられ，④地方債引受の大半が政府資金や縁故債であり，⑤しかも，最近ではその元利償還の一部が地方交付税措置の対象になっているからである。

　しかし，やはり地方債は借金であり，将来は元利償還しなければならない。元利償還によって歳出に占める公債費の割合が増加すると，公債費負担比率ひいては経常収支比率が上昇し，財政の硬直化を招くことになる。そこで，投資的経費を削減し，同時に，投資的経費における地方債の割合を引き下げる財政措置をとったとたんに「財源不足」が表面化することになる。

　このような赤字拡大のメカニズムを，単純なモデルにして示したのが表8-8である。

　いま，t年度において経常収支比率が90%のA自治体において，経常一般

財源(地方税＋地方交付税)が900億円であったとすると,一般財源にはなお90億円の余裕がある。このとき,200億円の投資的経費を支出し,半分を地方債で,10％を国庫補助金でまかなったすると,必要な一般財源は80億円であり,なお10億円の黒字となる。ところが,今度は(t＋1)年度に,経常収支比率が95％に上昇し,経常収入も増えない状態では,一般財源の余裕は45億円に低下する。そこで,投資的経費を半分の100億円に減らし,地方債の割合を30％に引き下げ,国庫補助金等は10％のままとすれば,投資的経費に必要な一般財源は60億円となり,15億円の赤字となるのである。また,経常収支比率が100％に上昇した状態(t＋2)年度では,赤字はさらに60億円にふくらむ。

このモデルは,大阪府下の比較的裕福とみなされてきた自治体財政悪化のメカニズムをあらわしている。財政悪化の構造は次のように整理できるであろう。

① 長びく不況と人口の減少・高齢化によって地方税収が停滞するもとで,
② 地域社会の構造変化にともなう財政需要が増大し,
③ 経常収支比率が上昇し,財政の硬直化が進む。
④ そのような状況にもかかわらず,地方債に依存したハコ物建設が継続されてきたために,
⑤ 公債費負担比率が上昇し,経常収支比率がさらに上昇する。
⑥ 積立基金の取り崩しで赤字を穴埋めしてきたが,それも底をついて実質収支の赤字が生じ,
⑦ やむなく普通建設事業費の一定の削減と地方債の抑制に踏み切ると,とたんに一般財源の不足が表面化して,「財政非常事態宣言」を出さざるをえなくなる。

枚方市の「財政収支の見通し」は,このような財政赤字拡大のメカニズムを典型的に示したものだといえる。

(5) 各市「再建方策」の問題点

財政状況が悪化している自治体,「財政非常事態宣言」が出された自治体では,同時に,市当局から「財政健全化計画」「財政再建緊急対応策」「行財

政改革推進計画」などが出されている。しかし,これらには,共通して次のような問題点と限界がある。

第1に,財政悪化がなぜ生じたのか,財政運営上や地方財政制度上の問題点がほとんど分析されていない。分析がされないまま,人件費や扶助費などの義務的経費の増大に,財政悪化の原因を一方的に求めるケースが多くなっている。

自治体は,自らの財政状態と,そうした状態を引き起こした原因について,科学的・客観的に解明し,住民にたいして説明する責任(アカウンタビリティ)をもたなければならない。しかし,ほとんどの「財政非常事態宣言」や「財政健全化計画」は,このような財政説明責任を果たすことなく,ただ,「このままでは『財政再建団体』に転落する」といった危機感を煽るだけのものになっているのである。

第2に,いずれの「財政再建計画」も,職員定数の削減と人件費の抑制,民間委託や下請化の促進,手数料・使用料や都市計画税の引き上げ,福祉・医療・教育などの公共サービスの削減など,自治体職員と地域住民に犠牲を強いる「対策」が中心に据えられているということである。こうした「再建計画」においては,自治体の本来の役割はなにか,今後どのような地域や自治体をつくっていくのかという展望がまったく示されていない。そうした総合的な政策的展望が示されないまま,ただ判で押したように,人件費削減,住民負担増,民間委託を言うだけでは,市民の納得は得られない。

第3に,ほとんどの「財政再建計画」で,投資的経費の従来通りの継続が前提となっているということである。あるいは,ある程度抑制するところでも,きわめて中途半端な削減に終わっている。

たとえば,先ほどの表8-8のモデル・ケースで見ると,(t+1)年度に投資的経費をt年度の半分の100億円に削減した場合,15億円の赤字となった。もしこれを50億円,すなわち4分の1にまで削減すると,投資的経費のために必要な一般財源は30億円となり,経常収支比率が95％のままであるとすれば,一般財源の余裕は45億円であるから,逆に15億円の黒字となる。

「財政再建団体」に転落するほどの危機にあるとするならば,下水道事業

をも含めてすべての普通建設事業を凍結するくらいの措置がとられてしかるべきであろう。ところが、そのような思い切った政策を打ち出すところはどこにもない。これまでの、公共事業＝ハコ物建設優先の体質から抜け出すことなく、なんとか当面の「対策」で切り抜けようとしているにすぎない。

　第4に、したがって、このような義務的経費の削減と投資的経費の温存を前提とした「財政再建方策」では、財政赤字を解消する見通しを立てることができていないということである。これはある意味では当然である。いかに義務的経費を削減するとはいえ、自治体が自治体として存続するためには一定の水準が求められるのは当然であり、その経費削減効果は限られているからである。また、逆に、経費削減効果の大きい投資的経費を基本的には温存しようとしているわけであるから、赤字はそれほど減らないということになる。

　大阪府の場合、老人医療費助成の削減、私学助成費の見直し、市町村への補助金の削減など、全国平均水準以上の行政サービスについては基本的に放棄するといった「財政再建プログラム」と引き替えに、地方交付税の増額、財政健全化債の発行、退職手当債の発行などを許可してもらうという、事実上「再建団体」に等しいやり方をとらざるをえなかった。大阪府による財政再建方策の中間まとめ（「府政再生にむけて――大阪府行財政改革レポート」2000年8月）によると、1996年度から2000年度までの5年間で、人件費の抑制で1180億円、事業の見直しで1960億円、合計3140億円の経費削減が行われ、府独自の努力による歳入確保によって2050億円の増収があり、合計5190億円の財政効果があった。しかし、他方で、地方交付税の増額や財政健全化債の発行等の財源のやりくりは総計1兆9554億円にのぼっている。つまり、経費削減や歳入確保に向けた自己努力よりも、地方交付税など国への依存と問題の先送りのほうが4倍近い比重を占めている。しかも、それでも、まだこれから毎年5000億円程度の財源不足が続くと想定されている。衛星都市の場合も、このままでは、結局のところ同じ道をたどることになるのではないだろうか。

　第5に、これらの「財政再建計画」は、行政主導＝財政担当部局主導であり、幅広い職員参加や市民参加によって検討・実施されているところはほと

んどないということである。これまで触れてきたように，今回の各衛星都市の財政悪化は，一時的なものではなく，地域社会の変化に自治体の財政運営や財政制度が対応できていないという構造的な原因によるものである。そうであればあるほど，すべての部局の職員の叡知を集め，また，広範な市民の参加のもとで，自治体政策と行財政のあり方を大きく転換するという作業をつうじて，今回の財政危機は打開されなければならない。

　これまで，各自治体の財政担当者は，職員や市民にたいして，わかりやすく財政問題について解説したり，詳しいデータを分析して公開するという努力を怠ってきた。そうした状態では，職員にも，市民にも，健全で正確な財政問題への理解やコスト意識は育たない。これからは，できるだけ詳しく正確な財政情報を職員と市民に公開して，ともに財政再建に取り組むという姿勢が必要である。

　このように，当面の緊急対策的な対応では，現在の地方財政危機を打開することは困難である。各自治体が，これまでのような「成長型」財政運営からの根本的転換を図るとともに，分権的税財政システムに向けた抜本的改革を行う必要がある。そこで，最後に，「成長型」財政運営からの脱却と，分権的税財政システムのあり方について提言することにしたい。

第9章　分権的税財政システムへの転換

I　「成長型」財政運営からの脱却

　現在の地方財政危機を打開するためには，各自治体の財政運営を，経済成長と人口増加を前提とした「成長型」ではなく，そこに住む人々の人間的発達と，地域の潜在能力を活かすためのものに転換する必要がある。大阪府の事例に即して言えば，次のような政策転換が求められるであろう。
　すなわち，バブル型大規模開発プロジェクトの凍結・見直しを行い，インフラストラクチャー整備の基本を，道路，空港，港湾等のハードな構築物・施設から，福祉・教育・医療などのソフトな府民生活支援システムづくりに切り換えるということである。
　大規模開発プロジェクト方式からの脱却を図るには，まず，事業ごとの再評価システムを確立し，事業主体や進捗状況に合わせて見直しを行う必要がある。
　具体的には，①計画段階の新規事業の凍結，②一部着手済みの事業の休止と再評価，③工事は終了したが破綻寸前の事業の見直しを，府民参加のシステムのもとにきめ細かく行う[1]。これによって，公共投資の水準を府税収入の3割程度（これは1988年度の府税収入にたいする公共投資の比率と同じ）に縮減する必要があろう。
　さらに，財政再建を長期計画のもとで達成するためには，民主的・効率的行政の実現に向けて，大阪府の行財政のあり方について抜本的な見直しを図る必要がある。ところが，現在進められている「事務事業評価」作業はいわば行政による「自己診断」にすぎず，きわめて不十分な内容となっている。民主的・効率的行政を実現するためには，行政にたいする府民による政策評価を前提とし，徹底した情報公開と府民参加による新たな「行政再評価システム」を導入する必要があろう。

衛星都市においても,「成長型」財政運営からの脱却の基本は,都市におけるインフラストラクチャー整備のあり方を,道路や施設などのハードな構造物・建築物の建設中心ではなく,保育・教育・福祉・医療・介護・文化・情報等の人的サービスのネットワークづくり中心に切り換えるということである。この場合,いわゆる義務的経費を中心とする経常的経費を節約して,投資的経費に財源を回すという手法ではなく,むしろ,投資的経費をできるだけ節約して,公共サービスのために必要な財源を確保するという考え方が重要となる。このような発想の財政運営を定着させるためには,これまでの経常収支比率などの指標については再検討する必要があろう。

たとえば,一般会計を「経常会計」と「資本会計」とに分離し,「経常会計」においては,経常的な公共サービスへの支出と財源の関係を取り扱い,「資本会計」では,普通建設事業などの投資的経費とその財源の関係を明確にする,といった方法が考えられる。この場合,地方債収入とその元利償還のための公債費は,「資本会計」に移ることになる。いわゆる義務的経費から公債費は除かれ,経常収支比率における取り扱いも違ってくることになる。

このようにして,公共土木事業については,経常収支とは別会計で独立して扱い,一般財源に余裕があるか,投資のための積立基金があるか,地方債を発行しても返済の見通しがある場合にのみ,公共土木事業が行われるようにするのである。また,公共事業については,①必要性,②規模,③位置,④内容,⑤実施時期,⑥期間,⑦運営方法等について厳密にチェックするための,市民参加型の評価システムを確立することが重要である。このようにして,これまでの「成長型」財政運営からの意識的な転換を図ることがなによりも求められている。

Ⅱ 国による財政誘導装置の解体

地方財政危機を打開するためには,以上のような「成長型」財政運営からの転換を,各自治体が意識的に進める必要がある。しかし,現在の地方財政危機には,国・地方間の税源配分や地方財政調整制度の矛盾に示されるよう

な，構造的原因がある。この構造的問題を解決するために，分権的税財政システムの実現に向けた抜本的改革が必要となる。

　私は，これまで，第1部では，主として人間発達を基調とする地域の内発的発展にとって，分権的インフラストラクチャー整備のシステムと公務労働の配置が必要であることを強調してきた。また，第2部では，震災復旧・復興政策の推進のためにも分権的財政システムが必要であること，戦後，特異な状況におかれた沖縄の自立的発展のためにも，「沖縄開発庁」方式から脱却して，沖縄県の分権的財政運営が求められることを主張してきた。いま，大都市圏をはじめ，全国の自治体財政にしのび寄る財政危機から脱却するためにもこの分権的税財政システムに向けた改革が必要である。

　この分権的税財政システムの基本的内容は，①国による財政誘導装置をできるだけ縮小・解体し，地方自治体の財政責任を確立すること，②国から地方への税源移譲を行い，地方自治体の課税自主権を強化すること，③自治体財政運営への市民参加の機会を拡大すること，以上3つの柱から構成される。

1　国庫補助負担金制度の縮小・整理

　まず，①の国による財政誘導装置の縮小・解体の中心は，国庫補助負担金の整理・縮小である。これを実現するためには，政策的な整理・統合ではなく，「地方財政法」の現行体系そのものにメスを入れる必要がある。

　まず，「地方財政法」第16条関係の「奨励的補助金」については廃止し，一般財源化する。これによって13兆円の国庫補助負担金のうち20％の2兆9000億円を一般財源化できる（1999年度地方財政計画ベース）。

　次に重要なのは，「地方財政法」第10条の2に規定される普通建設事業費にたいする負担金である。道路，河川，港湾などの建設のために，補助金ではなく「負担金」が交付されるというシステムが，わが国の公共投資における事業主体の責任をあいまいにし，国による財政誘導の有力な装置としてはたらいてきた。これを廃止し，公共投資をそれぞれの事業主体の財政的責任において実施することにすれば，わが国の「土建国家」的体質からの脱却を図る一助となるであろう。この普通建設事業費負担金の廃止によって，国庫

補助負担金の27％，2兆9000億円が一般財源化できる。奨励的補助金の廃止と普通建設事業費の負担金の廃止を合わせると，5兆8000億円の特定補助金の削減となる。

「地方財政法」第10条の1に規定された，義務教育，生活保護，児童福祉，老人福祉，公衆衛生などの「一般行政関係費」への負担金は，いわゆるナショナル・ミニマムを保障する手段として，原則的に存続させるべきであろう。ただし，手続きや算定基準については大幅な簡素化が求められる。

また，第16条関係の「交付金」は，電源立地促進対策等交付金や特定防衛施設周辺整備調整交付金など，原子力発電所や軍事基地などといった「迷惑施設」の存在とかかわるものが多い。これらについては，ただちに廃止というわけにはいかないが，わが国の原発政策や防衛政策の見直しを通して，再検討がなされるべきであろう。

第10条の3の「災害復旧事業費」負担金についても，ただちに廃止するわけにはいかないであろう。ただし，第6章で詳しく見たように，これまでの「災害対策基本法」にもとづく国家支援策では，阪神・淡路大震災のような大規模な災害に対応することは不可能である。国と地方自治体と民間の協力による10兆円規模の「災害復旧・復興基金」を設け，平時にあっては積立基金の運用で自治体や個人の防災事業を支援し，大災害の際にはその基金の一部を被災地の自治体に包括的補助金として交付し，自治体と市民の管理運営する災害復旧・復興資金とするといったシステムをつくる必要がある。

2　地方交付税制度の簡素化

国による第2の財政誘導装置は，地方交付税制度である。

これは，本来，税源の乏しい自治体に財源を保障し，地域間の財政格差を調整するための制度である。しかし，高度経済成長期以来，国庫補助金や起債許可制度と結びついて，この地方交付税も，各自治体を公共投資拡大に向けさせる手段となってきた。とりわけ，1980年代の後半以降は，地方単独事業のための地方債の元利償還の一部を地方交付税の基準財政需要額に算定するという手法を使い，自治体を過剰な公共投資に導く手段とされてきた。ま

さに，自治省所管の「補助金」と化したのである。

　このようなことが起こりうるのは，地方交付税の算定の基礎となる基準財政需要額の決定権がすべて自治省官僚の手に握られ，しかも，世界一精緻といわれる複雑な算定方法の操作によって調整されているからである。基準財政需要額は，①経常的経費，②投資的経費，③その他の経費の各項目ごとに，[単位費用×測定単位×補正係数] によって計算される。ここで，投資的経費の測定単価・測定単位・補正係数のどれかひとつでも，ほんの少し引き上げることによって，いとも簡単に，保育，教育，福祉などの人的サービスよりも，道路，港湾，河川等のハードな施設への公共投資に自治体を誘導することができてきた。

　これを改めるためには，ひとつは，複雑な基準財政需要額の算定方法を，きわめて簡単な「人口」「面積」といった基準による簡素なものに切り換えることが必要である。地方交付税問題の権威といわれる石原信雄は，かつて，現行の各都道府県における基準財政需要算定額と，「人口」（8割）と「面積」（2割）で按分した場合の基準財政需要額とを比較して，両者がほとんど変わらないことを実証した。ところが，「投資的経費の算定に当たっては，地域格差是正のため，（算定方法の）中立性の要請が多少犠牲になっても止むを得ない」として，自治省による政策的運用の余地を残すために，現行方式の存続を主張した[2]。そろそろこうした発想は改めるべきではないか。

　もうひとつは，地方交付税の配分決定権を自治省から「地方財政委員会」的組織に移すことである。かつてシャウプ勧告は，国・地方間の財政関係を処理する機関として，知事会長・市長会会長・町村会会長の推薦する委員1名ずつ（地方代表3名）と，内閣総理大臣の推薦する委員2名の合計5名によって構成される「地方財政委員会」の設立を提唱した。この「地方財政委員会」において，1952年まで地方財政平衡交付金の配分は審議決定されていた。しかし，1952年の「地方財政委員会」廃止と自治庁の発足，1960年の自治省への昇格によって，地方財政調整制度運営の実権は中央政府官僚の手に握られることになった。今回の「分権改革」で，地方自治体は，地方交付税の算定方法にかんし自治大臣に「意見を申し出る」ことができ，自治大臣は

「これを誠実に処理する」ことになった(「地方交付税法」第17条の4)。この結果,初年度における各自治体からの「異議申し立て」は100件を超えたといわれる[3]。しかし,この制度ではあくまでも決定権は自治省にあり,対等・平等の関係で協議することにはなっていない。地方交付税を,政府による財政誘導装置ではなく,地方自治体への財源保障と財政調整という本来の一財源として活用するためには,かつてシャウプ勧告が提起したような「地方財政委員会」的組織が必要である。

3 地方債発行の自由化

わが国の地方債発行は,「地方自治法」230条で起債自主権が認められながら,同じ「地方自治法」の第250条によって,「当分の間」,都道府県においては自治大臣の,市町村においては都道府県知事の許可を得なければならないとされてきた。今回の「分権改革」で,2006年度から,この許可制度が「同意を要する協議」制に替えられることになった。しかし,国の同意する地方債だけが,公的資金の充当や元利償還の地方財政計画への算入=地方交付税措置の対象となるわけであるから,とくに財政力の大きくない自治体にとっては,実態はほとんど変わらないことになる。

この起債許可制度は,国庫補助負担金や地方交付税と並んで,国による地方自治体財政統制の重要な手段となってきた。たとえば,「地方財政再建促進特別措置法」(1955年)にもとづく,「財政再建用団体」の制度がその典型である。これは,実質収支の赤字が一定規模以上(都道府県では標準財政規模の5%以上,市町村では同じく20%以上)になった場合,「財政再建準用団体」として国にたいして「財政再建計画」を提出し,その通り実行するのと引き替えに,はじめて地方債の制限が解除され,政府からの借入金や特別交付税措置が行われるという仕組みである。この「財政再建準用団体」の仕組みは,さきに大阪府衛星都市の事例に見たように,各自治体の財政運営のあり方をめぐって,危機感を煽り,職員や市民にたいして負担増や公的サービスの削減を納得させるための手段として,しばしば活用されてきた。

あるいはまた,いわゆる起債制限比率(一般財源にたいする公債費の割合

の近似値）が20％を超えると一般単独事業と厚生福祉施設の起債は許可されず，それが30％を超えると災害関係を除いて一切の地方債の発行が許可されないというかたちで，この起債許可制度が強く自治体の財政運営を拘束してきた。さらに，ときには，自治体職員の給与水準の高い自治体にたいして，地方債の発行を許可しないという制裁措置を加え，強制的に職員賃金を引き下げさせるといったことさえ行われたことがある。

　このような起債許可制度を残す理由としては，①全国的視点からの適正な資金配分の必要性，②弱小自治体への資金配分，③自治体財政運営の適正化，などがあげられてきた。しかし，これまで，自治体の財政運営の経験は相当程度蓄積されており，いつまでも国の統制を受けないと適正な財政運営ができないとは思えない。また，景気対策やその他の資金運用のコントロールは，各自治体への起債許可制度によらなくとも，財政投融資計画における地方債引受枠の設定等によって十分可能であろう。また，弱小自治体への資金配分も，起債許可制度を用いなくても，たとえば，鈴木武雄が提案したような「地方金融公庫」のようなシステムによって十分可能だと思われる[4]。

　国のよる地方財政誘導装置を縮小・解体するためには，起債許可制度の全般的見直しが必要である。「地方自治法」第250条の規定は廃止して，自治体の起債自主権を全面的に承認すべきである。また，「地方財政再建促進特別措置法」の「財政再建準用団体」の制度についても，廃止を含めた再検討が必要となろう。いわゆる起債制限比率は，国の統制の手段ではなく，自治体財政運営の自主的なガイドラインへとその性格を変えることになる。このように，起債自主権が確立されるならば，各自治体は，これまで以上に厳密な財政運営を強いられることになるであろうし，また，安易な起債による公共投資に歯止めをかけざるをえなくなるであろう。

Ⅲ　国から地方への税源移譲

　以上のように，国による財政誘導装置を縮小・解体した場合，国から地方に配分される財源は自ずから縮小されることになる。では，それに代わる財

源を,どのようにして確保すればよいのであろうか。

　国庫補助負担金などの「特定財源」に代わる新たな地方財源を確保する方法としては,「一般財源主義」と「自主財源主義」の2つが考えられる。「一般財源主義」とは,地方税などの独自財源に,地方交付税などの調整財源を加えるかたちで,地方自治体の自由な財源を確保しようというものであり,税源の乏しい農村圏の自治体にとっては望ましい方式である。「自主財源主義」とは,地方交付税など国からの財源移転に依存することなく,地方自治体が自ら課税・徴収する独自財源を基盤にしようというものである。税源の豊かな大都市圏の自治体はこの方式に期待することになる。

　分権的税財政システムの確立を求める立場からすれば,まず,「自主財源主義」が重視されるべきである。しかし,同時に地域格差の調整や貧困団体への財源保障のために,「一般財源主義」にも配慮すべきであろう。

　これまでの有力な改革案としては,たとえば,伊東弘文による,財政力指数が0.5以上の自治体をすべて地方交付税の不交付団体化することを目標に,住民税と所得税の徴税一元化と分賦税方式(地方から国への逆交付制度)を採用すべきであるとの主張がある[5]。また,神野直彦・金子勝らは,①新たな地方税源として,国の所得税の比例税率部分を住民税に移す,②住民税の税率はフラット化し,地方自治体に一定幅で税率操作権を与える,③税収中立とするために,国の所得税に見合う補助金を削減する,という提案を行っている[6]。

　これらの提言は,地方自治体の自主財源を拡充する方策としてはすぐれており,一定の実現可能性もある。しかし,これらの方策では,「富裕団体」の自主財源は確保されるものの,他方で「貧困団体」に回るはずの地方交付税の財源が縮小し,地域間の格差が拡大するという問題がある。

　国から地方への税源移譲をはかる場合,次のような地方税の基本的原則に照らして,それにふさわしいものを選択すべきであろう。

　第1は,公平性の原則である。

　地方税における公平性の原則としては,従来から,応能原則に応益原則を加味することが主張されてきた。その立場から,しばしば,スウェーデン型

の所得比例税を地方税源拡充の手段とすべきであるとの提案がなされてきた[7]。また，最近では，神野・金子によって，地方税はいわゆるワーク・フェア原理によって課税されるべきであるとして，所得税の比例部分を地方に移譲するという提案がなされている。それは，第3章でも少し触れたように，「地域住民が自発的協力として『労務提供』を実施する代わりに，地方税を納税すれば，それを財源に地方政府が準公共財を供給する」[8]という考え方にもとづいている。

しかし，今日の地方自治体による公共サービスは，かつての地域共同体における「労務提供」とは異なり，高度の行政手段と専門的労働の組み合わせからなっている部分が少なくない。また，個別分野の行政サービスの提供ではなく，管理部門と現業部門，都市基盤の整備などのハードなインフラと教育・福祉などの人的サービスを中心とするソフトなインフラなど，さまざまな分野が総合的に結びついてはじめて機能するものとなっている。「労務提供の代わりに比例税を」という発想ではなく，地方自治体の社会的共同業務における専門性と総合性を確保するために，地域住民が公平な負担によってその財源を提供するといった考え方が必要ではないかと思われる。

また，地域住民の構成は，かつての地域共同体におけるような均質なものではなく，従事する職業や年齢や性別による潜在能力の違い，所得格差や資産格差にはかなり大きなものがある。こうした住民構成の多様性に注目するならば，地方税においても，いわゆる比例税ではなく，課税最低限の設定や所得にたいする累進税率に配慮した応能原則が基本とされるべきであろう。

ただし，地域の生活者ではなく，大規模な営業活動を行う企業にたいしては，基本的には応益原則が加味されるべきであり，法人所得にたいする課税とともに，自治体サービスにたいする対価として，外形標準による課税が行われるべきである。

第2には，普遍性の原則，第3には，安定性の原則なども重要である。

さらに，第4の原則として，財政民主主義の原則をあげておきたい。これは，租税支払者である市民が地域の主人公としての自覚を高め，財政運営に積極的に参加する意識をもちうるような税という意味である。

このような立場から、私は、かねてから次のような改革案を提案してきた。
(1) 所得税と住民税を共通税化し、地方自治体が課税・徴収することとする。
(2) 課税ベースや税率の決定については、当初は国と地方による共同決定方式によるが、しだいに地方の自主決定にゆだねる。
(3) 共通税の配分は、地方6対国4の割合とし、地方自治体から国に逆配分する。
(4) 法人住民税についてはすべて国税化し、その7割を地方交付税の財源として地方に再配分する。ただし、法人事業税については、自治体サービスにたいする応益課税として存続させ、なんらかの外形標準課税化を図る。

交通手段と生活時間の限界によって規定される一定の生活圏において、生活者である住民が生存権と発達権を相互に保障し合うという現代地方自治の根拠に照らして、応能原則にもとづいて住民が負担する共通所得税を、地方自治体が課税・徴収することには理論的妥当性がある[9]。

また、現行制度では所得税より住民税のほうが課税対象が広く、地方自治体の情報量が国税庁を上回っているという点などから見て、共通所得税を地方自治体が課税・徴収するということは課税技術的にも可能である。私案としては、基礎的自治体が中心となり、都道府県が補完するというかたちを構想したい。

小西砂千夫は、私とはやや違った角度から、所得税と住民税の「共同税」化を主張し、その場合、税務行政は一体化すべきだが、独立行政法人にするか、PFIを利用して民間に委託することも考えられるとしている[10]。しかし、これでは、地方自治や住民参加の発展にはつながらない。課税ベースや税率の決定は当分の間「地方財政委員会」等において「共同方式」で行うとしても、課税・徴収の権限は、地方自治体にゆだねるべきであろう。

それにたいして、地域や国境を超えたたえず流動する資本の動きを補足し、企業にたいする公平な課税を行うには、いまのところ地方自治体よりも国のほうが適している。さらに、地方で育成された優秀な人材が都市部の企業の

働き手となり，地方の生産現場から生み出された利益が中央の本社に吸収されるといった実態をふまえるならば，その財源の多くを地域間の財政調整のために用いることにも根拠がある。

このような改革をした場合，個人所得と法人所得にたいする課税と税収の配分は，次のようになる（表9-1）。

(1) 個人所得課税の配分は，現行の国67対地方33から，国40対地方60に変わる。都道府県への配分を現在の地方税プラス地方交付税程度の比率にすれば，都道府県と市町村の配分比率は23％対37％となる。

(2) 法人所得への課税は，現行の国65対地方35から，国78対都道府県22となる。ただし，国税法人税の7割を地方交付税の財源とすれば，実質的な配分は，国23，都道府県44，市町村33となる。

(3) 個人所得課税と法人所得課税を合わせた配分比率は，現行の国66対地方34から，国55対地方45となる。ただし，地方交付税の財源は現状をほぼ維持することができ，地方交付税を含む配分は，現行の国45対55から，国33対67へと変化する。この配分割合は，国と地方の歳出純計割合の35対65にほぼ匹敵している。つまり，地方自治体が補助負担金などに頼ることなく，地方税と地方交付税を合わせた一般財源で歳出をまかなうことができる配分割合である。

このような配分の変更を行った場合，地方税収は5兆7837億円の増加，これに地方交付税を加えた一般財源ベースでは6兆1296億円の増加となる。他方で，国庫補助負担金のうち普通建設事業費の負担金と奨励的補助金を仮に全廃したとすれば，地方財政全体では1996年度の予算ベースで6兆1857億円の減少となる。一般財源の増加と特定財源の減少がほぼ均衡して，いわゆる税収中立となっている。

ところで，このような私案を実行した場合，大阪府の税源配分はどのように変わるであろうか。1995年度の税収をベースに試算したのが表9-2である。それによると，法人所得課税分は4554億円から3852億円へと法人住民税の702億円分だけ減少するが，個人所得課税は2968億円から6558億円と3600億円近く増大し，個人所得課税と法人所得課税を合わせた府の税収額は7522億

表 9-1a 個人および法人所得にたいする課税の国・地方間配分 (1995年度予算)

(単位：億円，%)

	個人所得		法人所得		合　計	
	課税額	+ 交付税	課税額	+ 交付税	課税額	+ 交付税
国						
所得税等	213,500	213,500	137,260	137,260	350,760	350,660
地方交付税		△68,320		△43,923		△112,243
差　引		145,180		93,337		238,517
構成比	(66.9)	(45.5)	(64.9)	(44.1)	(66.1)	(44.9)
都道府県						
住民税等	39,787	39,787	52,653	52,653	92,440	92,440
地方交付税		37,303		23,982		61,285
合　計		72,960		76,635		153,725
構成比	(12.5)	(22.9)	(24.9)	(36.2)	(17.4)	(29.0)
市町村						
住民税等	65,801	65,801	21,728	21,728	87,529	87,529
地方交付税		31,017		19,941		50,958
合　計		100,948		41,669		138,487
構成比	(20.6)	(31.6)	(10.3)	(19.7)	(16.5)	(26.1)
地方計						
収入額	105,588	173,908	74,381	118,304	179,969	292,212
構成比	(33.1)	(54.5)	(35.1)	(55.9)	(33.9)	(55.1)
合　計	319,088	319,088	211,641	211,641	530,729	530,729
	(100.0)	(100.0)	(100.0)	(100.0)	(100.0)	(100.0)

(資料)　大蔵省『財政金融統計月報』1995年4月。

円から1兆410億円へと2900億円ほど増加する。1995年度の大阪府の普通建設事業費6308億円のうち，約20％の1248億円が国庫支出金である。これを仮に全廃したとしても，なお1640億円の増収となる。

また，市町村の税収は，5700億円増加することになる。大阪府下市町村の1995年度の国庫支出金総額のうち，23％の392億円が普通建設事業費への補助負担金である。もしこれを全廃したとしてもなお，5291億円の増収となる。なお，この数値は，法人市町村民税を現行のままとしているが，これを府の場合と同様に国税化し，地方交付税の財源とした場合でもなお，3193億円の増収となる。

特定補助金，とくに投資的経費にたいする国庫補助負担金の削減と，所得

表 9-1b　個人および法人所得にたいする課税の国・地方間配分改革案

(単位：億円，％)

	個人所得		法人所得		合　計	
	課税額	＋　交付税	課税額	＋　交付税	課税額	＋　交付税
国						
所得税等	127,635	127,635	165,288	165,288	292,923	292,923
地方交付税		—		△115,702		△115,702
差　引		127,635		49,586		177,221
構成比	(40.0)	(40.0)	(78.1)	(23.4)	(55.1)	(33.4)
都道府県						
住民税等	72,960	72,960	—	—	72,960	72,960
法人事業税		—	46,353	46,353	46,353	46,353
地方交付税		—		46,281		46,281
合　計	72,960	72,960		92,634	119,313	165,594
構成比	(22.9)	(22.9)	(21.9)	(43.8)	(22.4)	(31.2)
市町村						
住民税等	118,493	118,493		—	118,493	118,493
地方交付税				69,421		69,421
合　計		118,493		69,421		187,914
構成比	(37.1)	(37.1)	(0.0)	(32.8)	(22.3)	(35.4)
地方計						
収入額	191,453	191,453	46,353	162,055	237,806	353,508
構成比	(60.0)	(60.0)	(21.9)	(76.6)	(44.8)	(66.7)
合　　計	319,088	319,088	211,641	211,641	530,729	530,729
	(100.0)	(100.0)	(100.0)	(100.0)	(100.0)	(100.0)

(注)　(1)　個人所得課税の権限を地方に移譲し，税収の4割を国に逆交付する。
　　　(2)　法人事業税を除く法人所得課税の権限を国に移譲し，税収の7割を地方交付税財源とする。
　　　(3)　法人所得課税の地方交付税財源のうち4割を道府県に，6割を市町村に交付する。
(資料)　大蔵省『財政金融統計月報』1995年4月。

税の地方への移譲とを組み合わせた改革は，大阪府のような大都市圏においては，府レベルでも市町村レベルでも，ともに有利にはたらくことがわかる。これによって，地方交付税や財政健全化債などに頼ることなく，自主財源によって現在の財源不足を大幅に解消することが可能となる。現在の大都市圏を中心とする地方財政危機を克服するためには，このような思い切った税財政システムの改革を行い，地方自治体の自主税源を拡充することが必要であろう。

表 9-2 私案による税源再配分後の大阪府税収（1995年度ベース）（単位：億円，％）

① 現　行

	個人所得課税(a)	法人所得課税(b)	a + b
国　税	20,728（72.4）	18,000（73.0）	38,728（72.7）
府　税	2,968（10.4）	4,554（18.5）	7,522（14.1）
市町村税	4,941（17.3）	2,095（8.5）	7,036（13.2）
合　計	28,637（100.0）	24,649（100.0）	53,286（100.0）

② 改革後

	個人所得課税(a)	法人所得課税(b)	a + b	②−①
国　税	11,454（40.0）	18,702（75.9）	30,156（56.9）	△8,572
府　税	6,558（22.9）	3,852（15.6）	10,410（19.5）	＋2,888
市町村税	10,624（37.1）	2,095（8.5）	12,719（23.6）	＋5,683
合　計	28,637（100.0）	24,649（100.0）	53,286（100.0）	±0

(注)　(②−①) は，(a + b) の改革後と現行の比較。
(出所)　『大阪府統計年鑑』『自治大阪』より計算。

Ⅳ　法人事業税の外形標準課税について

1　東京都による銀行への外形標準課税

ここで，都道府県の重要な税源となっている法人事業税の外形標準課税化問題について，少し触れておくことにしたい。

2000年2月1日の『日経新聞』は，「政府税調，政治にらみ休眠」という見出しで，政府税制調査会がこの年の1月に1度も会合を開かなかったこと，その春出される予定だった「中期税制答申」も夏になる公算だと報じていた。法人事業税の外形標準課税問題については，1999年7月，政府税調の「地方法人課税小委員会」が「事業活動価値（所得型付加価値）」をはじめ4類型の外形標準案を示したが，2000年度の税制改正ではあっさり先送りとなり，政府税調は冬眠にはいっていたわけである。

この報道から1週間後の2月7日，石原東京都知事は，資金量5兆円以上の大手銀行にたいして，所得ではなく業務粗利益（一般の業種では売上高から売上原価を控除した売上総利益にあたる。資金運用利益・役務取引などに

よる利益から人件費・物件費等の経費を差し引く前の粗利益であり，不良債権処理などによる損失を控除したあとの当期純益とは異なる）を課税標準として，原則税率3％の課税を行うという方針を発表した。政府税調が冬眠を決め込んでいる間に，東京都の大塚主税局長をはじめとする数名の幹部職員が増収への知恵をしぼった成果である。この提案にもとづく条例案は，東京都の3月議会で承認された。

この石原提案は，地方税法第72条の19の「資本金額，売上金額，従業員数等の課税標準を用いることができる」という規定にもとづくものであり，違法ではない。また，現行では，普通法人の所得にたいして標準税率9.6％（1997年度まで12％）で課税されるが，電気・ガス供給業および生命保険・損害保険業については，収入金額の1.3％（同1.5％）で課税することになっており，それに準ずるものだといえる。

電気・ガス事業においては公益事業として料金が認可制で低く抑えられており，所得を課税標準としたのでは事業規模に比較して事業税の負担が少なくなりすぎるからである。また，生命保険や損保事業の場合は，これらの事業において配当の比重がきわめて大きいにもかかわらず，それが所得の計算上益金に算入されないためである。銀行業の場合も，①収益の基礎となる利子は，基本的に市場原理で決定されるとはいえ，政策的なコントロールのもとにおかれていること（たとえば最近のゼロ金利政策とその解除），②日本の金融システムの安定化を図る目的で，巨額の公的資金が注入され，そのもとで不良債権の整理が行われているが，そのことによって純利益が極端に低くなっていることなどを考慮するならば，所得基準ではなく，今回の提案のように粗利益を課税標準とすることには十分根拠があると思われる。

2 事業税の性格と外形標準課税の根拠

今回の石原提案は，法人事業税においては外形標準課税が適当であるという，これまで政府税制調査会の答申等で繰り返し論じられてきた主張に沿ったものでもある。ここで，外形標準とは，資本金，従業員数，売上高といった一見して明瞭な指標による課税ということであり，複雑な計算によって算

出される所得とは異なる基準による課税を指している。

　法人事業税において所得以外の外形標準課税が望ましいとされるのは，この税が，①応能原則による人税ではなく，応益原則による物税であり，②具体的には，都道府県による道路，港湾，教育，衛生，警察，消防などの公共サービスにたいして支払われるべき対価であり，③法人が行う収益事業そのものに担税力を見出し，所得ではなく経費のうちから支払われるべきものであると考えられてきたからである[11]。つまり，その法人に所得があるなしにかかわらず，収益事業の規模に応じて，都道府県が提供する公的サービスへの対価として支払われるべき税であるとされてきた。

　シャウプ勧告も，「都道府県が企業にある種の税を課すのは正当である。というのは，事業および労働者がその地方に存在するために必要となってくる都道府県施策の経費支払を事業とその所有者が援助することは当然だからである」と述べて，応益原則にもとづく企業課税の存続を求めた。そして，①法人所得にたいする累積課税を避け，②国による賦課徴収に地方が依存することのないようにするための最善の解決方法として，「利益と利子，賃貸料および給与支払額の合計」すなわち「付加価値」を課税標準とすることを提案した。しかし，この地方付加価値税についてはさまざまな反対意見があり，ついに実現されることなく，1954年の地方税法改正で，現行のような所得を課税標準とする事業税が継続されることになった。こうして，税の基本性格や課税の根拠と課税標準が齟齬をきたすという状態が半世紀近くにわたって続くこととなった[12]。

　政府税調の「地方法人課税小委員会報告」（1999年7月）では，外形標準課税の意義として，①地方分権を支える安定的な地方財源の確保，②応益課税としての税の性格の明確化，③税負担の公平性の確保，④経済構造改革の促進の4つをあげている。しかし，これらの目標は互いに矛盾するところもあり，かならずしも適切な説明とはなっていない。私見では，③の「応益課税としての税の性格の明確化」が基本であり，それによって，自治体による公的サービスと地域経済の自立的発展の良好な循環をつくりだすことが最も重要である。

3　外形標準の選択と中小企業への負担緩和策

　法人事業税の外形課税の標準としては，資本金，売上高，従業員数等さまざまなものが考えられる。シャウプ勧告以来はじめて外形課税について本格的な検討を加えた1964年の税制調査会長期答申では，加算法による付加価値が適当であるとされた。それ以来，加算法による所得型付加価値が外形標準として有力視されている。

　1999年の「地方法人課税小委員会」は，外形標準の類型として，①「事業活動価値」（所得型付加価値），②給与総額，③物的基準と人的基準の組み合わせ，④資本等の金額の4つをあげている。結論は出されていないが，①の「事業活動価値」（所得型付加価値）を軸に検討されることになるであろう。

　しかし，これらの標準による課税を導入した場合，問題となるのは，現行の所得標準に比べて業種間，企業規模間で負担の不均等が生じるということである。表9-3に示されるように，業種別にはいずれのケースにおいても，建設業，化学工業，食料品製造業，卸売業等で税負担が減少し，繊維工業，小売業，運輸・通信業では負担が増大する。付加価値に占める利益の割合が大きく，赤字法人の比率が少ない業種では負担額が軽減され，逆に，利益の割合が小さく，赤字法人の多い業種では負担額が増えることになる。

　また，表9-4に示されるように，ケース1からケース4までのいずれにおいても，資本金5000万円を境に，それ以下の中小企業では税負担が増え，それ以上の大企業では負担が減少することになる。中小企業の場合，付加価値における人件費部分が大きく，赤字法人が多いために，外形課税した場合，税負担が増えることになる。このような中小企業への負担をどのように緩和するかを，課税標準の選択にあたって考慮する必要がある。

　そこで注目されるのは，課税標準として資本金等の金額を選択し，所得基準との併用を行ったケース5の結果である。このケースでは，資本金1000万円～10億円の中堅企業では負担が減少するものの，10億円以上の大企業では負担が増大する。これは，資本金と資本準備金を課税標準に加えた当然の結果である。私はこれまで，外形課税の標準として付加価値が適切であるとしながらも，中小企業の負担を緩和するために，所得基準との選択制や免税点

表 9-3 外形標準課税導入にともなう業種別税負担増減率の比較 （単位：％）

業種区分	ケース1	ケース2	ケース3	ケース4	ケース5
1．建設業	−10.5	−1.3	−16.9	−15.6	−21.3
2．製造業	−14.8	−6.7	−9.1	−5.4	9.0
(1)　繊維工業	57.9	35.8	40.0	33.1	44.0
(2)　化学工業	−50.0	−27.4	−23.1	−20.6	−6.1
(3)　鉄鋼金属工業	32.1	18.5	25.1	24.3	43.2
(4)　機械工業	−16.6	−6.9	−12.6	−4.8	16.2
(5)　食料品製造業	−19.3	−8.7	−9.6	−10.5	−3.0
(6)　出版印刷業	18.1	11.9	0.4	2.4	−19.4
(7)　その他の製造業	20.0	12.2	0.7	3.2	14.4
3．卸売業	−18.0	−10.2	−20.5	−21.0	−16.5
4．小売業	55.9	26.5	22.3	11.9	4.7
5．不動産業	−2.4	−21.6	54.9	1.9	40.4
6．運輸・通信業	11.5	7.3	18.1	18.3	13.4
7．サービス業	48.3	25.0	40.1	53.1	−12.1

(注)　税率は所得標準の場合と同額の税収が上げられるように調整されている。
　　各ケースの課税標準は以下の通り。
　　　ケース1：事業活動価値（所得型付加価値）
　　　ケース2：給与総額（所得と併用）
　　　ケース3：給与総額と事業用資産（所得と併用）
　　　ケース4：給与総額と事業用資産の減価償却費（所得と併用）
　　　ケース5：資本等の金額（所得と併用）
(出所)　梅原英治「法人事業税の外形標準課税問題の研究（Ⅱ）」『大阪経大論集』第50巻第4号，1999年11月）。

表 9-4 外形標準課税導入にともなう資本金階級別税負担増減率の比較 （単位：％）

課税方法＼資本金	200万円未満	200万～500万円	500万～1000万円	1000万～5000万円	5000万～1億円	1億～10億円	10億円以上
ケース1	689.0	243.6	225.4	42.3	−17.1	−23.0	−38.5
ケース2	395.7	144.3	130.9	22.7	−8.1	−11.5	−22.5
ケース3	303.7	108.0	96.4	15.8	−9.6	−11.3	−14.6
ケース4	261.1	91.8	84.6	11.7	−15.4	−9.3	−10.4
ケース5	−4.6	3.4	10.5	−24.7	−33.8	−29.6	28.9

(出所)　表9-3に同じ。

の設定を考慮すべきであるとしてきた[13]）。今回の梅原英治の研究などをふまえると、それに加えて、資本金規模をなんらかのかたちで考慮に入れることが必要であると思われる。法人事業税の応益課税という本来の姿を取り戻した結果、中小企業の負担で大企業が有利になるというのは問題である。それを避けるためにも、資本金そのものに課税することはできないにしても、

資本金規模によって税率を変化させるなどの措置が必要である。

また，たとえば，資本金1000万円以下の零細企業については，自治体の公共サービスは生存権的営業権を保障するものとして，大幅な軽減措置が必要となる。

一般的には，市民の生存権と企業の営業権とは性格の違うものと考えられる。生活者である市民の場合には，生存権保障が前提となり，公平性を保つためにはいわゆる応能原則が採用されるべきである。これにたいして，一定規模以上の資産をもち，多数の従業員を雇用して営業をいとなむ企業にたいしては，物税としての公平性の原則，すなわち応益原則が加味されるべきだということである。ただし，一定規模以下の中小零細企業においては，営業活動は同時に生存のための手段という側面があり，生存権的営業権にもとづく活動だといえる。そのことに配慮するならば，一定規模以下の中小零細企業については，大幅な軽減措置ないし現行所得標準との選択制といった措置がとられるべきであろう。

4　地方財政危機と外形標準課税問題

法人事業税の外形標準課税化は，自治体税収の安定化のために必要であり，当面の地方財政危機を救う手段であるとされることが多い。しかし，所得型の付加価値を課税標準とした場合，大都市圏の税収は現行よりも減少し，地方圏の税収が増大する。たとえば，梅原英治の1995年度数値による推計では，所得から付加価値への課税標準の変更を行った場合，全国の税収が不変と仮定すれば，東京都は950億円（11％），大阪府は400億円（11％）の減収となる。逆に，青森県は110億円（48％），沖縄県は100億円（62％）の増収となる[14]。税収の地域間格差が縮小するという点では改善であるが，当面の大都市圏の財政危機打開という点ではむしろマイナスとなる。このような地域間の逆格差を緩和するためにも，所得基準との併用や資本金規模による税率の変化といった仕組みが必要となろう。

今回の東京都の改革案は，全国一律の外形標準課税ではなく，東京都だけで，しかも大銀行のみを対象としたために，千数百億円の増収をもたらすこ

とになる。東京都に続いて、大阪府も、同様の条例案を2000年5月議会で承認した。大阪府の試算によると、導入により374億円の増収となるが、地方交付税の交付団体となっている大阪府の場合は、増収分の8割にあたる地方交付税が削減されるため、実質は74億円の増収にすぎない。いずれにせよ、東京都や大阪府にとってはうまみのある改革であるが、これによってわが国の地方財政危機打開への道がひらかれるということにはならないであろう。

現在の大都市圏を中心とする地方財政危機を打開するためには、これまで述べてきたように、地方債に依存して大規模プロジェクトを進めるような財政運営を改めるとともに、国庫補助負担金の縮小、地方交付税制度の簡素化、自治体による起債自主権の確立等の改革を行い、地方への税源移譲と課税自主権の強化を図る必要がある。このような分権的税財政システムの実現に向けた抜本的改革の一環に、法人事業税の外形標準課税化も位置づけられるべきであろう。

なお、法人事業税の外形課税化と関連して、加算型付加価値ではなく消費型付加価値のほうが外形標準として適切であるとし、消費税の地方配分割合の拡大ないし消費税の増税を主張する見解がある[15]。しかし、これまで述べてきたように、法人事業税は、企業が受益する自治体サービスへの対価として、応益原則にもとづいて企業が支払うべき税金であり、最終的に消費者に転嫁することを前提した消費型付加価値税とは課税根拠や性格がまったく異なるものである。ましてや、現行のわが国の消費税は、所得にたいする逆進性や、簡易課税方式・帳簿方式などによる損税や益税の発生など、欠陥の多い税であり、そのような税をただちに自治体財源拡充の手段とするのは適切ではない。やはり、普遍性や安定性にすぐれ、地方財政民主主義の基盤拡大につながるような、所得税の地方移譲を軸に、国から地方への税源移譲が検討されるべきであろう。

V 市民参加型財政運営へ

①国による財政誘導装置の縮小・解体、②国から地方への税源移譲と地方

自治体の課税自主権の強化だけでは，地方財政危機を打開するための分権的税財政システムは完成したとはいえない。第4章の「社会的効率」の項で触れたように，自治体財政の評価主体は地域住民であり，地域住民の評価能力の向上なしには自治体財政の効率的運営はありえない。また，地域住民の評価能力の向上は，財政運営への参加をとおしてはじめて保障されると考えられるからである。したがって，③市民参加型自治体財政運営の実現によって，はじめて分権的税財政システムは完結することになる。

市民参加型財政運営にとって重要と思われることを，3点にしぼって述べておきたい。

第1に，各自治体の「総合計画」の策定過程および年々の予算編成過程への市民参加を促進することである。

各市町村に作成が義務づけられている「総合計画」，すなわち「その地域における総合的かつ計画的な行政の運営を図るための基本構想」(「地方自治法」第2条の④) は，本来，地域づくりの目標を明らかにし，自治体財政運営の中・長期計画を示すものとして，重要な役割を果たすべきものである。ところが，その実態は，ほとんど，企画部門の数人の職員と民間コンサルタントが協力してつくる「作文」と「絵」であり，議会で承認を受けたのちは，役所の机の中で静かに眠っているだけのことが多い。また，都市計画や土地利用計画にかかわる各種プロジェクトについては提示されるが，そのために必要な財源等の見通し，すなわち「財政計画」についてはまったく示されないことが多い。

市民参加型の財政運営を行うためには，地域づくりの基本方向を示す「総合計画」の策定過程において，まず市民の実質的参加を促すことが重要である。そのことを意識して，「市長への手紙」を組織したり，市民アンケート調査を行ったり，地区別懇談会で意見を聞くなどの取り組みを行うところも増えている。しかし，市民が実質的に参加して，「自分たちでつくった」と実感できるような「総合計画」は数少ない。

実際，各自治体の「総合計画」策定に参加するとひと口にいっても，自らの個別要求を超えて，総合的見地から意見を出せる市民もまたそれほど多く

はないかもしれない。しかし，L・マンフォードも言うように，「地域計画は共同教育の手段であり，そのような教育なしには，(計画は)部分的な成果しか期待できない」[16]。計画策定過程への積極的参加を促すことで，市民と職員の調査能力，評価能力，構想力，調整能力を高めていくことが必要であろう。

　年々の予算編成において，市民の参加を制度化しているところも，きわめてまれである。各自治体の予算編成は，財政担当課職員によるそれぞれの部・課にたいするヒヤリングに始まり，首長による査定で終わる一連の過程で構成される。もし，各部・課で市民の要望や意見を聞く体制がないならば，また，各職場において職員の意見を聞くシステムが欠如するならば，予算編成は結局各部・課の管理職員と財政担当責任者の裁量によって決められることになる。また，せいぜい財政担当課の示す一律何割カットといった経費削減方針にしたがって，減額が図られることになる。このような役所内の閉鎖的なシステムによる予算編成ではなく，年々の予算編成時に，多様なかたちで住民団体の代表や個人の要望・意見を聴取する場を保障することが必要となろう。

　このような，予算編成過程への市民参加を促すには，自治体財政情報の市民への公開がどうしても必要となる。個人や団体の要望を主張するだけではなく，自らが住む自治体の財政状態をある程度認識し，サービスとコストとの関係を意識し，住民の間で優先順位等についてある程度判断できるような状態をつくりだしていくためには，市民への財政情報のわかりやすい公開と学習がぜひとも必要になる。市民の側はさまざまな要望を自治体に突き付ける，自治体は「予算がない」といって突き放す，といった状況から抜け出さなければならない。

　その観点から見れば，三重県などで試み始められている「事務事業評価システム」は，自治体行財政の実態を市民に公開する手段として有効性をもっているといえよう。ただし，多くの場合，事務事業の中から「公共事業」が除かれている，行政内部の評価にとどまり市民への公開が不十分である，また，「事務事業評価」と予算編成過程とがつながっていないなどの欠陥が見

られる。こうした欠陥を取り除き，市民による政策評価をふまえた「事務事業評価」，予算編成に活かされる「事務事業評価」にしていく必要があろう。

　第2に，このような「総合計画」策定や年々の予算編成過程への市民参加を保障するためには，大規模な自治体においては「地区住民協議会」ないし「地域予算会議」のような狭域的な自治単位をつくる必要がある。

　たとえば，よく知られているように，イタリアでは人口4万人以上の都市には地区住民評議会（Consiglio di Quartiere）を置くことになっている。地区住民評議会の発祥の地といわれる人口40万人のボローニャの場合は，9つの地区に分かれている。1985年に18地区からから9地区に統合された。住民参加という観点からは狭域が重視されるが，1万人以下の狭域では，福祉サービス等を有効かつ効率的に提供できないと考えられたからである。各地区の人口は，現在3万人から6万人程度となっている。それぞれの地区住民評議会には，住民による投票で選ばれた20名前後の「評議員」がおり，月3回の評議会を開くとともに，社会サービス委員会，予算計画委員会という2つの基本的委員会を設置し，さらに，環境・地域整備・文化・学校など10ほどの常設委員会を設けて活動している。この地区住民評議会は社会福祉，教育，文化，スポーツなどの行政に責任をもち，9つの地区住民評議会全体で市の予算の約2割をまかされている。また，評議会の傍聴，特別委員会への参加，公開評議会・公聴会における意見表明，請願権，集会開催等にかんする情報と場所の提供等をとおして，広範囲な住民参加が保障されている。評議員の中には将来政治家をめざす若い大学生などもおり，まさに，地区住民評議会は民主主義の小学校といったところである[17]。

　このイタリアの事例の特徴は，日本の中学校区くらいの単位に，住民の投票で選ばれた地区評議員がおり，一定の財政運営権が与えられ，徹底した市民参加型運営が行われていることである。この地区住民評議会は，①市行政の中の，とくに教育と福祉サービス行政の分権化，②地区住民の文化・スポーツ・自治活動の拠点，③自治体行政への住民参加の場としての性格をもっている。

　わが国においても，少なくとも人口10万人以上の都市には，このような制

度が必要であろう。このような狭域単位の自治組織がなくては、市民参加型の実効性は上がらないのではないだろうか。

　第3は、住民の直接請求権の拡大と住民投票制度の確立である。

　日本における条例制定改廃にかんする住民の直接請求権は、議会における審議という壁にはばまれて、その実効性がきわめて薄いものになっている。

　首長や議会のリコールは有権者の3分の1で成立し、住民投票にかけなければならないことになっているが、条例の制定改廃については、有権者の5分の1で成立するものの、議会で採択の可否が審査されるために、ほとんどの住民請求が却下されており、成立する事例はほんのわずかである。直接民主主義の制度が間接民主主義の制度によって事実上はばまれているのである。また、地方税にかんする問題があらかじめ請求の対象からはずされているという根本的な問題もある。

　ここのところ、新潟県巻町における原発誘致問題をめぐる住民投票、徳島県吉野川河口堰をめぐる住民投票の例のように、個別課題をめぐって住民投票が大きな威力を発揮するケースが多くなってきている。

　しかし、今回の「分権改革」では、住民投票制度の改善をはじめ、住民参加の制度化についてはほとんど手をつけないまま先送りされた。これからの分権的税財政システムに向けた改革では、住民投票制度の抜本的な見直しを含む住民自治の前進について、検討がなされるべきであろう。たとえば、間接民主主義が直接民主主義の前進をはばむような現行制度を改めて、一定の内容と条件をそなえた住民直接請求については、議会による審査可否を経ることなく、ただちに住民投票にかけるという、アメリカ合衆国における提案制度＝住民投票制度のようなシステムが新たに求められるのではないか。

　とくに、税財政システムにかんしていえば、一方で、税源の大幅な地方移譲と自治体課税権の強化が図られるとするならば、他方で、住民による地方税の課税・徴収にかんする異議申し立て権が拡充されなければならない。現行では、条例の制定改廃請求権を規定した「地方自治法」第12条において、「(地方税の賦課徴収並びに分担金、使用料及び手数料の徴収に関するものを除く)」という但し書き部分があり、地方税の課税・徴収は住民の直接請求

の対象からはずされている。これは，現在の地方税の課税・徴収が「地方税法」という国の法律にもとづいて行われていることを前提としたものである。今後の分権改革で，地方税の課税・徴収が基本的に自治体の権限にもとづいて行われることになるとすれば，この部分を削除し，住民直接請求権の対象に地方税や住民負担にかんする事項をも含めるべきであろう。

　住民投票については，一部の煽動家やマスコミによる大衆操作の影響を受けやすい，一時の情熱や偶然的要素に左右されやすい，たいていは僅差で勝敗が決まりしこりを残す，いったん決まると動きがとれなくなる，などの理由からその導入に慎重な意見もある[18]。最終的には為政者たる首長と議会，およびそれを補佐する職員が，専門的知識と高い見識をもって政策的判断をすべきだというわけである。たしかに，社会的共同業務を担う専門家としてのこれらの公務担当者の役割は重要である。しかし，それよりもさらに重要なことは，住民自身の参加意欲と自治能力をいかに高めるかということであり，そのためには住民投票などの直接民主主義制度を生かしていくことが必要である。

　第1章で述べたように，地域における人間発達と地域の内発的発展を図るには，なによりもそこに住む人々が，地域に固有の潜在能力を活かす道を選択する自由をもたなければならない。拡大された住民投票制度は，その「選択の自由」を最終的に保障するものといえる。地域の世紀となるべき21世紀に分権社会を構築していくうえで，住民投票をはじめとする直接民主主義の制度化と，市民参加を促進することは，最も重要なテーマのひとつとなるであろう。

1）　大阪府の財政再建に向けた提言としては，大阪自治体問題研究所編『よくわかる大阪府財政再建プログラム』自治体研究社，1998年，あるいは，大阪自治体問題研究所・大阪府政研究会『大阪府政への提言』2000年，等を参照。
2）　石原信雄『地方財政調整制度論』ぎょうせい，1984年。
　　なお，石原は，新著『新地方財政調整制度論』（ぎょうせい，2000年）では，1999年度の数値で同様の計算をしたうえで，「約4割の団体が需要額に20％以上の増減が生じる結果となって，現実には採用しがたい」（264ページ）としている。

ちなみに，1983年度の数値による試算では，埼玉県，千葉県が20％以上増加，鳥取県，佐賀県が20％以上減少するのみであった。1999年度では，千葉，埼玉に加えて神奈川県，北海道が20％以上の増加，鳥取，佐賀に加えて，徳島，島根，福井，沖縄，香川，山梨，高知，長崎，和歌山，富山，大分，石川の各県が20％以上の減少となる。この16年間で，地方交付税の配分における政策的バイアスがそれだけ拡大したともいえる。

3) 『日本経済新聞』2000年8月6日付。
4) 鈴木武雄『日本公債論』金融財政事情研究会，1976年。
5) 伊東弘文「財政分権の具体的設計の課題」地方自治総合研究所編『地方分権の戦略』第一書林，1996年，所収。
6) 神野直彦・金子勝編『地方に税源を』東洋経済新報社，1998年。
7) たとえば，橋本徹『現代の地方財政』東洋経済新報社，1988年など。
8) 神野直彦・金子勝編『「福祉政府」への提言』岩波書店，1999年。
9) 現代地方自治の根拠については，拙著『現代地方自治の財政理論』有斐閣，1988年を参照。
10) 小西砂千夫「地方分権時代の地方税と地方交付税のあり方」『税』1999年9月号。
11) 自治省税務局編『地方税制の現状とその運営の実態』各年版等。
12) シャウプ勧告以来の法人事業税をめぐる歴史的経過については，拙著，前掲『現代地方自治の財政理論』を参照。
13) 同上。
14) 梅原英治「法人事業税の外形標準課税問題の研究（II）」『大阪経大論集』第50巻第4号，1999年11月。
15) 田近栄治・油井雄二『日本の企業課税』東洋経済新報社，2000年。
16) 本書第1章，32ページを参照。
17) 以上は，ボローニャにおける1994年の調査による。
18) 原田尚彦『地方自治の法としくみ（増補版）』学陽書房，1990年。

索　引

(事項・人名とも五十音順に，欧文は末尾に配した)

あ行

赤井伸郎　156
アカウンタビリティ　112
安東誠一　19
安保　匠　100
五十嵐敬喜　105
池上　惇　47
石原信雄　245
依存財源　174
委託料　209
伊東弘文　228
一般会計　146
一般財源　139
一般財源主義　228
インフラストラクチャー　21
　ソフトな――　71
　ハードな――　71
梅原英治　239
営業権　61
衛星都市の類型化　203
営利性　83
エミリアン・モデル　73
遠藤　晃　90
遠藤宏一　109
オーウェン, R　26
応益原則　228
応能原則　228
大きな政府　82
沖　縄　157
　――の内発的・自立的な社会形成　186-187
沖縄開発事業費　173
沖縄開発庁　186
　――一括計上予算　185
沖縄群島政府　158
沖縄諮詢会　158
沖縄振興開発特別措置法　157
沖縄総合事務局　186
沖縄復帰特別措置法　178
沖縄民政府　158
オコンナー, J　66
大阪府　189
大阪府下衛星都市　201

か行

外来型開発　49
革新自治体　45, 109
過疎化　20
過疎問題　21
金子　勝　228
関西国際新空港　206
間接税　166
間接民主主義　244
関東大震災　131
神野直彦　106, 228
官僚機構　47
機関委任事務　108
企業性　86
基　金　146

基金主義　148
起債許可制度　227
起債制限比率　148
木佐茂男　105
基準財政収入額　199
基準財政需要額　141, 199
規制緩和　25
基地依存経済　170
基地依存型輸入経済　167
基地関連財政支出　171
教育費　181
行政改革　58, 62
行政再評価システム　221
行政評価　96
　　──システム　124
競　争　36
競争的地方自治　109
共　同　36
共同教育（communal education）　32
共同財　68
共同体　20
義務的経費　179
ギルド社会主義　30
国による財政誘導装置　223
久場政彦　188
繰出金　209
来間泰男　188
軍円予算　160
経済性　84
経済成長　42
経済的効率　93
経済のグローバル化　112
経常会計　222
経常収支比率　189
減収補てん債　191-192

減税補てん債　191
現代的貧困　20
減量経営型効率論　89
交換価値（価値）　64
公共財　68
公共事業　124, 181
公共性　26, 58, 83
公共ディベロッパー方式　98
公・協・民の共同　38
公債費負担比率　189, 192
公平性の原則　228
神戸市　136
神戸型都市経営　83
功利主義　26
効率性　81
公務労働　54, 57
　　工場監督官型──　59
　　──の総合性と専門性　70
　　──の二重性　59
公務労働者　60
国庫支出金　140
国庫補助金のかさ上げ措置　186
国庫補助負担金　123, 174
　　──の整理・縮小　223
国民経済　85
国民国家　41, 110
個人市民税　142
個人住民税　141
個人主義　33
固定資産税　108
小西砂千夫　230
コミュニティ開発公社（CDC）　49
コモン・キャリア　46
コモン・ストック（共同資産）　68
固有価値　18, 67

索　引　249

コール, G・D・H　29

さ行

災害対策基本法　130
災害復旧事業費　138
災害復旧・復興基金　154
財産権　61
財政赤字拡大のメカニズム　216
財政依存経済　170
財政運営への市民参加　223
財政健全化債　189
財政健全化方策　192
財政再建準用団体　226
財政再建団体　190
財政再建プログラム　193
財政自主権　184
財源対策債　191
財政調整基金　149
財政投融資　169
財政非常事態宣言　189
財政力指数　191
桜井　徹　86
産業自治　31
産業地区(industrial district)　73
重森　曉　155
市場経済　26
市場の失敗　68
自主財源　174
自主財源主義　228
実質収支　145, 189
実質単年度収支　145, 189
自治省　108
自治事務　117
私的財　68
芝田進午　57

シビル・ミニマム　22
シビル・ミニマム型効率論　88
資本会計　222
資本蓄積　51
島　恭彦　20
市民国家型公共性　61
市民参加　26
市民参加型財政運営　241
市民的公共性　72
事務事業評価システム　242
シャウプ勧告　106, 237
社会主義　33
社会的価値　94
社会的間接資本(SOC)　43
社会的共同業務　57
社会的効率　87, 93
社会資本　42
社会的損失　95
社会的統括業務　36
社会的費用　93
集権化　107
集権型福祉国家　82
集権・融合型　106
柔構造的集権制　106
柔構造的分権制　120
住民自治　26, 105
住民税　108
　——と所得税の共通税化　121, 230
住民投票制度　244
住民の直接請求権　244
シューマッハー, E・F　24
使用価値　63
商工費　182
消費税　240
消費型付加価値税　240

奨励的補助金　223
所得型付加価値　237
所得税　112
　　──と住民税の共通税化　121, 230
人件費　150
震災関連支出　136
新自由主義　64
新保守主義　25
鈴木武雄　123
鈴木文熹　40
スミス, A　63
住みよいまち（Livable City）　48
生活権　88
税源移譲　223
政策経営的効率論　88
生産的労働　63
生存権　60
生存権的営業権　239
成熟型都市　210
成長型都市　210
成長管理　47
「成長型」財政運営からの脱却　221
潜在能力アプローチ　16, 94
選択と負担　90
セン, アマルティア　16

　　た行

大規模開発プロジェクト　192
大正デモクラシー　107
大量生産・大量消費　22
第三セクター　47
第三のイタリア　65, 73
第二臨調　110
高寄昇三　84
玉野井芳郎　23

単独事業　180
地　域　15
　　──の固有性・文化性　77
　　──の潜在能力　81
地域開発　81
地域開発政策　25
地域計画　32
地域経済　85
地域社会主義　30
地域住民による評価　96
地域主義　23
地域政策　22
地域づくり　41
小さな政府　64
地区住民評議会（Consiglio di Quartiere）
　　243
地方金融公庫　123
地方交付税　123
地方交付税制度の簡素化　224
地方交付税法　108
地方債　138
地方財政委員会　123, 225
地方財政危機　189
地方財政計画　108
地方財政再建促進特別措置法　108, 190, 226
地方財政調整制度　38, 200
地方財政法　123
地方債発行の自由化　226
地方自治体　61
　　──の課税自主権　121, 223
地方自治の本旨　108
地方自治法　105
地方税条例主義　121
地方税法　108

索引 251

地方政府（地方自治体） 61
地方付加価値税 236
地方分権 26, 109
地方分権推進委員会 105
地方分権推進一括法 105
地方分権推進計画 105
地方分権推進法 105
地方分与税制度 108
中央集権的計画経済の破綻 26
中央集権型福祉国家 26
中央集権的税財政システム 199
直接税 176
直接民主主義 244
鶴見和子 24
定住圏構想 25
田園都市 28
投資的経費 150, 179
投資戦略 44
特定財源 139
特有事情，沖縄の 182, 185
土建国家 70, 123
都市化 22
都市経営論 58, 109
都市と農村 33
『都市の文化』 15
都市問題 21

な行

内発的地域発展 26
ナショナル・ミニマム 22
永松伸吾 156
成瀬龍夫 40, 90-91
西尾 勝 106
西川 潤 34
西宮市 138, 142

日本国憲法 108
日本政府援助 168
人間発達 16
ヌルクセ, R 42

は行

ハーシュマン, A・O 43
発達権 60
発展なき成長 19
パブリック・プライベート・パートナー・
　シップ 49
バブル経済 198
　——の崩壊 194, 196
ハワード, E 28
阪神・淡路大震災 83, 129
阪神・淡路大震災復興基金 134
阪神・淡路復興委員会 133
被災者生活再建支援法 154
兵庫県 134
標準財政規模 151
フェビアン社会主義 29
フォーディズム 65
付加価値 236
福祉国家 111
福祉国家型公共性 61
福田徳三 131
福丸馨一 168
不生産的労働 63
藤田武夫 83
扶助費 150
普通会計 146
普通建設事業費 180
　——負担金 223
復旧・復興 129
物件費 150

フレキシブル・スペシャライゼーション
　　　（柔軟な専門化）　66
ブルスコ, S　75
分権化　106
　　──の2つの次元　113
分権型税財政システム　51, 223
分権・分離型　106
米国民政府　162
ベネヴォロ, L　28
ベネット, R・J　113
包括的補助金　224
補助事業　180
ポスト福祉国家　62
法定受託事務　117
保母武彦　105
法人事業税　108, 196
　　──の外形標準課税化　230, 234
法人市民税　142
法人住民税　108
法人2税　196

　　ま行

松下圭一　22
丸山高満　106
マルクス, K　21
マンフォード, L　15
水口憲人　58
宮本憲一　34
民間活力　25
民間活力論　109
民主主義の小学校　124

民主的効率論　88
明治地方自治制度　107
守友裕一　40

　　や行

豊かさ（well-being）　16
横田　茂　91

　　ら行

リアル・サービス　73
琉球政府　163
　　──の半国家的・半自治体的性格　173
理想の平行四辺形　26
両税（地租・営業税）委譲　107
りんくうタウン　195
「リンケージ」政策　47
臨調型「行政改革」　58
ロストウ, W・W　43
ロールズ, J　18

CDC　→コミュニティ開発公社
Consiglio di Quartiere　→地区住民評議会
communal education　→共同教育
ERVET（地域産業活性化公社）　74
FIRE　198
industrial district　→産業地区
SOC　→社会的間接資本
Livable City　→住みよいまち
well-being　→豊かさ

重森　曉
しげ　もり　あきら

　　1942年生まれ
　　1972年　京都大学大学院経済学研究科博士課程修了（京都大学経済学博士）
　　1972年　高知大学文理学部講師
　　1980年　高知大学人文学部教授
　　1983年　大阪経済大学経済学部教授（現在に至る）
　　専　攻　財政学・地方財政論
　　著　書　『地域と労働の経済理論』青木書店，1981年
　　　　　　『現代地方自治の財政理論』有斐閣，1988年
　　　　　　『分権社会の政治経済学』青木書店，1992年
　　　　　　『地方分権——どう実現するか』丸善ライブラリー，1996年
　　　　　　その他

分権社会の政策と財政
―――――――――――――――――
2001年3月20日　初　版

著　者　　重森　曉
装幀者　　林　佳恵
発行者　　桜井　香
発行所　　株式会社　桜井書店
　　　　　東京都文京区本郷1丁目5-17　三洋ビル16
　　　　　〒113-0033
　　　　　電話　(03)5803-7353
　　　　　Fax　(03)5803-7356
　　　　　http://www.sakurai-shoten.com/
印刷所　　株式会社　ミツワ
製本所　　株式会社　難波製本

Ⓒ 2001 Akira Shigemori

定価はカバー等に表示してあります。
本書の無断複写(コピー)は著作権法上
での例外を除き，禁じられています。
落丁本・乱丁本はお取り替えします。

ISBN4-921190-07-0　Printed in Japan

森岡孝二
日本経済の選択
企業のあり方を問う
市民の目で日本型企業システムと企業改革を考える
四六判／定価2400円＋税

ドゥロネ＆ギャドレ著／渡辺雅男訳
サービス経済学説史
300年にわたる論争
経済の「サービス化」,「サービス社会」をどう見るか
四六判・定価2800円＋税

エスピン–アンデルセン著／渡辺雅男・渡辺景子訳
ポスト工業経済の社会的基礎
市場・福祉国家・家族の政治経済学
福祉国家の可能性とゆくえを世界視野で考察
Ａ５判・定価4000円＋税

野村秀和編著
生協への提言
難局にどう立ち向かうか
危機と岐路に立つ日本の生協運動に提起する
四六判・定価2000円＋税

桜井書店
http://www.sakurai-shoten.com/